BAEDEKER SMART

LAS VEGAS

Perfekte Tage mit Sonne, Spiel und Spaß

Verlag Karl Baedeker – www.baedeker.com

Inhalt

 **TOP 10** 4

Das Las Vegas Gefühl 6

9 Das Magazin
- Viva Las Vegas ■ Welthauptstadt der Unterhaltung
- Las Vegas' bewegte Geschichte ■ Hat jemand Lust auf Golf?
- Leaving Las Vegas: ab in die Wüste
- Die Spiele des Glücks ■ Shoppen ohne Ende
- Vegas auf der Leinwand ■ Kulinarische Freuden
- Der Gang zum Traualtar

37 Erster Überblick
- Ankunft
- Unterwegs in Las Vegas
- Übernachten
- Essen und Trinken
- Einkaufen
- Ausgehen

49 Von Russell Road bis Tropicana
Erste Orientierung ■ **An einem Tag**
TOP 10 ■ Titanic: The Artifact Exhibition ■ Shark Reef
Nicht verpassen! ■ CRISS ANGEL Believe – Cirque du Soleil ■ Tournament of Kings
Nach Lust und Laune! ■ Weitere Adressen zum Entdecken
Wohin zum ... ■ Essen und Trinken? ■ Einkaufen? ■ Ausgehen?

73 Von Tropicana bis Flamingo
Erste Orientierung ■ **An einem Tag**
TOP 10 ■ Kà – Cirque du Soleil ■ Jubilee! ■ Fountains of Bellagio
Nicht verpassen! ■ CityCenter ■ Le Boulevard
Nach Lust und Laune! ■ Weitere Adressen zum Entdecken
Wohin zum ... ■ Essen und Trinken? ■ Einkaufen? ■ Ausgehen?

103 Von Flamingo bis Spring Mountain
Erste Orientierung ■ **An einem Tag**
TOP 10 ■ The Forum Shops
Nicht verpassen! ■ The Colosseum
■ Volcano & High Roller ■ LOVE
Nach Lust und Laune! Weitere Adressen zum Entdecken
Wohin zum ... ■ Essen und Trinken? ■ Einkaufen? ■ Ausgehen?

131 Von Spring Mountain bis Fremont
Erste Orientierung ■ **An einem Tag**
TOP 10 ■ Stratosphere Tower ■ Wedding Chapels
Nicht verpassen! ■ Adventuredome ■ Riviera Comedy Club
Nach Lust und Laune! Weitere Adressen zum Entdecken
Wohin zum ... ■ Essen und Trinken? ■ Einkaufen? ■ Ausgehen?

157 Downtown
Erste Orientierung ■ **An einem Tag**
TOP 10 ■ Fremont Street Experience
■ Springs Preserve & Nevada State Museum
Nach Lust und Laune! Weitere Adressen zum Entdecken
Wohin zum ... ■ Essen und Trinken? ■ Einkaufen? ■ Ausgehen?

173 Ausflüge
■ Red Rock Canyon
■ Lake Mead & Hoover Dam
■ Valley of Fire
■ Mount Charleston
■ Grand Canyon

183 Spaziergänge & Touren
■ 1 Nass und wild
■ 2 Las Vegas – beinahe umsonst

Praktisches 191
■ Reisevorbereitungen
■ Das Wichtigste vor Ort
■ Organisierte Touren

Cityplan 199

Straßenregister 205

Register 209

Impressum 211

10 Gründe wiederzukommen 212

Kapiteleinteilung: siehe vordere Umschlaginnenseite

TOP 10

Nicht verpassen! Unsere Hitliste hilft Ihnen, von der absoluten Nummer eins bis zur Nummer zehn, die wichtigsten Sehenswürdigkeiten einzuplanen.

⭐1 STRATOSPHERE TOWER ▶ 138

Wo sonst außer vom Stratosphere Tower kann man sich – sicher angeseilt – 260 m in die Tiefe stürzen?

⭐2 FREMONT STREET EXPERIENCE ▶ 162

Ist es Tag oder Nacht? 12 Mio. Glühbirnen, Shows auf Riesenleinwänden und Open-Air-Discos lassen einen die Tageszeit leicht vergessen.

⭐3 KÀ – CIRQUE DU SOLEIL ▶ 80

Wenn der Cirque du Soleil etwas anpackt, darf man sich auf eine spektakuläre Optik gefasst machen. Für diese Show im MGM Grand gilt dies ganz besonders.

⭐4 TITANIC: THE ARTIFACT EXHIBITION ▶ 56

Morbid, aber trotzdem: Die *Titanic* ging so dramatisch unter, dass man ihrer nicht müde wird. Vor allem nicht in dieser aufwendig inszenierten Ausstellung im Luxor.

⭐5 THE FORUM SHOPS ▶ 110

Der Shoppertainment-Klassiker: In dieser vom alten Rom inspirierten Edel-Mall im Caesar's Palace zückt man die Plastikkarten nur allzu leicht.

⭐6 SPRINGS PRESERVE & NEVADA STATE MUSEUM ▶ 164

Las Vegas kann auch anders. In diesem schönen Naturpark wird u. a. der gigantische Wasserverbrauch der Stadt dokumentiert – und kritisiert.

⭐7 JUBILEE! ▶ 82

Endlos lange Beine, knappe Kostüme, stählernes Lächeln: Die Show der fast 100 makellos schönen Tänzerinnen im Bally's erinnert an die »gute alte Zeit« am Strip.

⭐8 WEDDING CHAPELS ▶ 140

Man muss nicht, kann aber. Und außerdem geben die Hochzeitskapellen von Las Vegas hervorradende Kulissen für Erinnerungsfotos ab.

⭐9 SHARK REEF ▶ 58

Das »Haifisch-Riff« sorgt für unvergessliche Eindrücke. Und wer im Mandalay wohnt, kann sich die Haie sogar über den hauseigenen Shark Reef Channel ins Zimmer holen.

⭐10 FOUNTAINS OF BELLAGIO ▶ 84

Nicht totzufotografieren und das berühmteste Gratis-Spektakel am Strip: Die Wasserspiele vor dem Bellagio (Abb. links).

DAS
LAS VEGAS

Erleben, was die Stadt ausmacht, ihr einzigartiges Flair spüren. So, wie die Einwohner von Las Vegas selbst.

WO DIE SHOWGIRLS SIND

Sie sind bildhübsch, tragen Glitzer-Bikinis und prachtvollen Federschmuck, und sie haben vor allem eines: endlos lange Beine. Showgirls sind seit 50 Jahren ein Synonym für Las Vegas – derzeit ist das **Bally's** (► 82) ihre Bastion. Ihre perfekten physische Attribute mit Fischnetzstrümpfen, hellrotem Lippenstift und hohen Absätzen unterstreichend, lassen sie ihre stilisierten Posen auf der Bühne wie überirdisch schöne Göttinnen wirken.

STARKE AUFTRITTE: LOBBYS

Hier Säulen aus Gold und Marmor und Deckengemälde wie von Michelangelo, dort ein 50 Jahre alter Ficus und 8000 blühende Pflanzen, die alle drei Wochen ausgewechselt werden: In den Lobbys von **Venetian** (► 107) und **Wynn** (► 134) wird Ihnen Hören und Sehen vergehen. Und nicht nur dort: Die **ARIA-Rezeption** (► 76) mit ihrer 20 m langen Skulptur *Silver River* aus Silber und der riesige, gläserne Kronleuchter von Dave Chihuly im **Bellagio** (► 84) halten locker mit.

AB IN DEN SOUVENIRLADEN

Und zwar nicht irgendeinen. Der **Bonanza Souvenir Shop** (► 155) nennt sich stolz »World´s Largest Gift Shop«. Dass solch ein Superlativ zwangsläufig mit Einbußen in puncto Qualität einhergeht, nimmt man angesichts der zwischen den endlosen Regalen Amok laufenden Kreativität gern in Kauf. Oder könnten Sie einem unflätig schimpfenden Papageien oder einem blinkenden »Fabulous Las Vegas«-Schild für den Schreibtisch widerstehen?

LAS VEGAS UNGESCHMINKT

Wer um Mitternacht im **Café Cortez** (600 Fremont St., im El Cortez Hotel, Tel. 702 3 85 52 00) auftaucht und Kobe-Steak oder Shrimps bestellt, läuft Gefahr, von der gesamten Belegschaft ausgelacht und auf die Sechs-Dollar-Burger verwiesen zu werden. Hier ist alles herrlich »normal« und nicht wirklich perfekt – und deshalb nicht nur ein Abstecher in die Realität hinter den Glitzer-Fassaden, sondern auch eine wohltuende Erholung von der Entertainment-Maschine Las Vegas.

GEFÜHL

Die Lobby des Venetian protzt mit Gold und Marmor-Dekor

Das Las Vegas Gefühl

CLUBBING

Die Musik ist zu laut, die Drinks sind zu süß, und sämtliche Gäste scheinen besser auszusehen als man selbst. Doch man ist nun mal in Vegas, und Clubbing – das Besuchen eines Nachtclubs nach dem anderen – gehört zur Sin City wie Eis zu Daiquiri. Angesagteste Tanzböden sind derzeit das **LAX** im Luxor (▶ 52) und **The Bank** im Bellagio (▶ 84). Und keine Sorge: Sind Sie erst einmal in Schwung, kommt der Rest wie von selbst!

IM VERDAMMTEN FROSCH

Wenn Sie Ihr Geld lieber in einer Bar verlieren wollen als an den Spieltischen, sind Sie hier goldrichtig: Im **Freakin' Frog** (4700 S. Maryland Pkwy, Tel. 702 2 17 67 94) wartet mit rund 1200 Biersorten die landesweit wohl größte Auswahl an Gerstensäften auf Sie. Der Whisky-Club im Stockwerk darüber ist mit über 1000 Sorten auch nicht schlecht ausgerüstet. Der Frosch wird auch von Einheimischen frequentiert, allein deshalb werden Sie hier schneller mit jemandem ins Gespräch kommen als in den Kasino-Bars.

FLIPPERN BIS DER ARZT KOMMT

Hier können Sie für ein paar Quarters all jene Spiele am Flipper nachholen, die Sie als Teenager verpasst haben. Die **Pinball Hall of Fame** (1610 E. Tropicana) beherbergt auf über 1000 m^2 trostloser Paketschalter-Atmosphäre liebevoll restaurierte, voll funktionsfähige Flipper-Automaten aus den letzten 60 Jahren. Die älteren Automaten schlucken 25-Cent-Stücke, alle in den 1990er-Jahren gebauten 50 Cent. Am Ende haben Sie eine Menge Spaß gehabt. Und viel Geld gespart.

COCKTAILS IM WYNN

Die Kasinos servieren ihren spielenden Gästen kostenlos Alkohol, egal ob diese an teuren Blackjack-Tischen oder Einarmigen Banditen sitzen. Die besten Drinks gibt es im **Wynn** (▶ 134). Hier werden Ihnen Tequila bekannter Marken und Mojitos aus hochwertigem Rum serviert. Sichern Sie sich den zügigen Nachschub mit jeweils 1 $ Trinkgeld für den Kellner. Lehnen Sie sich dann zurück und genießen Sie das Gewusel um sich herum.

Showgirls sind aus Las Vegas nicht wegzudenken

Das Magazin

Viva Las Vegas	10
Welthauptstadt der Unterhaltung	14
Las Vegas' bewegte Geschichte	17
Hat jemand Lust auf Golf?	20
Leaving Las Vegas: ab in die Wüste	22
Die Spiele des Glücks	24
Shoppen ohne Ende	28
Vegas auf der Leinwand	30
Kulinarische Freuden	32
Der Gang zum Traualtar	34

VIVA LAS VEGAS

Das Magazin

Anfang des 20. Jhs. kämpfte Nevada als US-Bundesstaat mit der geringsten Einwohnerdichte ums Überleben. Die Silberminen, die einst neue Siedler anlockten, hatten ihren Glanz verloren, der Nachbarstaat Kalifornien hingegen schien das Paradies auf Erden zu sein. Dennoch machte Nevada das Beste aus seinen wenigen Trümpfen und hatte binnen zehn Jahren immerhin Alaska an Einwohnern überholt. Als Elvis 1964 sein »Viva Las Vegas« sang, schienen dem Staat die goldenen Zeiten sicher.

Noch mehr Glücksspiel

1976, als Atlantic City das Glücksspiel legalisierte, drohte eine neue Gefahr. New Yorks Zocker konnten nun in New Jersey Black Jack spielen, ohne dazu den Kontinent durchqueren zu müssen. Doch Vegas war immer schon überaus anpassungsfähig. Hotelkasinos lieferten sich nun ein Rennen und schufen riesige Urlaubszentren für Reisende, Spieler und Tagungsteilnehmer. Themenbauten waren bald an der Tagesordnung.

Die Welt am Strip

Anfang des 21. Jhs. hatten riesige Hotelkomplexe wie Treasure Island, Monte Carlo und New York-New York die Silhouette von Las Vegas in ein surreales Wunderland verwandelt, das antike wie neue architektonische Meisterwerke der ganzen Welt nachbaute. Mit zwei Hotels im italienischen Stil erreichte dieser Trend seinen Höhepunkt: dem Bellagio mit seinen tanzenden Springbrunnen und dem Venetian mit seinen Brücken, Kanälen und Gondeln. Der vorerst letzte Bauboom begann 2005 mit der Eröffnung des Designer-Hotels Wynn. Seitdem hat die Stadt auf alle Krisen, allen voran die Finanz- und Immobilienkrise 2007/08, mit der für sie typischen Flexibilität reagiert.

Die grellen Lichter der Fremont Street Experience, Downtown

Das Magazin

Die Forum Shops im römischen Stil ziehen täglich Tausende Besucher an

Die Entwicklung

Vegas' visionäre Unternehmer, wie Kirk Kerkorian und Steve Wynn, bauten immer größere und architektonisch anspruchsvollere Hotels, die bis unter die Decke mit jedem nur denkbaren Vergnügen gefüllt waren. Den ganzen Strip entlang wichen lässige Lounge-Sänger Zaubershows und spektakulären Aufführungen voller Special Effects, an denen sich die Zuschauer erfreuen konnten – ob sie nun Englisch verstanden oder nicht. Heute bietet die Stadt für jeden etwas: Klang- und Lichtspiele im Wasser und in der Luft, Akrobaten internationalen Ranges, Broadway-Shows und traditionelle Vegas-Revues oder auch Stars und Sternchen der Musikbranche.

VIP-Vegas

Die gut gekleideten Zocker, die früher die Spielkasinos füllten, machen sich nun rar, und manchmal scheint es, als hätte Vegas mit den Jahren ein wenig vom früheren Glanz verloren. Wer aber über den entsprechenden Geldbeutel oder einfach über genügend Charme verfügt, dem steht VIP-Vegas offen. Für etwas mehr als nur den Eintritt können Sie sich oft an den Schlangen vorbei direkt ins Getümmel der gehobenen Nachtclubs stürzen. Für ein paar Hundert Dollar extra haben Sie dann Zugang zum VIP-Raum und eine eigene Cocktail-Bedienung. Auch am Pool genießen Sie eine vorzügliche Bewirtung. Fast alle neuen Hotels bieten kleine Pavillons mit Lounge-Sesseln, eigener Terrasse, Umkleidekabinen, Telefon, TV und – natürlich – mit einer eigenen Bar. Dann wären da noch die Unterkünfte. Den spielfeldgroßen Zwei-Raum-Suiten der Hotels dürften wohl die wenigsten internationalen Hotels das Wasser reichen, und die Dekadenz der luxuriösen Penthouse-Suiten ist ohnehin unübertrefflich.

Das Magazin

Das luxuriöse Hotel Venetian bildet den Markusplatz und den Canal Grande nach

Ein Sinn für Genuss

Der raffinierteste Geniestreich der Stadt ist wohl die universelle Anziehungskraft des modernen Las Vegas. Hierher kommen Spieler zum Geldverprassen, aber es kommen auch budgetbewusste Urlauber auf der Suche nach einem Hauch Glitter und Glamour. Viele Besucher sparen sich das Geld vom Munde ab, um nur ein paar Tage im Jahr herzukommen. Hier angekommen, beschränken sie sich auf Centartikel und preisgünstige Buffets. Für nur etwas mehr könnten sie ebenso gut einen Tisch in einem der neuen und oft von berühmten Chefköchen geleiteten Gourmet-Restaurants reservieren. Hier in Las Vegas müssen sich Gäste nicht mit einer zweiwöchigen Warteliste abfinden, und selbst ein ausgefeilteres Gericht sprengt kein Konto.

In Vegas sind die exklusivsten Designer-Boutiquen der Welt zu Hause, doch hochnäsiges Personal gibt es hier nicht. Im Gegenteil: Das Verkaufspersonal der Forum Shops

»Den spielfeldgroßen Zwei-Raum-Suiten der Hotels dürften wohl die wenigsten internationalen Hotels das Wasser reichen«

(▶110) des Caesars Palace, des Crystals im CityCenter (▶86) oder der Fashion Show Mall (▶148) gegenüber vom Wynn weiß, dass sich selbst Kaufmuffel zum Kauf einer juwelenbesetzten Uhr bewegen lassen – wenn man sie entsprechend behandelt. Die raubeinige Stadt mit ihrem Pioniergeist und der bewegten Geschichte hat sich zum Allround-Urlaubsziel für jedermann gemausert. Viva Las Vegas!

13

Das Magazin
Welthauptstadt der Unterhaltung

Was machte Las Vegas von einem abgelegenen Wüstenstützpunkt zur Welthauptstadt der Unterhaltung? Die Antwort ist einfach: Glücksspiel, Trinkgelage und Prostitution.

1931 war für die Geschichte der städtischen Unterhaltungsbranche ein bedeutsames Jahr. Bisher war Vegas der Ort im Land, an dem man am leichtesten heiraten konnte. In jenem Jahr aber wurde es der Ort, an dem man sich auch am leichtesten scheiden lassen konnte und Prostitution und Glücksspiel legalisiert wurden. Die Stadt der Sünde mag an Rauheit eingebüßt haben, wird aber noch immer mit Sucht und Hedonismus gleichgesetzt. Und während die einen ihrem alten Reiz nachtrauern, glauben andere, sie sei endlich erwachsen geworden.

Sin City – die Stadt der Sünde
Damals, 1941, als das im Westernstil errichtete El Rancho der einzige Hotelkomplex am Las Vegas Strip war, unterhielten Sänger, Komödianten, Stripper, Instrumentalisten, Tänzer u. v. m. die Gäste im Salon des Hotels. Das El Rancho, das nicht viel mehr als eine an einer Tankstelle angebrachte, neonbeleuchtete Windmühle war, zog als erster Ort der Stadt echte Stars an. Dean Martin, Eartha Kitt und Sammy Davis Jr. spielten während des Zweiten Weltkrieges alle im El Rancho. Bald folgte auch Kaliforniens Prominenz.

Das Fabulous Flamingo
Das Flamingo versuchte, an den Erfolg des El Rancho anzuknüpfen. Bis auf ein paar große Namen war es allerdings wenig erfolgreich und musste

Unten: Die witzige Blue Man Group auf der Bühne des Venetian. Unten rechts: Eine Darbietung des berühmten Rat Pack. Ganz rechts: ein bezauberndes Stardust-Showgirl

mangels Publikum wieder schließen. 1947 eröffnete es neu, diesmal als Fabulous Flamingo. Schon die Andrew Sisters und Joan Crawford waren Kassenschlager, der absolute Hit aber war das neue Konzept: Luxuriöse Unterkünfte wurden mit großzügigen Gärten und Pools kombiniert. Das war der erste Versuch am Strip, über das Glücksspiel hinaus den Gästen ein komplettes Urlaubserlebnis zu bieten, und schließlich steckte das Flamingo El Rancho locker in die Tasche.

Sternstunden

Die nun folgenden Etablissements wie Desert Inn, Sands, Riviera, Tropicana und Caesars Palace kopierten einige Jahre lang das erfolgreiche Star-Konzept. Große Showstars – von Frank Sinatra, Dean Martin, Sammy Davis Jr., die als feierwütiges »Rat Pack« Las Vegas unsicher machten, über Joey Bishops hin bis zu Elvis Presley, Andy Williams, Tony Bennett, Judy Garland, Tom Jones und Engelbert Humperdinck – liebten die riesigen Zelte der vielen Hotels. Anfang bis Mitte der 1960er-Jahre wurde dann das Sands zum Hauptspielort des Rat Pack, das das Publikum mit sanften Melodien und geistreichen Scherzen stundenlang unterhielt.

Das Magazin

Schwarze Hauptstadt

Weil es als »Schwarze Welthauptstadt der Unterhaltung« bekannt war, präsentierte Las Vegas die populärsten afro-amerikanischen Entertainer der Zeit. Sammy Davis Jr., Ella Fitzgerald, Nat »King« Cole, Harry Belafonte und Lena Horne würdigten Las Vegas' Bretter der Welt. Die verschärfte Rassentrennung führte allerdings dazu, dass sie nicht in jenen Hotels nächtigen durften, in denen sie zuvor aufgetreten waren. Frank Sinatra war eine der Schlüsselfiguren im Aufbrechen jener Grenzen. Aufgrund seiner Verbindungen zur allmächtigen Mafia gab man seinem Druck nach, und schließlich durften schwarze Darsteller, die Sinatra freundlich gesinnt waren, auch in denselben Hotels übernachten.

»Die Großen 3«

Das Dunes war 1957 das erste Hotel, das als Hauptattraktion seines Unterhaltungsprogramms eine Live-Revue (Minsky's Follies) anbot. Doch erst der Importschlager Lido de Paris brachte die Kugel richtig zum Rollen, und zwar bis 1991. Das Tropicana wartete beinahe 50 Jahre lang mit den spektakulären Folies Bergère auf – einer der beliebtesten Revue-Shows von Las Vegas. Die dritte der »Großen 3«, und immer noch aktuell, ist Jubilee! (➤ 82).

Eine Großproduktion

Heute gibt es hier Produktionen jeder Art. Und Hoteltheater präsentieren alles, was in Clubs und Konzertbusiness der Welt Rang und Namen hat.

DER »KING«

Das Leben von Elvis Presley ist untrennbar mit der Unterhaltungsgeschichte der Stadt verbunden.

- Presleys Debüt in Las Vegas war 1956. Wegen der in der Nähe durchgeführten Atomwaffentests wurde er als »Atomkraftbetriebener Sänger« angekündigt.
- 1964 wurde in der Stadt *Viva Las Vegas* (Tolle Nächte in Las Vegas) gedreht. Es ging das Gerücht um, dass Elvis hinter Priscillas Rücken eine Affäre mit seiner Filmpartnerin Ann-Margret hatte.
- 1967 heiratete Elvis in Vegas Priscilla Beaulieu.
- Von 1969 bis 1976 trat er in Las Vegas in über 700 ausverkauften Shows auf.
- Auch heute noch sind Elvis-Imitatoren auf Hochzeiten, Benefizkonzerten oder gar als Fallschirmspringer zu sehen. Der King lebt weiter.

Las Vegas'
BEWEGTE GESCHICHTE

Hinter den schimmernden Ladenfassaden und unter dem Showgirl-Make-up gibt es auch eine Fundgrube an düsteren und spannenden Geschichten der Stadt, die beständig wächst.

Wüstenoase
Die Geschichte von Las Vegas beginnt im prähistorischen Süden Nevadas, als es praktisch noch Sumpfland war, mit viel Wasser und üppiger Vegetation. Über die Zeitalter hinweg wich das Wasser und die Flüsse versiegten. Zurück blieb ausgedörrtes, unfruchtbares Land, das nur die widerstandsfähigsten Tiere und Pflanzen ernährte. Das unterirdisch in komplexen geologischen Schichten eingeschlossene Wasser aber trat an einigen Stellen an die Oberfläche, und in der kargen Ödnis entstand eine Oase saftig grüner Pflanzen, die über Jahrhunderte das Geheimnis der Indianerstämme blieb.

Links: Elvis Presley heiratet 1967 Priscilla Beaulieu. Ganz oben: Fremont Street Experience. Oben: Das Glücksspiel wurde zuerst im Bundesstaat Nevada legalisiert

17

Das Magazin

Die Werbeanzeigen der Fremont Street ließen sich immer schon schlecht ignorieren

Schöne Bescherung
1829 führte der mexikanische Händler Antonio Armijo eine 60 Mann starke Gruppe entlang der alten spanischen Handelsroute (Spanish Trail) und kam von der üblichen Route ab. Heiligabend, während der Rest der Gruppe etwa 160 km nordöstlich des heutigen Las Vegas rastete, ritt ein Spähtrupp auf der Suche nach Wasser gen Westen. Der 18-jährige Rafael Rivera, ein erfahrener mexikanischer Kundschafter, wagte sich hinein in die Wüste und hatte binnen zwei Wochen die geheime Oase entdeckt. Man nannte sie Las Vegas, was im Spanischen »die Auen« bedeutet.

Begrünung der Wüste
1855 bauten Mormonen, Mitglieder der Kirche Jesu Christi der Heiligen der Letzten Tage, ein Fort aus sonnengetrockneten Lehmsteinen in Las Vegas. Sie pflanzten Obstbäume, bauten Gemüse an und stellten Patronenkugeln aus Blei her, das sie im ca. 48 km entfernten Potosi Mountain abgebaut hatten. Sie verließen die Siedlung 1858, zum Teil wegen der Überfälle durch Indianer.

Schienenbau
Der Bau der Bahnlinie führte schließlich zur Gründung der Stadt Las Vegas am 15. Mai 1905. Die Union Pacific versteigerte an einem einzigen Tag 1200 Grundstücke auf dem Gebiet der heutigen Fremont Street Experience (▶ 162), einer verkehrsfreien, promenadenartigen Anlage.

Glücksspiel und Gesetz
Nevada war der erste Bundesstaat, der das Kasino-Glücksspiel legalisierte, und der letzte, der sich der puritanischen Gegenreaktion auf das Glücksspiel fügte, die im ersten Jahrzehnt des 20. Jhs. über die Weststaaten feg-

Das Magazin

Roulette ist noch immer ein beliebtes Spiel in Las Vegas

te. Am 1. Oktober 1910, Schlag Mitternacht, trat in Nevada ein strenges Glücksspielverbot in Kraft, das selbst das uralte Münzwerfen um den Preis eines Getränks untersagte. Aber man ließ sich nicht lumpen und spielte im Untergrund weiter, und das Geschäft florierte bis 1931, als Nevada ein neues Glücksspielgesetz verabschiedete.

Wer zuerst kommt

Der am meisten gefeierte frühe Hotelkomplex war das Flamingo, ein Luxuskasino, das von Benjamin »Bugsy« Siegel, einem Mitglied der Verbrecherorganisation um Meyer Lansky, nach Hotelkomplexen in Miami erbaut wurde. Das Flamingo, mit seinen riesigen pinkfarbenen Neonsymbolen und stilisierten Flamingos auf dem Rasen, eröffnete am Neujahrstag 1946. Sechs Monate später wurde Siegel von einem unbekannten Gangster ermordet.

Die Mobster-Herrschaft

Jahrelang wurde Las Vegas von der Mafia regiert. 1966 jedoch kam der Milliardär Howard Hughes in die Stadt und residierte fortan im Desert Inn. Als er gebeten wurde zu gehen, kaufte er einfach das ganze Hotel. Seine folgenden (privaten, aber legalen) Investitionen ebneten den Weg für ein 1967 verabschiedetes Gesetz, das Börsenunternehmen erlaubte, Spiellizenzen zu erwerben. Seither wurde Hughes die »Ent-Mafiaisierung« der Stadt zugeschrieben.

Nach und nach kam legales Kapital in die Stadt, bis die finanziellen Fundamente der Stadt im 21. Jh. dann fest in Großunternehmen verankert waren – auch wenn Korruption noch weit verbreitet ist. Einwohner der Stadt bedauern oft die Verdrängung der Mobster. Um ihre bedeutende Rolle in der Geschichte der Stadt zu würdigen, wurde im Februar 2012 das Mob Museum eröffnet, mit Unterstützung vom FBI (▶ 168).

Das Magazin

Hat jemand Lust auf GOLF?

Eine trockene, öde Landschaft scheint nicht gerade der geeignetste Ort für sattes Grün und üppige Fairways zu sein, aber dennoch wurden einige der weltweit schönsten Golfplätze in den natürlichen Senklöchern, den Erosionsflächen, der Gebirgslandschaft und der ursprünglichen Vegetation im Süden Nevadas angelegt. Klare blaue Himmel und spektakuläre Landschaftskulissen machen Las Vegas zu einem idealen Ziel für Golffans.

Weltklasse
Die Stadt, die derzeit über rund 80 Golfplätze verfügt, begrüßte schon prominente Spieler wie Bill Clinton oder Tiger Woods. Die drei wichtigsten Profiturniere – PGA Championship, Ladies PGA und Senior PGA – und besondere Veranstaltungen wie Wendy's 3-Tour Challenge finden jährlich hier statt.

Siegerdesigns
Die Golfplätze der Stadt wurden von einigen der berühmtesten Designern ersonnen. Allen voran ging in den späten 1980er-Jahren der Jay Morrish Painted Desert Golf Course (www.painteddesertgc.com). Jack Nicklaus, Arnold Palmer, Rees Jones, Robert Trent Jones Sr., Robert Cupp, Pete Dye, Billy Casper, Greg Nash und Hale Irwin haben sich alle da draußen vor Las Vegas eine Nische gemeißelt.

Das Magazin

PRAKTISCH GEDACHT

Es lohnt sich, sich im Voraus über die Preise und die Kleiderordnung zu informieren und natürlich zu reservieren. Um der Mittagshitze zu entkommen, sollten Sie in der Saison besser früh oder abends spielen gehen. Werfen Sie vor Ihrem Besuch einen Blick auf www.golflasvegasnow.com. Weitere Informationen über alle Plätze der Stadt erteilt die Las Vegas Convention and Visitors Authority (Tel. 877 8 47 48 58; 3150 Paradise Rd.; www.lvcva.com; tägl. 6–21 Uhr). Eine weitere nützliche Informationsquelle ist www.lasvegas-golfcourses.com. Über diese Seite können Sie einen Platz auch reservieren.

Dem Spiel voraus

Abgesehen von der Zahl der Plätze wurden auch die Golfanlagen an sich ständig erweitert und auf den neusten Stand gebracht. Golf zu spielen, ist für Kasinogäste ein idealer Ausgleich draußen in der Natur – was die Dynamik der Golfplatzentwicklung förderte. Selbst Tom Fazio's Shadow Creek (www.shadowcreek.com), der als beeindruckendster Golfplatz der Stadt gilt, wurde 2008 verbessert und um einen neuen Kurzspielplatz ergänzt.

Kaum anders zu erwarten

Las Vegas imitierte immer schon gern, und so hat auch der Royal Links Golf Club (www.royallinksgolfclub.com) 18 Löcher, die jeweils nach den berühmtesten Löchern der bei den British Open genutzten Golfplätze angelegt wurden. Der zentralste Platz der Stadt ist der im Südseestil angelegte Bali Hai (www.balihaigolfclub.com). Hier können Sie auf 3 ha Fläche zwischen Wasseranlagen, schwarzen Vulkanfelsen, Palmen und weißem Sand spielen, und das alles mit einer fantastischen Aussicht auf den Strip und einem anschließenden Essen im Cili, einem exquisiten Restaurant, von dem aus Sie das 16. Loch überblicken.

Golfspieler spielen ein paar Löcher auf dem Wildhorse Golf Course

Das Magazin

LEAVING LAS VEGAS:
ab in die Wüste

Nur etwa jeder zweite Las-Vegas-Besucher kommt über den Strip hinaus und gerade mal jeder fünfte schafft es, die Stadt zu verlassen. Machen Sie keinesfalls denselben Fehler! Die Wüste, die diese Stadt umgibt, ist eine der schönsten der Welt und – allein oder mit Führung (▶ 197) – gut zu erreichen.

Vorgeschichte
Die öden Landstriche rund um die Stadt sind kulturell fruchtbar: Überall gibt es Spuren der Ureinwohner und Jahrmillionen alte Erdgeschichte. Lange vor den Spielern und der Mafia lebten hier Indianer. Die Wüste birgt einige der frühesten Zeugnisse menschlicher Existenz in den USA. Hier können Sie prähistorische Petroglyphen bestaunen: Uralte Felskunst im Valley of Fire, deren Bedeutung wohl rätselhaft bleiben wird (▶ 178). Oder Sie unternehmen einen Ausritt durch das Land der Cowboys entlang der alten spanischen Handelsroute (▶ 197), die Santa Fe und Los Angeles verbindet.

> »Indianer lebten hier lange vor den Spielern und der Mafia«

Naturpfade
Viele Wanderwege und Straßen führen durch die malerischen Wüstenschutzgebiete (www.nps.gov), von denen das Mojave National Preserve von Las Vegas aus am besten zu erreichen ist. Hier bieten die gewundenen Äste der Josua-Palmlilien dem Gestrüpp, den Kakteen und den Kreosotbüschen (mit ihren herrlich bunten Blüten) eine pathetische Kulisse und den Wüstenleguanen ein Versteck vor der sengenden Sonne. Wenn Sie Glück haben, erspähen Sie ein Dickhornschaf oder einen him-

---

DIE BESTEN OUTDOOR-ABENTEUERTIPPS
- Kajakfahrt unterhalb des spektakulären Hoover-Staudamms (▶ 176).
- Rundflug über den atemberaubenden Grand Canyon (▶ 180).
- Felsklettern auf den zerklüfteten Kliffen des Red Rock Canyon (▶ 175).
- Ski- oder Pferdeschlittenfahrt (wenn es der Schnee erlaubt) auf dem Mount Charleston (▶ 179).
- Wanderung durch das malerische Valley of Fire (▶ 178).

Das Magazin

melhoch über ihnen gleitenden Steinadler, obgleich ein Großteil der Fauna sich vor der glühenden Wüstensonne versteckt.

Geben Sie acht

Die Wüste ist naturgemäß abgeschieden und heiß, und sie kann auch gefährlich sein. Treffen Sie daher geeignete Sicherheitsmaßnahmen. Denken Sie an Wasser, Sonnencreme und eine Kopfbedeckung. Sturzfluten stellen durchaus eine Gefahr dar; der Tod durch Ertrinken ist häufiger, als Sie denken. Prüfen Sie daher stets die Wettervorhersage und erzählen Sie jemandem, wohin Sie gehen.

Von oben: Valley of Fire; Kajak fahren auf dem Lake Mead; Südrand des Grand Canyon

DIE SPIELE
des Glücks

Ein altes Sprichwort sagt, der beste Wurf sei der, bei dem man die Würfel wegwirft. Las-Vegas-Besucher aber überhören so etwas ganz gern. Es zahlt sich jedoch aus, ein paar Hausaufgaben zu machen, bevor Sie Ihre Brieftasche zücken.

Das Kasinopersonal lässt auf der Jagd nach Ihrem schwer verdienten Geld keinen Versuch aus. Es gibt traditionelle Karten- und Würfelspiele, Glücksspielautomaten jeder erdenklichen Art, Pferderenn- und Sportwetten, Hightech-Elektronikspielgeräte und internationale Glücksspiele aus Europa und Asien. Paradoxerweise ist fast nichts dem glücklichen Zufall überlassen. Bei jedem Spiel sind die Kasinoquoten besser als die Ihren, nur die Gewinnspanne der Bank variiert. Um Sie bei der Stange zu halten, wird keine Mühe gescheut. In den Kasinos darf – entgegen des landesweiten Verbots – geraucht werden, alkoholische Getränke sind bequem an den Tischen oder den Bars erhältlich, die die Spieltischareale umgeben. Denken Sie daran: Sie müssen mindestens 21 Jahre alt sein, um ein Kasino betreten zu dürfen.

Black Jack oder »17 und 4«
Das beliebteste Kartenspiel in Vegas, bei dem jeder Spieler für sich allein gegen den Bankhalter (*dealer*) spielt. Ziel des Spiels ist, mit zwei oder mehr Karten eine höhere Punktzahl auf der Hand zu haben als der Dealer, wobei die magische Zahl 21 erreicht, aber nicht überschritten werden darf. Alle Spieler am Tisch sind in erster Linie mit ihren eigenen Karten beschäftigt, aber ebenso darauf bedacht, den Bankhalter hochgehen zu lassen,

sodass jeder gewinnt. Bei der üblichsten Spielvariante, dem Multi-Deck Black Jack, werden die Karten aus einem Kartenschlitten gegeben, der einige gemischte Kartenpakete enthält. Der Dealer teilt die Karten im Uhrzeigersinn aus. Jeder Spieler bekommt zwei offene Karten, der Bankhalter ebenfalls zwei, wovon eine verdeckt ist, die »Hole Card«. Sind Sie an der Reihe, müssen Sie entscheiden, ob Sie keine Karte (*stand*) oder weitere aufnehmen möchten (*hit*). Bildkarten zählen 10 Punkte, die Asse je nach Wahl des Spielers 1 oder 11 Punkte. Ein Black Jack (21 Punkte mit nur zwei Karten) wird dem Spieler sofort mit einem 3:2-Gewinn ausgezahlt (1,5-facher Einsatz), es sei denn, die offene Karte des Dealers verspricht 21 Punkte. Spieler, deren Hand 21 Punkte übersteigt, haben sich überkauft und verlieren sofort ihren Einsatz. Wenn die Spieler keine weiteren Karten aufnehmen möchten oder sich überkauft haben, deckt der Bankhalter die verdeckte Karte auf. Hat dieser 16 oder weniger Punkte, muss er eine weitere Karte ziehen, hat er 17 oder mehr, darf er keine mehr aufnehmen. Bei einer »Soft-17« allerdings (ein Ass und eine Sechs) kann er stehen bleiben oder aufnehmen, je nach Tischregel. Den Spielern, die eine

GEWINNCHANCEN

Black Jack ist zum einen so beliebt, weil der Hausvorteil minimal ist, und zum anderen, weil die Grundregeln von 17 und 4 einfach sind. Um die Black-Jack-Wettstrategie zu begreifen, braucht es schon etwas mehr Übung. Für jede Kartenkombination gegenüber dem Bankhalter gibt es eine statistisch optimale Aktion. Standardtische fassen die erforderlichen Aktivitäten zusammen, die dann mithilfe von Lernkarten oder wiederholter Übung erlernt werden können. Außer den Grundlagen des *hit* oder *stand* sollten dennoch weitere Regeln beachtet und gegebenenfalls angewandt werden:

Double Down – der Spieler verdoppelt seinen Einsatz, nachdem er die ersten beiden Karten erhalten hat, und bekommt genau noch eine weitere dazu.

Split – der Spieler teilt seine Hand in zwei Hände auf und setzt einen ebenso hohen Einsatz auf die zweite Hand.

Surrender – der Spieler gibt seine Hand vorzeitig auf und bekommt die Hälfte seines Einsatzes zurück.

Das Magazin

Probieren Sie Roulette im Planet Hollywood Resort

höhere Punktzahl haben als der Dealer, werden die Gewinne 1:1 ausgezahlt. Steht es unentschieden, behalten die Spieler ihre Einsätze.

Roulette
Beim traditionellen Roulettetisch sind die Zahlen von 0 bis 36 kreisförmig am Rand einer Mulde um ein rotierendes Rad angeordnet. Die Null ist auf einem grünen, die restlichen Zahlen sind abwechselnd auf roten und schwarzen Feldern. Der Croupier setzt das Rad in Gang und wirft eine kleine weiße Kugel in die Vertiefung hinein. Es gewinnt die Zahl, bei der die Kugel zum Halten kommt. Noch während sich das Rad dreht, platzieren die Spieler ihre Jetons auf das angrenzende grün bespannte Tableau, auf dem die jeweils möglichen Einsätze einsehbar sind. Die Spieler können auf gerade, ungerade, rote oder schwarze Zahlen setzen, oder auch auf Zahlengruppen, die auf dem Tableau angegeben sind, wie etwa 1–18 oder 19–36. Die Gewinnquoten reichen von 35:1 bis zu 1:1. Gewinnt ein Spieler, der auf eine einzelne Zahl gesetzt hat, erhält er 35 $ für jeden gesetzten $, und genau darin liegt der Reiz des Roulettes. Die meisten Kasinos in Vegas haben aber die Doppelnull (»00«) in den Zahlenring aufgenommen. Das erhöht ihre Gewinnquote und bringt doppelten Hausvorteil.

Craps
Ein anderes beliebtes Spiel ist Craps, ein schnelles Würfelspiel mit überaus komplexen Regeln und Einsatzoptionen. Einige Kasinos bieten meist an Vor- oder Nachmittagen kostenlose Übungsstunden.

Pai Gow
Bei diesem altchinesischen Spiel werden 32 Dominosteine vom Croupier gemischt und dann verdeckt in acht Stößen zu je vier Steinen gestapelt. Bis zu acht Personen können teilnehmen, mit je einem Stapel. Ziel des Spiels ist es, die vier Dominosteine in zwei Paaren mit den besten »Ranking«-Kombinationen zu arrangieren (Hohe Hand/Niedere Hand). Diese Rankings folgen keinem numerischen Muster, sondern hängen eher von der Symbolik der Steine ab. In den Kasinos hängen Tafeln, auf denen die Ranking-Kombinationen beschrieben werden.

Das Magazin

Pai Gow Poker
Pai Gow Poker verbindet Elemente des Pai Gow mit denen des amerikanischen Poker. Die »Hände« basieren auf denen des Poker und gespielt wird mit einem gewöhnlichen Deck von 52 Karten und einem Joker. Jeder Spieler erhält sieben Karten, die auf zwei Hände verteilt werden. Die »Hohe Hand« hält fünf, die »Niedere Hand« zwei Karten. Den Einsatz gewinnt, dessen Hohe und Niedere Hand jeweils höher ist als die des Croupiers.

Keno
Keno wurde ursprünglich »Rennpferd-Keno« genannt und ist ein Spiel, bei dem die Spieler eine Anzahl von Zahlen zwischen 1 und 80 markieren, die auf einem Kenoschein stehen. Aus diesen 80 Zahlen werden 20 gezogen. Der Gewinn ergibt sich aus der Art des Scheins, dem Spieleinsatz und der Anzahl von Spielern mit den gleichen Zahlenkombinationen. Mehrfachscheine können auch auf ein Spiel gesetzt werden. Spieler, die vorher einige Zeit Lotto gespielt haben, werden sicher bald dahinterkommen, die Gewinnchancen sind vergleichbar.

Texas Hold 'Em (Poker)
Zu Beginn des Spiels müssen die beiden links vom ermittelten Geber sitzenden Spieler ihre Einsätze (*small blind* und *big blind*) in den Pot geben. Dann erhält jeder Spieler zwei verdeckte Karten. Der Spieler links vom *big blind* eröffnet die erste Wettrunde. Schließlich gibt es fünf Gemeinschaftskarten (*community cards*), die offen auf dem Tisch liegen und für eine bestmögliche Pokerhand verwendet werden können. Die beste ist ein Royal Flush, die schlechteste die High Card (höchste Karte). In jeder Runde können die Spieler die Wetten halten, erhöhen oder aussteigen. Das Kasino spielt nicht mit, behält aber einen Teil des Pots (der Geber verfolgt, wer mit dem *blind* dran ist).

GLOSSAR FÜR ZOCKER

Action – Spieleraktivität, sie wird an der Höhe des Geldeinsatzes in einem bestimmten Zeitraum gemessen.

Bank – Croupier oder Bankhalter, der die Einsätze in den jeweiligen Spielen verwaltet; auch: Reihe von Spielautomaten.

Buy in – Ankauf von bzw. die Menge an Jetons, die vor dem Spiel gekauft werden.

Cage – Kassenbereich des Kasinos.

Even money – Auszahlungsquote von 1:1.

House edge (PC) – mathematischer Vorteil, den das Kasino bei jedem einzelnen Spiel genießt.

House odds – Gewinnquote, d. h. der Prozentsatz, den die Spielbank auszahlt. Die Odds werden vom Kasino festgelegt.

Limit – zulässiger Mindest- oder Höchsteinsatz.

Loose machine – Spielautomat, der so eingestellt ist, dass er einen großen Teil des vereinnahmten Geldes wieder ausgibt.

Marker – Schuldschein, den das Kasino an einen Spieler vergibt und ihm erlaubt, auf Kredit weiterzuspielen.

Toke – Trinkgeld.

Das Magazin

SHOPPEN
OHNE ENDE

Las Vegas gehört zu den heißesten Shoppingpflastern der Welt. Auf einer Strecke von rund 8 km tummeln sich angesagte Designerboutiquen, Einkaufszentren oder Outlets – höchste Zeit, die Kreditkarte zu zücken!

Die besten Hotel-Malls

Die meisten großen Hotels am Strip haben eine eigene Shopping Mall, in denen man vom Mitbringsel mit Las-Vegas-Schriftzug für 2 $ bis hin zu exklusiven Geschenken von Christian Dior für jeden Geldbeutel etwas findet. Dabei spielt die Inszenierung der Malls eine ebenso große Rolle wie das Shoppen selbst. The Forum Shops im Caesars Palace (▶ 110) bieten über 160 Boutiquen, wie Fendi, Gucci und Valentino. Wenn beim Stöbern der kleine Hunger kommt, kehren Sie in eines der 15 Restaurants ein. Zudem lohnt die Fall of Atlantis-Show in der Roman Great Hall einen Besuch, wo täglich zu jeder vollen Stunde ein Springbrunnen zum Leben erwacht (11–23 Uhr). Die Grand Canal Shoppes (▶ 122) im Venetian präsentieren 80 Läden, darunter Sephora und Kenneth Cole, die die kopfsteingepflasterten Wege säumen. Hindurch fließt der 366 m lange Canal Grande, auf dem Gondeln vorübergleiten.
Die Miracle Mile Shops im Planet Hollywood Resort (▶ 76) bringen es auf 170 Geschäfte wie H & M und Urban Outfitters, 15 Lokale und einen effektvollen Sturm, der über den Merchants Harbor, einen künstlichen nordafrikanischen Küstenort, hinwegfegt.

SHOPPING-TIPP
Achten Sie unbedingt auf die Mehrwertsteuer! Auch das schönste Schnäppchen wird bei saftigen 8,1 % Steuern, die das Clark County in Nevada draufschlägt (höher als im übrigen Bundesstaat), eventuell teurer als gedacht.

Das Magazin

Ganz links: Gondeln in den Grand Canal Shoppes. Links: The Forum Shops im Caesars Palace. Unten: Exklusiver Laden in The Forum Shops

Malls wie im Märchen

Neben den Einkaufszentren der Hotels gibt es auch unabhängige Malls, in denen sich Stockwerk um Stockwerk die bunte Warenwelt türmt. Mit über 250 Läden ist die Fashion Show Mall (▶ 148) die größte unter ihnen, hier wird sogar einmal die Stunde auf einem großen Laufsteg eine Fashion Show veranstaltet. Die Leute strömen vor allem in die Geschäfte, die es in den Hotels nicht gibt, z. B. folgende Lieblinge aus New York: Saks Fifth Avenue, Neiman Marcus oder Macy's. Mitten auf dem Strip gibt es auch noch das Crystals im für sein Design berühmten CityCenter. Hier erwarten Sie ausschließlich Topmarken wie Louis Vuitton, Tiffany & Co., Roberto Cavalli, Tom Ford, Lanvin und Versace.

Schnäppchenfreuden

In Las Vegas bekommt man aber nicht nur teure Designerstücke, sondern auch einige tolle Schnäppchen. Premium Outlets (875 South Grand Central Parkway; Tel. 702 474 7500; www.premiumoutlets.com/lasvegas/) ist die beste Adresse für heruntergesetzte Designerware: Etwas außerhalb der Stadt gibt es hier Nachlässe auf Labels wie Calvin Klein, Dolce & Gabbana oder Ralph Lauren. Auch das Las Vegas Factory Outlet Center (▶ 47) ist einen Blick wert, hier findet man neben Kleidung auch Markenschuhe.

Das Magazin
Vegas auf der
LEINWAND

Las Vegas – die ursprüngliche »Stadt der Sünde« – inspirierte etliche Filmemacher. Vom Tummelplatz der Millionäre bis zur kriminellen Unterwelt – dieses Fantasieland lässt die Grenzen der Realität verschwimmen. Die Interpretationen sind dabei mal mehr, mal weniger gelungen, eines aber ist sicher: Las Vegas kann jede Rolle einnehmen, die Sie sich wünschen.

 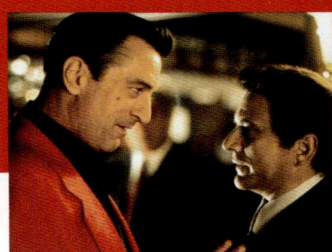

The Usual Suspects
Nichts bringt Sie mehr in Urlaubsstimmung und Sündenstadtlaune als ein guter Film über Las Vegas. *Frankie und seine Spießgesellen* (1960), die Original-Version von *Ocean's Eleven* mit Frank Sinatra und Dean Martin, ist ein guter Anfang, und mit Steven Soderberghs Neuverfilmung von 2001 mit Brad Pitt und George Clooney fallen Sie vielleicht vollständig ins Las-Vegas-Fieber. Obwohl die Kasinoraub-Handlung im neuen Film schlüssiger ist, besticht der alte Streifen durch seine Darstellung der Stars von ihrer dreisten und doch charmantesten Seite sowie durch die alten Aufnahmen der Sands-, Sahara-, Riviera- und Flamingo-Hotels. Wer sich den bekanntesten Vegas-Kultfilm anschauen möchte, sollte sich den Kassenschlager *Casino* (1995) mit Robert De Niro ansehen. Regisseur Martin Scorsese spannte einen herrlichen Bogen zum heutigen Las Vegas: von den Mafiabanden, die gen Westen zogen, um ein Stück der begehrten Wüste zu ergattern, über die Jahre ihrer eigenwilligen Exzesse bis hin zu ihrer späteren Verdrängung durch gesetzmäßige Gesellschaften. Nicht verpassen!

Oben links: Die Neuverfilmung von *Ocean's Eleven* mit Brad Pitt und George Clooney (2001)
Oben rechts: Robert De Niro und Joe Pesci in Martin Scorseses genialem *Casino* (1995)

Das Magazin

Roadmovies

Um Las Vegas von einer anderen Seite kennenzulernen, müssen Sie sich *Angst und Schrecken in Las Vegas* (1998) ansehen, eine vom Drogenexzess angetriebene Abrechnung des Journalisten Hunter S. Thompson mit dem amerikanischen Traum. Das halluzinogene Porträt der Stadt ist jedoch nur unwesentlich kurioser als die Wirklichkeit. Die derben Späße in *Die Schrillen Vier in Las Vegas* (1997) sind aber auf jeden Fall populärer.

Showgirls und Bad Boys

Der Glanz der alten Tage ist in dem umwerfenden erotischen Streifen *Meet Me in Las Vegas* (1956) mit Cyd Charisse zu erahnen. Paul Verhoeven dagegen porträtierte die städtischen Revues in *Showgirls* (1995) in einem düstereren Licht. *Pokerspiel für Zwei* (1969) zeigt einen sonderbaren Moralstreit zwischen einem Kasinoboss und seinem Sohn, mit eindrucksvollen Aufnahmen des Ceasars Palace. In *Spieler ohne Skrupel* (1974) spielt James Caan einen Literaturprofessor, der außer Kontrolle gerät.

Damals wie heute

Im unschuldigen Elvis-Streifen *Tolle Nächte in Las Vegas* (1964) fährt der King Wasserski über den Lake Mead, besichtigt den Hoover Dam und singt fröhliche Lieder. Neuere »Sin City«-Filme wie *21*, *Love Vegas* und *Hangover* konzentrieren sich auf das Glücksspiel, das Trinken und den Überfluss an sich, was ganz gut dem heutigen Bild der Stadt entspricht. Ganze Arbeit, Hollywood!

Links: *Tolle Nächte in Las Vegas* (*Viva Las Vegas*) mit Elvis Presley und Ann-Margaret
Rechts: Cyd Charisse in *Meet Me in Las Vegas*

KULINARISCHE
FREUDEN

In den letzten zehn Jahren haben weltberühmte Köche, Promi-Eigentümer und neue beeindruckende Lokale die Restaurantszene von Las Vegas mit Glamour und exzellenter Kochkunst in neue Sphären katapultiert.

In kulinarischer Hinsicht war früher in Las Vegas nur die Menge der Speisen am Büfett legendär – mit der Eröffnung neuer Toprestaurants ist das Vergangenheit, heute haben sogar Gourmets die Stadt auf dem Zettel. Die Liste weltbekannter Spitzenköche – darunter viele Franzosen –, die Liebhaber guten Essens in Vegas verwöhnen, ist durchaus beeindruckend.

Speisen bei Promi-Köchen
Exquisite moderne französische Gerichte, für die man tief in die Tasche greifen muss, kommen im Twist von Pierre Gagnaire im Mandarin Oriental (▶ 77) und im luxuriösem MGM Grand (▶ 100) bei Joel Robuchon (vier AAA-Diamanten und zwei Michelin-Sterne) auf den Tisch. Auch Küchenstar David Walzog ist eine feste Größe am Feinschmecker-Himmel über Vegas.

Das Magazin

In seinem Lakeside Restaurant im Wynn (▶134) bereitet er Nacht für Nacht frischen Hummer zu. Das Restaurant Guy Savoy im Caesars Palace (▶106) ist der einzige Ort in den USA, um in den Genuss der feinen Küche dieses hochverehrten Kochs (drei Michelin-Sterne) zu kommen.

Küchensensation Jean Georges Vongerichten, der schon diverse Preise eingeheimst hat, betreibt im neuen ARIA Resort (▶76) das Jean Georges Steakhouse. Der Spanier Julian Serrano hat ebenfalls im ARIA eine nach ihm benannte Tapasbar eröffnet, wo spanische Köstlichkeiten wie z. B. Hummer-Ananas-Spießchen für Furore sorgten. TV-Star Wolfgang Puck besitzt mehrere Lokale in der Stadt, das Flaggschiff ist das Spago in den Forum Shops im Caesars Palace (▶110).

Neuer Stern am Gourmet-Himmel

Zurzeit ist er – und sein Essen – in Las Vegas in aller Munde: Der US-Spitzenkoch Shawn McClain hat die Bio- und saisonal inspirierte Karte des schönen neuen Restaurants Sage im ARIA Resort (▶76) kreiert. Die Wände des sanft beleuchteten Lokals nehmen überdimensionale Versionen alter Gemälde ein, nach dem Essen dürfen Sie sich am Absinth-Trolley bedienen (seit 2007 in den USA legal): alles sehr hip – und teuer. Das glamouröse, von Sushi-Master Peter Woo geführte Social House im Crystals im CityCenter-Komplex bietet mit seiner pan-asiatischen Küche und ausladenden Sake-Auswahl das perfekte Sushi-Sashimi-Erlebnis.

Evergreens

Vor zwölf Jahren eröffnete der US-Spitzenkoch Charlie Palmer im Mandalay Bay Resort (▶52) einen hochgelobten und bis heute beliebten Ableger des in New York sehr erfolgreichen Aureole. Etwas lässiger gibt sich das Charlie Palmer Steak (▶68) im Four Seasons. Das Bellagio (▶84) bietet das mit fünf AAA-Diamanten ausgezeichnete Le Cirque mit delikater französischer Küche in vom Zirkus inspirierter Einrichtung.

Gegenüber: Das elegante Restaurant Mix im Mandalay Bay Resort. **Ganz oben:** Genuss mit Stil ist heute überall in Las Vegas zu finden. **Oben:** Das Aureole im Mandalay Bay Resort

Das Magazin

Der Gang zum
TRAUALTAR

Als Angelina Jolie, Pamela Anderson und Britney Spears in Vegas »Ja, ich will!« sagten, dann sicher nicht »bis dass der Tod uns scheidet«. Jolies Ehe dauerte keine drei Jahre, Andersons ein paar Monate und Spears nur wenige Stunden.

Das Magazin

Prominente Paare
Eine Las-Vegas-Ehe muss aber nicht zwangsläufig von kurzer Dauer sein. Elvis und Priscilla Presley, Frank Sinatra und Mia Farrow, Bruce Willis und Demi Moore, Richard Gere und Cindy Crawford, Paul Newman und Joanne Woodward ... alle schafften es zumindest ein bisschen länger.

Mit oder ohne Extras
Es gibt wenige lebensverändernde Dinge, die sich im Handumdrehen und für nur 60 $ arrangieren lassen. So viel nämlich kostet eine Eheerlaubnis beim Clark County Marriage License Bureau. Nach einer Service-Gebühr von 5,15 $ und mit freundlicher Genehmigung des Eheschließungsbeamten, der sein Büro in der Nähe des License Bureau hat, ist die Ehe perfekt. Ob eine Hochzeit mit Extrawünschen oder ohne, in Nevada kann man schnell und ohne großen bürokratischen Aufwand heiraten.

Tipps für diesen besonderen Tag
Buchen Sie Ihre Feier möglichst lange vorher. Am beliebtesten sind die Samstage, dicht gefolgt von den gesetzlichen Feiertagen, Valentinstag oder Neujahrstag. Diese gilt es zu meiden, wenn Sie es etwas gemütlicher angehen lassen wollen. Die Hitze hier kann längere Zeit im Jahr unerträglich sein, erwägen Sie also, am Abend oder bei Sonnenuntergang zu feiern.

Nach oben sind keine Grenzen gesetzt
Der Tiefstpreis für eine Trauung, einschließlich der Gebühren, liegt bei etwa 100 $, nach oben sind aber keine Grenzen gesetzt. Maverick Helicopters ermöglicht Ihnen sogar eine Trauung im Flug über den Grand Canyon! Die Kosten richten sich nach den Wünschen des Paares und können Blumen, Sekt, Hochzeitslimousine, Ton- oder Videoaufnahmen usw. beinhalten.

Links: Treffen Sie Elvis und heiraten Sie in der Viva Las Vegas Wedding Chapel
Oben: Lassen Sie sich in einer romantischen Gondel durch die Grand Canal Shoppes fahren

Das Magazin

Paul Newman und Joanne Woodward wurden am 29. Januar 1958 im Hotel El Rancho getraut

Natürliche Schönheit

Viele Hotels auf dem Strip haben elegante Hochzeitskapellen; für jeden Geschmack und Geldbeutel ist etwas dabei. Manche Paare heiraten vor den romantischen Kulissen des Mount Charleston (➤ 179), andere geben sich ihr feierliches Versprechen in einer Jacht auf dem Lake Mead (➤ 176).

Hochzeitskapellen

Natürlich gibt es über den Strip verteilt auch unabhängige kleine Hochzeitskapellen (➤ 140), die bei der Gestaltung der Hochzeit keine Wünsche offen lassen. In der Little Church of the West (4617 Las Vegas Boulevard South; Tel. 702 7 39 79 71; www.littlechurchlv.com) haben mehr Promi-Paare geheiratet als an irgendeinem anderen Ort in Las Vegas. Heute ist diese kleine, 1942 erbaute Kapelle mit ihren fairen »Hochzeitspaketen« ein historisches Denkmal.

EIN BUND FÜRS LEBEN

Um die Eheerlaubnis auszustellen, verlangt das Land ein Lichtbild und einen Altersnachweis wie den Pass oder die Geburtsurkunde. Nicht-US-Bürger benötigen möglicherweise zusätzliche oder besondere Papiere, die belegen, dass diese Eheschließung in ihrem Land anerkannt wird. Prüfen Sie das vorher! Sind Sie noch keine 18 Jahre alt, ist ein elterliches Einverständnis erforderlich! (Clark County Government Center, 500 S Grand Central Pkwy, Las Vegas; Tel. 702 4 55 00 00; www.clarkcountynv.gov).

Erster Überblick

Ankunft	38
Unterwegs in Las Vegas	39
Übernachten	41
Essen und Trinken	45
Einkaufen	46
Ausgehen	47

Erster Überblick

Ankunft

McCarran International Airport
- Der internationale Flughafen südöstlich des Strip (5757 Wayne Newton Boulevard; Tel. 702 2 61 52 11; www.mccarran.com) ist der **Hauptflughafen** der Stadt; nur einige Sightseeing-Flüge starten von einem kleineren Flugplatz nordwestlich von Downtown. McCarran ist einer der wenigen Flughäfen, an denen sich Reisende an Spielautomaten oder im Fitnesscenter die Zeit vertreiben können. Auch für Kinder gibt es einen altersgerechten Spielbereich.
- Das Flughafengelände grenzt fast an den südlichen Teil des Strip, doch das Terminal selbst liegt rund 6,5 km vom **Strip** und vom **Convention Center** sowie ca. 8 km von **Downtown Las Vegas** entfernt. Taxis, Limousinen, Shuttlebusse oder die CAT-Busse (➤ rechts) fahren in die Stadt.

Mit dem Auto oder dem Bus
- **Mit dem Auto:** Die **Interstate-15 (I-15)** verbindet Las Vegas mit Südkalifornien, Montana, Idaho und Utah. Meist reisen Besucher von Los Angeles aus an. Die Fahrt dauert etwa vier Stunden. An den Wochenenden und Feiertagen ist diese Strecke besonders stark befahren, doch die Reise durch die eindrucksvolle Wüste lohnt sich.
- **Mit dem Bus:** Zwischen L. A. und Las Vegas verkehren regelmäßig **Greyhound-Busse** (www.greyhound.com). Von den beiden Haltestellen Union Street und East 7th Street in Downtown L. A. empfiehlt sich Erstere aufgrund der besseren Anbindung an U-Bahn, Eisenbahn und Bus als Abfahrtsort bzw. Endstation. Die Fahrt im Bus dauert sechs Stunden.

Vom Flughafen zum Las Vegas Strip
- **Airport-Shuttlebusse** fahren alle 15 oder 20 Minuten, doch kann es am Flughafen zu Verzögerungen von bis zu einer Stunde kommen, und auch das Anfahren der unterschiedlichen Hotels nimmt kostbare Zeit in Anspruch. Die Shuttlebusse fahren von den Ausgängen 7–13, Taxis und Limousinen von den Ausgängen 1–40 ab.
- **Reservierungen für den Shuttle-Service** können Sie vorab unter 702 5 58 91 55 oder 888 5 58 91 56 vornehmen. Der Fahrpreis liegt unter 7 $, ein Taxi zu einem Hotel am Strip kostet 10–15 $, zu einem Hotel in Downtown etwa 23 $.
- Shuttlebusse fahren Passagiere direkt zur gewünschten **Autovermietung**. Reservieren Sie den Wagen vorab über ein Reisebüro oder das Internet.
- In der Nähe der Gepäckausgabe gibt es ein **Ground Transportation Center** für Shuttlebusse, Mietwagen und Limousinen. An zahlreichen Infoschaltern erhalten Sie bei Bedarf weitere Auskünfte.

Visitor Information Center
- Stadtpläne, Landkarten und weiteres Infomaterial, darunter auch den Las Vegas Official Visitor Guide, bekommen Sie beim **Las Vegas Information Center**, 3150 Paradise Road, Las Vegas, NV 89109; Tel. 702 8 92 07 11, www.lasvegas.com.

Touristeninformation
- In den meisten Hotels findet man **Broschüren** über die Attraktionen der Stadt, dazu Publikationen mit vielen Adressen und Stadtplänen.
- Entlang des Strip gibt es einige kleine, **unabhängige Visitor Centers**.

Unterwegs in Las Vegas

Orientierung
- **Bis auf wenige Ausnahmen** liegen so gut wie alle großen Hotels und Attraktionen am Las Vegas Boulevard oder dem Strip.

Stadtteile
- Der Las Vegas Boulevard wird in **zwei Bereiche** unterteilt – den 5,5 km langen Strip (von Russell Road bis Charleston Boulevard) und Downtown.
- **Downtown** umfasst den Teil der Stadt, der nördlich des Charleston Boulevard, östlich der I-15 und südlich der Washington Avenue liegt. Er entspricht dem »ursprünglichen« Las Vegas, das man aus den Filmen der 1960er-Jahre kennt.
- Auf dem **Strip** findet man sich leichter zurecht, wenn man weiß, zwischen welchen Querstraßen bzw. Blocks – Russell, Tropicana, Flamingo, Spring Mountain oder Sahara – ein bestimmtes Hotel oder die gesuchte Sehenswürdigkeit liegt. Achtung: Die »Häuserblocks« sind hier sehr lang!

Bus
- Busse, wenn auch zu Stoßzeiten oft überfüllt, sind **nützlich, um den Strip hinauf- oder hinunterzufahren**. Ein paar Schritte von der Bushaltestelle zu den Hotels muss man aber trotzdem gehen.
- Der Doppeldecker **»Deuce«** fährt den Strip rund um die Uhr rauf und runter – von der Fremont Street (Downtown) zur Endstation im Süden und zurück – und hält dabei an den wichtigsten Kasinos.
- Die Busfahrt (einfach) kostet 3 $, ein **Tagesticket** 8 $ (auch in allen anderen öffentlichen Bussen gültig). Halten Sie das Geld passend bereit.
- Fahrpläne für den öffentlichen Verkehrsverbund CAT, der alle übrigen Stadtteile bedient, finden Sie in den Bussen oder im Internet unter www.rtcsouthernnevada.com, sie sollten aber auch in Hotels aushängen.
- Ein Tagesticket für den **Las Vegas Strip & Downtown Express** kostet 8 $. Der futuristische Bus pendelt zwischen 9 und 0.30 Uhr zwischen dem Nord- und Südende des Strip.

Taxis
- Taxifahrer wählen meist eine **weniger befahrene Route jenseits des Strip**. Doch sollte dies in Absprache mit dem Fahrgast geschehen, denn manche Taxifahrer fahren absichtlich die Strecke durch den Tunnel zwischen dem Flughafen und dem Strip, was bis zu dreimal so lange dauern kann.
- Fahrgäste, die Opfer einer oft skrupellosen Fahrweise der Taxifahrer werden, sollten sich die **Taxinummer merken**. Näheres unter www.taxi.nv.gov.
- Sind alle Taxis belegt oder möchten Sie einfach einmal in einer **Limousine** fahren, können Sie sich eine solche in den meisten Hotels mieten. Der Preis beträgt jedoch das Vierfache eines herkömmlichen Taxis.
- **Vor praktisch jedem Hotel** stehen Taxis. Sollte einmal keines da sein, dauert es meist nicht lange, bis das nächste kommt.
- Taxis können **telefonisch vom Hotelzimmer** aus bestellt werden.
- Fahrende Taxis können nicht herbeigewunken werden, Sie müssen entweder zu einem **Taxistand** gehen oder einen Wagen telefonisch bestellen.
- Bei einfachen Strecken erwarten Taxifahrer mindestens 2 $ Trinkgeld.

Monorails
- Die **Las Vegas Monorail** fährt vom **MGM Grand zum Sahara Hotel** (6,5 km).

Erster Überblick

- **Haltestellen** gibt es beim Las Vegas Hilton, Las Vegas Convention Center, Harrah's/Imperial Palace, Flamingo/Caesars Palace und Bally's/Paris Las Vegas, der Fußweg von und zu einigen Hotels ist aber noch recht weit.
- Im Durchschnitt fahren die Züge **alle 5–6 Minuten**, Mo–Do 7–2 und Fr–So 7–3 Uhr. Eine einfache Fahrt kostet 5 $, es gibt aber auch preiswerte Tagespässe (12 $, 24 Std. gültig) und – nur im Internet erhältliche – Dreitagespässe (28 $, Tel. 702 6 99 82 00; www.lvmonorail.com).

Trams

- Neben der kostenpflichtigen Las Vegas Monorail verkehren kostenlose, **von den Hotels betriebene Monorail-Züge (»Trams«)**, zwischen den Kasinos am Strip: Zwischen dem Four Seasons und dem Excalibur die Mandalay Bay/Excalibur Tram, vom Monte Carlo bis zum Bellagio die Bellagio/Monte Carlo Tram, und eine dritte zwischen Mirage und Treasure Island. Alle Trams fahren im 3 bis 8-Minuten-Takt (tägl.).

Zu Fuß

- Denken Sie daran, dass der **Strip 5,5 km** lang ist und dass die Entfernungen größer sind, als sie scheinen. Tragen Sie bequeme Schuhe und vergessen Sie auf keinen Fall die Sonnenbrille.
- Den Strip kreuzen **fünf große Querstraßen** – Russell, Tropicana, Flamingo, Spring Mountain und Sahara –, dazu kommen die nur nach einer Seite abgehende Harmon Avenue und der Convention Center Drive, die die Orientierung erleichtern. Zu den kleineren Straßen, an denen Sie erkennen, dass Sie auf Höhe eines bestimmten Hotels sind, gehören z. B. der Four Seasons Drive, der Bellagio Way, der Paris Boulevard und der Riviera Boulevard.
- Fußgängerüberwege (*overhead walkways*) verbinden verschiedene Kasinohotels am Strip – New York-New York, MGM Grand, Tropicana und Excalibur an der Kreuzung Las Vegas Boulevard/Tropicana Avenue sowie Caesars Palace, Bellagio und Bally's an der Kreuzung Las Vegas Boulevard/Flamingo Road.

Auto fahren

- Ein Rat vorweg: **Fahren Sie in Las Vegas nur Auto, wenn Sie die rückwärtige Zufahrt zu Ihrem Hotel kennen** und den Strip umfahren können.
- Der Strip ist praktisch rund um die Uhr verstopft, parken ist jedoch relativ einfach. Alle große Hotels haben (zumindest) an ihrem Haupteingang einen **Parkservice** (*valet parking*); die Angestellten, die Ihr Auto parken, erwarten 1 $ Trinkgeld oder 2 $, wenn es besonders rasch geht.
- Fast alle Anlagen haben eine **self-parking garage**, in der man seinen Wagen selbst abstellen kann (meist ein Parkhaus, auch ein Freigelände). Häufig sind aber nur wenige Plätze frei und diese schwer zu finden.
- Die **Geschwindigkeitsbeschränkung** am Strip liegt bei 35 mph (55 km/h). Es besteht Gurtpflicht.

Mietwagen

- Erkundigen Sie sich beim Concierge oder Infoschalter Ihres Hotels nach **Mietwagenfirmen**. Außerdem sind die gängigen Mietwagenfirmen vielerorts in der Stadt vertreten und bieten Online-Buchung an.

Limousinen-Dienst

- Es gibt über ein halbes Dutzend **Limousinen-Dienste** in Las Vegas.

Übernachten

Las Vegas gehört zu den wenigen Städten der Welt, in die Besucher allein des Hotelaufenthalts wegen kommen. Luxuriöse Unterkünfte sind hier zudem oft preiswerter als andernorts in den USA und halten, was sie versprechen. Die Anlagen sind gigantisch und vibrieren regelrecht vor Energie. Man kann essen, trinken, ausgehen, Shows besuchen, einkaufen und jede Menge Geld verspielen, ohne das Gebäude überhaupt verlassen zu müssen.

Hotels und Kasinos

- Dass die Übernachtungen hier in der Regel relativ günstig sind, liegt darin begründet, dass die Hotels ihre **Haupteinnahmen aus dem Glücksspiel und dem Geld, das die Gäste für Essen und Trinken im Hotel ausgeben,** beziehen. Viele Besucher stellen beim Auschecken fest, dass ihre Ausgaben für das Freizeitvergnügen weitaus größer waren als die für die bloße Unterkunft.
- **Wer sparen will**, steigt in einem preisgünstigen Hotel ab und genießt trotzdem die Restaurants und Spielkasinos der teuren Hotelanlagen.
- Bedenken Sie, dass in Hotelanlagen, die mehrere Tausend Gästezimmer haben, **der Service gewöhnlich langsam ist**.
- Auch das **Ein- und Auschecken kann längere Zeit dauern**. Um zumindest Letzteres zu beschleunigen, haben viele große Hotels Express-Check-Out-Boxen eingerichtet, in die die Zimmerschlüssel eingeworfen werden können. Etwa eine Woche später wird die Rechnung von der Kreditkarte abgebucht.
- In vielen großen Hotels können die **Kosten Ihres Aufenthalts im Hotel im Blick behalten werden**, denn sie sind über den Fernseher abrufbar.
- Noch ein Tipp: Ein **Zimmer in Aufzugnähe** ist angesichts der langen Korridore sehr angenehm – es lohnt sich, beim Einchecken danach zu fragen.

Unterkünfte und Reservierungen

- Es empfiehlt sich, ein **Zimmer im Voraus zu reservieren**.
- Anders als in den USA allgemein üblich, hängt **der Zimmerpreis** in Las Vegas von der Personenzahl ab: Je mehr Leute im Zimmer schlafen, desto teurer wird es. Außerdem schwanken die Preise je nach genereller Belegung des Hotels von Tag zu Tag, manchmal sogar innerhalb eines Tages.
- Generell gilt: **Unter der Woche** und in geringer frequentierten Monaten **sind die Zimmer preiswerter**. 2008 wurde die »Daily Resort Fee« in Las Vegas eingeführt, um die durch die Finanzkrise entstandenen Verluste abzufedern. Viele Hotels erheben diese Steuer, die bis zu 25 $ pro Tag auf den Übernachtungspreis betragen kann, bis heute.
- Großveranstaltungen wie Boxkämpfe, Konzerte und Kongresse erhöhen die Auslastung und **treiben die Preise in die Höhe**. Mit anderen Worten: Je nach Zeitpunkt sind Luxushotelzimmer zum Spottpreis zu bekommen oder an sich günstige Zimmer haben astronomische Preise. Die Preiskategorien in diesem Führer können deshalb nur als erste Orientierungshilfe dienen.
- Die **Reservierung über ein Reisebüro** kann ebenfalls bares Geld sparen. Hilfreich für die Mitarbeiter sind ein paar Vorüberlegungen: Wie hoch ist das Gesamtbudget und wo soll das Hotel liegen (am Strip, neben dem Strip oder in Downtown)?

Erster Überblick

- **Am meisten kostet ein Hotel am Strip**, aber mitten im Geschehen zu wohnen, ist manchem der Preis wert. Allgemein sind die Zimmer in Downtown und abseits des Strip ruhiger und preiswerter.
- Die Hotel-Websites bieten immer wieder **Sonderangebote**. Viele Anlagen gewähren Internetbuchern Sonderkonditionen oder besonders günstige *packages*. Die Online-Reservierung ist in der Regel einfach.

Trinkgeld

Wie überall in den USA sind in Las Vegas Trinkgelder (*tip*) üblich. Selbstverständlich steht jedem Kunden frei, wie viel er gibt, aber ein angemessener Betrag für umgehende und freundliche Bedienung freut den Empfänger und erhöht die Chancen auf künftigen guten Service. Im Zweifelsfall sind 15–20 % der Rechnungssumme richtig. Hier ein paar Faustregeln:

- **Chefportier, Hotelpage, Gepäckträger etc.:** 1–2 $ pro Gepäckstück, bei mehreren Koffern 5–10 $; **Zimmermädchen:** 1–2 $ pro Tag bei der Abreise; **Autoparkdienst:** 1–2 $.

Übernachtungspreise

Die genannten Preise gelten für das preisgünstigste Doppelzimmer pro Nacht. Die Preise unterliegen täglichen (!) Schwankungen.

$ unter 90 $ $$ 90–170 $ $$$ über 170 $

Hotels am Strip

Bally's Las Vegas $$

Da es weder extravagante Nachtclubs noch exorbitant teure Restaurants vorweist, spricht das Bally's eher eine ältere, gemütlichere Klientel an – hier steigen weder Familien mit kleinen Kindern noch die Schickeria ab. Dafür sind die Preise selbst an Wochenenden ganz vernünftig. Die großen Suiten kosten mehr, verfügen aber über beeindruckende Wohnzimmer und große Luxusbäder. Zum Bally's gehören außerdem ein Pool, ein Kasino, sechs alternierende Shows und ein sehr ansehnlicher Spa-Bereich.

200 C4 ✉ 3645 Las Vegas Boulevard South
☎ 877 6 03 43 90; www.ballyslasvegas.com

Bellagio $$$

Die der Landschaft am Lago Como nachempfundene Hotelanlage gehört mit Sicherheit zu den schönsten und elegantesten Anlagen am Strip. Zu ihm gehören exklusive Geschäfte, Restaurants und Glücksspielmöglichkeiten vom Feinsten. Zudem verfügt das Bellagio über eine Kunstgalerie mit Werken aus aller Welt, ein hochmodernes Spa und einen traumhaften Blumengarten. Die Zimmer sind geräumig, geschmackvoll möbliert und in neutralen Farben gehalten.

200 C4 ✉ 3600 Las Vegas Boulevard South
☎ 888 9 87 66 67; www.bellagio.com

Caesars Palace $$

Wer den typischen Las-Vegas-Glamour sucht – hier findet man ihn. Das Caesars, eines der bekanntesten Kasinohotels der Stadt, wartet mit wunderbar kitschigem altrömischen Palastflair auf: Tempelfassaden, Marmorstatuen und in Togen gekleidete Angestellte. Die Lage mitten am Strip ist ebenfalls hervorragend, praktisch alle wichtigen Attraktionen sind bequem zu Fuß erreichbar. Zimmer im Neubau-Turm sind etwas teurer, aber auch größer und luxuriöser. Genießen Sie einen Spa-Bereich der absoluten Oberliga und Unterhaltung weltbester Künstler auf der Bühne des hoteleigenen Kolosseums.

200 C4 ✉ 3570 Las Vegas Boulevard South
☎ 702 7 31 72 66; www.harrahs.com, www.caesarspalace.com

Übernachten

Excalibur $
Das Excalibur bietet sich für Familien sowie für alle Besucher an, die am Strip wohnen wollen, ohne allzu viel zu bezahlen. Es ist nicht besonders vornehm, das König-Artus-Thema wirkt mitunter aufdringlich, aber mit etwas Glück ist auch mal ein ruhiges, sauberes und komfortables Zimmer für weit unter 90 $ erhältlich.

🏨 200 C2 ✉ 3850 Las Vegas Boulevard South
☎ 702 5 97 77 77; www.excalibur.com

Flamingo Las Vegas $
Wie das Bally's ist das Flamingo eine gute Wahl für alle, die im Zentrum des Geschehens wohnen, aber nicht zu viel für ein Zimmer ausgeben wollen. Die Dekoration ist schrill und tropisch, doch das Preis-Leistungs-Verhältnis stimmt und die Deluxe-Zimmer sind groß genug für ein Schlafsofa. Hier nahm Las Vegas, wie wir es heute kennen, seinen Anfang.

🏨 200 C4 ✉ 3555 Las Vegas Boulevard South
☎ 702 7 33 71 11; www.flamingolasvegas.com

Mandalay Bay $$–$$$
Nachtleben und Restaurants dieser Nobeladresse sind hervorragend. Bei den vielen Restaurants, Bars und Cafés ist für jeden Geschmack etwas dabei – und so gibt es eigentlich keinen Grund, die Anlage zu verlassen. Schon die Standardzimmer sind riesig, mit raumhohen Fenstern, die jede Menge Licht hereinlassen. Höhepunkt ist eine eigene Surfbucht, in der die Gäste Südsee-Feeling genießen: Sie können sich in den Sand legen, Bodysurfen oder sich stundenlang auf dem Wasser treiben lassen.

🏨 200 C1 ✉ 3950 Las Vegas Boulevard South
☎ 702 6 32 77 77; www.mandalaybay.com

Mandarin Oriental $$$
Eines der jüngsten Hotels am Strip ist auch eines der eindrucksvollsten. Über 47 Stockwerke erstreckt sich die im orientalischen Stil gehaltene Oase der Ruhe im CityCenter, der futuristisch gestalteten, neuen Unterhaltungs- und Hotelanlage im Herzen des Las Vegas Boulevard, in der auch das Hotel ARIA (➤ 72) beheimatet ist. Das Mandarin ist ein Hotel ohne Kasino und daher für Besucher geeignet, die auf das unentwegte Rattern der Spielautomaten verzichten möchten. Im 23. Stock bietet die Sky Lobby durch zimmerhohe Fenster einen ganz besonderen Blick auf die City. Sehr elegant ist die von dunklem Holz geprägte Einrichtung, die luxuriösen Zimmer sind voller Hightech; die Gardinen, das Licht sowie die Heizung lassen sich über den gigantischen TV-Bildschirm steuern. Außerdem gibt es ein tolles Spa, eine Bar mit atemberaubender Aussicht, eine Lounge und einen kühlenden Pool auf dem Hoteldach.

🏨 200 C3 ✉ 3752 Las Vegas Boulevard South
☎ 702 5 90 88 88; www.mandarinoriental.com

MGM Grand $$$
Das MGM ist das größte und eines der beliebtesten Kasinohotels am Strip. Durch seine vielen bekannten Entertainer und Sportveranstaltungen gehört es auch stets zu den ersten, die ausgebucht sind. Überall findet man Anklänge an Hollywood – bis hin zu Walk-of-Fame-Sternen in der Lobby. Die Zimmer im Emerald Tower sind am preiswertesten, aber klein. Mehr Platz bietet eine Suite, die, in Blautönen und durch Holzelemente ansprechend gestaltet, weiße Marmorbäder und auch einen Essbereich für bis zu vier Personen umfassen kann. Minisuiten wie das Bungalow und das Celebrity bieten gelegentlich ein gutes Preis-Leistungs-Verhältnis.

🏨 200 C3 ✉ 3799 Las Vegas Boulevard South
☎ 702 8 91 77 77; www.mgmgrand.com

Monte Carlo $$
Die Übernachtungspreise im Monte Carlo sind angemessen und die Lage ist gut, sofern man gern zum südlichen Ende des Strip hin wohnt. Die Standardzimmer bieten

Erster Überblick

eine geschmackvolle, wenn auch weniger fantasievolle Ausstattung. Die Zimmer mit Blick auf den Strip haben dafür alle eine herrliche Aussicht. Das Monte Carlo bietet verschiedene besondere Annehmlichkeiten, u. a. einen Golf-Concierge (Tel. 702 7 30 73 99), der Golfspieler rund um die Uhr berät und Reservierungen vornimmt, und eine Tram-Verbindung zum angrenzenden Bellagio.

200 C3 ✉ 3770 Las Vegas Boulevard South
☎ 702 7 30 77 77; www.montecarlo.com

Treasure Island $$

Trotz der verführerischen Sirenen der vorgelagerten künstlichen Lagune und der Haie im Kasino ist diese Anlage insgesamt recht gediegen. Familien fühlen sich hier wohl, zum einen wegen der vernünftigen Preise, aber auch, weil das Piratenthema Spaß verspricht. Zimmer und Suiten sind stilvoll in Weiß und Beige gehalten, das Mobiliar präsentiert sich im Plantagenstil des 18. Jahrhunderts. Je nach Belegung können die geräumigen Suiten erschwinglich sein.

200 C5 ✉ 3300 Las Vegas Boulevard South
☎ 702 8 94 71 11; www.treasureisland.com

Wynn Las Vegas $$$

Dieser Neuzugang verdankt – wie auch das benachbarte Encore – seine Existenz dem Immobilienmogul Steve Wynn und gehört zu den besten Hotels der Stadt. Insgesamt wirkt es schlichter als die vielen glitzernden, themenorientierten Hotels. Die Zimmer fallen relativ klein aus.

202 C2 ✉ 3131 Las Vegas Boulevard South
☎ 702 7 70 70 00; www.wynnlasvegas.com

Downtown
Golden Nugget $–$$

Das Golden Nugget war das erste Luxushotel der Stadt. Lobby und Zimmer sind geräumig und geschmackvoll in Beige und Braun mit goldenen Akzenten dekoriert. Manchmal zahlt man nur 60 $ für die Übernachtung (dafür liegt das Hotel eben nicht am Strip). Dasselbe hohe Niveau gilt auch für die Restaurants mit Topservice und bester Qualität zu vernünftigen Preisen.

204 A3 ✉ 129 Fremont Street East
☎ 702 3 85 71 11; www.goldennugget.com

Abseits des Strip
Rio All-Suite Hotel & Casino $$

Auch wenn es nicht direkt am Strip liegt, zieht gerade das Rio jüngere Leute an. Es gilt als hip und lebendig, die Restaurants sind gut und das Nachtleben ist derart »heiß«, dass Partylöwen in großer Begleitung vom Strip hierher pilgern. Die Standardzimmer sind genau genommen Suiten – riesige Gästezimmer mit eigenem Wohnbereich.

200 A4 ✉ 3700 West Flamingo Road
☎ 866 7 46 76 71; www.riolasvegas.com

Motels

Rund um den Strip sowie in Downtown gibt es Dutzende Motels. Die Preise sind niedrig und die Zimmer werden oft als Letztes vermietet – also ein guter Tipp für alle, die ohne Reservierung in die Stadt kommen. Der Standard entspricht dem üblichen Motelstandard; viele, die nur einen guten Platz zum Schlafen suchen, werden hiermit zufrieden sein.

Carriage House $$

Dieses Motel bietet Suiten mit bis zu zwei Schlafzimmern und komplett ausgestatteter Küche sowie einen beheizten Außenpool.

201 D3 ✉ eine Querstraße östlich des Strip, 105 E. Harmon Avenue ☎ 702 7 98 10 20; www.carriagehouselasvegas.com

Courtyard Las Vegas Convention Center $–$$

Eine Querstraße vom Convention Center entfernt, neben dem Strip. Sauber, zweckmäßig, freie Internetnutzung.

201 D3 ✉ 3275 Paradise Road
☎ 702 7 91 36 00; www.marriott.com/las-vegas

Essen und Trinken

Motel 6 Las Vegas Tropicana $
Einfach und sauber, mit Swimmingpool, einem nahegelegenen Restaurant, gratis WLAN und Ortsgespräche. Der Strip ist zu Fuß erreichbar.
🗺 201 D2 ✉ 195 E. Tropicana Avenue
☎ 702 7 98 07 28; wwwmotel6.com

Super 8 Motel $
Diese Unterkunft spielt nicht gerade in der Topliga, dafür ist sie aber sehr preiswert und bietet nichtsdestotrotz freundliches Personal und einen Swimmingpool. Den Strip erreichen Sie zu Fuß.
🗺 201 D4 ✉ 4250 Koval Lane
☎ 702 7 94 08 88; www.super8vegas.com

Essen und Trinken

In den letzten Jahren konzentrierten sich die Restaurants von Las Vegas statt auf All-you-can-eat-Büfetts immer mehr auf Haute Cuisine. Allein am Strip werden Sie alle erdenklichen Landesküchen finden, die für praktisch jeden Geldbeutel zu fast jeder Tageszeit das bieten, was das Herz begehrt.

Gourmet-Lokale ($$$)
- Viele der hochpreisigen Nobelrestaurants nehmen Reservierungen bis zu 30 Tage im Voraus an – was sich auch empfiehlt, denn vor allem freitags und samstags ist es abends **sehr schwer, einen Tisch zu bekommen**.
- Die meisten dieser Restaurants sind **nur abends geöffnet**.
- Wer kurzfristig vorbestellen will, kann **vor- oder nachmittags** anrufen und fragen, ob jemand seine Tischreservierung storniert hat.
- Hotels mit **Gourmet-Küche**: Bellagio, Mandalay Bay, Aria und The Wynn.

Mittlere Preislage ($–$$)
- Lokale mittlerer Preislage servieren meist **Frühstück, Mittag- und Abendessen** und haben in der Regel rund um die Uhr geöffnet.
- Für Frühstück und Mittagessen sind **keine Reservierungen** nötig.
- Für das **Abendessen muss man nicht unbedingt reservieren**, aber mit Wartezeiten zwischen 20 Minuten und 1 Stunde rechnen.
- In größeren Hotels gibt es meist einen **Fastfood Court** mit vielen Leckereien.
- **Hotels mit den besten Restaurants mittlerer Preislage** und bestem Fast Food: Monte Carlo, New York-New York, Caesars Palace und Bally's Las Vegas.

Büfett-Lokale
Paris ist für seine Bistros bekannt, New York für seine Delis. Aber Las Vegas bleibt auch weiterhin die Hauptstadt der Büfetts.
- **Die meisten Mittelklassehotels haben ein Büfett-Lokal**, der Preis pro Person und Mahlzeit liegt im Durchschnitt unter 30 $.
- Das Angebot wechselt **dreimal täglich** für Frühstück, Mittag- und Abendessen.

Restaurantpreise
Für ein Menü ohne Getränke, Steuern und Bedienung gelten folgende Preise:
$ unter 30 $ $$ 30–60 $ $$$ über 60 $

Erster Überblick

- Weil Büfett-Lokale preiswert sind und eine riesige Auswahl bieten, eignen sie sich **gut für Familien und heikle Esser**.
- **Geduld ist notwendig**, denn die Schlangen am Büfett sind lang. Pro Mahlzeit sollte man mit ein bis zwei, manchmal sogar – zu Stoßzeiten und wenn Sie sich in einem der beliebtesten Büfett-Lokale befinden – mit bis zu drei Stunden rechnen.
- Zu den **besten Büfett-Lokalen** gehören: Bellagio Buffet (➤99), Bacchanal Buffet (➤128), Rio's Carnival World Buffet (➤128), Rio's Village Seafood Buffet (➤128) und das Rainforest Café Buffet im MGM Grand (➤99).

Einkaufen

Die Shoppingszene von Las Vegas hat in den letzten 15 Jahren gewaltig gewonnen, der Trend geht eindeutig in Richtung edel (und entsprechend teuer). Wohl kein Designername fehlt in der Stadt, sehr viele große Häuser unterhalten am Strip zumindest eine eigene Boutique.

Einkaufsmöglichkeiten in den Hotels

- Viele große Hotels haben **eine Einkaufspassage**, in der Kleidung, Lederwaren, Bademoden etc. in Boutiquen verkauft werden. Die Geschäfte unterscheiden sich von Hotel zu Hotel kaum, die Preise sind eher überhöht.
- Jedes Hotel hat auch eine eigene **Geschenkboutique** (*gift shop*), deren Warenangebot von T-Shirts und Plüschtieren mit dem Hotellogo bis hin zu Sonnencreme, Aspirin, Zahnpasta und Zeitschriften reicht.
- Die meisten *gift shops* verkaufen auch **Snacks und Getränke**.
- Die **besten (und teuersten) Einkaufsmöglichkeiten** in Hotels: Bellagio (➤100), Venetian (➤129).
- Wer »ernsthaft« einkaufen will, sollte die **Hotels mit eigenem Einkaufszentrum (Shopping Mall)** besuchen. Die besten sind Grand Canal Shoppes im Venetian (➤129), Bellagio Shops (➤100), The Fashion Show Mall (➤148), The Miracle Mile Shops (➤28, 79) und The Forum Shops im Caesars Palace (➤106).
- Auch für **Las-Vegas-Besucher mit begrenztem Budget** bieten die großen Hotel-Einkaufszentren eine große Auswahl. So finden Sie bei Miracle Mile Shops, im Le Boulevard und bei Caesars Forum Shops beispielsweise Filialen von Gap, Tommy Bahama und Victoria's Secret, bei Le Boulevard und Caesars Forum Shops auch Levi's Original.
- Die **besten Einkaufsmöglichkeiten in Hotels (mittlere Preislage)**: Miracle Mile Shops (➤28, 79), The Forum Shops (➤110), The Boulevard Mall (➤155).

Einkaufszentren (Malls)

- Am Nord- und Südende des Strip gibt es ein paar **eigenständige Shopping Malls**, die nicht mit einem Hotel in Verbindung stehen. Hauptunterschied zwischen beiden ist, dass es in den Kasino-Malls keine großen Kaufhausketten gibt, die oft die preislich attraktivsten Angebote haben.
- Die **Malls am nördlichen Ende des Strip** sind weniger überlaufen und bieten oft genau dieselben Artikel wie am Strip – zu günstigeren Preisen.
- **Die Malls öffnen zwischen 9 und 10 Uhr** und schließen um 20 oder 21 Uhr.
- **Beste Malls:** Fashion Show Mall (➤148) und Boulevard Mall (➤155).

Ausgehen

Outlets
Echte Schnäppchen gibt es oft in den Firmen-Outlets, die ein Stück außerhalb der Stadt liegen. Eventuell müssen Sie auch dort ein wenig wühlen.
- In den sogenannten Outlets werden Waren aus Überproduktionen, der letztjährigen Kollektion sowie häufig Produkte zweiter Wahl verkauft. Hier sind noch **echte Schnäppchen** möglich.
- Einige Outlet-Malls bieten einen **Shuttlebus-Service** zu den Hotels am Strip an. Die Busse fahren aber nicht zu allen Jahreszeiten und auch nicht regelmäßig. Am besten ruft man vorher an und erkundigt sich.
- **Las Vegas Premium Outlets – South** (7400 Las Vegas Boulevard South; Tel. 702 896 55 99; Mo–Sa 10–21, So 10–18 Uhr). Über 130 Shops, darunter namhafte Marken wie Calvin Klein, Wedgwood, Off 5th (das Outlet von Saks 5th Avenue). Zwei Fastfood Courts und tolle Preisknüller.
- **Fashion Outlets of Las Vegas** (32 100 Las Vegas Boulevard South in Primm; Tel. 702 874 14 00; www.fashionoutletlasvegas.com; tägl. 10–20 Uhr). Das rund 35 Meilen (55 km) südlich von Las Vegas gelegene Primm hat über 100 Geschäfte, darunter Versace, Calvin Klein, Escada und Kenneth Cole. Es gibt diverse Restaurants und zum Abschluss – für alle, die sich trauen – eine Fahrt mit der Achterbahn im Primm Valley Resort & Casino, das einen Shuttlebus-Dienst vom und zum Strip bietet.

Ausgehen

In Las Vegas dreht sich alles ums Vergnügen. Langweilig wird einem hier mit Sicherheit nie, das Problem besteht eher darin, bei der Fülle an Angeboten eine Auswahl zu treffen. Jedes größere Hotel und Kasino hat eine Show oder Revue, die meist zweimal pro Abend gezeigt wird und dies mehrmals pro Woche. Für besonders bekannte wie LOVE (➤ 118), Mystère (➤ 121) und The Blue Man Group (➤ 95) empfiehlt es sich, Tickets zu reservieren, ebenso, wenn eine Show neu am Strip läuft. Kasinos bieten oft auch weniger pompöse Unterhaltungsprogramme. Die Zeit zwischen den Shows lässt sich gut in einer Kasino-Lounge überbrücken, wo Livemusik gespielt wird und Drinks serviert werden. Wer Erholung von all dem Entertainment sucht, kann die luxuriösen Spa-Bereiche der großen Kasinos und Hotels aufsuchen.

Lounges und Bars
Wo ein Kasino ist, da ist auch eine Lounge. In aller Regel bieten Lounges und Bars Liveunterhaltung, ein angenehmes Ambiente und bessere Drinks als die Spielhallen. Allerdings müssen Sie dafür auch mehr bezahlen.
- In der Regel ist der **Eintritt in die Lounges frei**.
- Gäste **unter 21 Jahren** bekommen keinen Alkohol serviert. Stecken Sie für Zweifelsfälle Ihren Ausweis ein.
- In **Bars** geht es meist lebhafter zu. Man zahlt **Eintritt**, der sich aber in Grenzen hält (meist um die 10 $).
- Bars servieren auch **kleinere Gerichte** – Hors d'oeuvres, Kanapees, Burger, Pizzen und/oder Sandwiches.
- **Die besten Lounges:** Bellagios Le Cabaret Lounge (➤ 102), Caesars Palace Shadow Bar (➤ 130) und Gold Lounge im Aria (➤ 76).
- **Die besten Bars:** Red Square (➤ 69), Peppermill Inn (➤ 154), Gordon Biersch Las Vegas (➤ 100) und Beauty Bar (➤ 171).

Erster Überblick

Nachtclubs

- Bei den bekanntesten Clubs ist es – insbesondere am Wochenende – empfehlenswert, **sich eine Stunde vor Öffnung anzustellen**.
- Viele Nachtclubs haben eine **VIP-Liste**, auf die kommt, wer viel Geld im Kasino verspielt hat oder jemanden kennt, der in den Clubs arbeitet.
- Der Eintrittspreis liegt bei **20 $ oder darunter**, häufig zahlen Männer und Frauen unterschiedliche Beträge.
- Die Clubs von Las Vegas **werben vorwiegend um weibliche Klientel** – nach dem Motto: Wenn Frauen da sind, folgen die Männer von selbst.
- Die **Bekleidungsvorschriften** werden bei Frauen sehr locker gehandhabt, Männer in Jeans und Turnschuhen werden jedoch oft abgewiesen.
- **Die besten Nachtclubs**: LAX (Luxor; ➤71), das Hakkasan (MGM Grand; ➤90), MIX Lounge (Mandalay Bay; ➤71), TAO (The Venetian; ➤129) oder PURE (Caesars Palace; ➤130).

Shows

Erkundigen Sie sich, ob die gewünschte Show auch tatsächlich noch läuft.

- Alle großen Hotels haben **spezielle Theater**, die eine breite Vielfalt bieten.
- Show-Tickets können bis zu **30 Tage im Voraus reserviert werden**.
- Wer lieber kurzfristig plant (aber Kasten unten beachten!), kann sich **zwei oder drei Tage vor dem gewünschten Termin** um Tickets bemühen. Es gibt Reservierungs-Hotlines oder Sie buchen über die Website des Hotels.
- Für **Shows, die nur begrenzte Zeit laufen**, wie Konzerte, Boxkämpfe o. Ä. erkundigen Sie sich am besten im Hotel oder auf deren Website. Über www.ticketmaster.com kann man Karten Monate im Voraus buchen.

> **Showtermine und frühzeitiger Ticketkauf**
>
> Planen Sie den Besuch einer Show so weit wie möglich im Voraus und kaufen Sie Ihr Ticket bei TicketMaster (www.ticketmaster.com). Da die dort genannten Termine (inkl. Vorstellungsbeginn) von denen des Veranstalters abweichen können, empfiehlt es sich, diesen direkt zu kontaktieren.

Trinkgeld

- **Dealer (Kartengeber):** Wenn Sie gewonnen haben, ist es üblich, dem Dealer einen Chip zu geben oder für ihn zu setzen.
- **Showroom-Personal:** Wenn Sie bei einer Show ohne Sitzplatznummern einen guten Platz möchten, hat es sich eingebürgert, dem »Maitre d'« 5–10 $, bei großen Shows 20 $ in die Hand zu drücken.
- **Spielautomaten-Personal, Keno-Runner und Cocktailbedienungen:** 1–2 $.
- **Croupiers:** Bei einem größeren Gewinn erwarten sie einen kleinen Anteil – z. B. bei einem 100-Dollar-Gewinn 5 $.

Homosexuellenszene

Überraschenderweise ist die Homosexuellengemeinde hier eher unauffällig. Als Kontaktadresse bietet sich das Gay and Lesbian Community Center an (401 S. Maryland Parkway; Tel. 702 7 33 98 00; www.thecenterlv.com).

- **Beliebte Bars/Clubs:** Gipsy (4605 E. Paradise Road; Tel. 702 7 31 19 19), Piranha (4663 Paradise Road; Tel. 702 7 91 01 00) und die alteingesessene Bar Snick's Place (1402 South 3rd Street; Tel. 702 3 85 92 98).
- An den Kiosken der Stadt liegen mehrere kostenlose Publikationen aus. Sowohl **Q Vegas** (www.qvegas.com) als auch *Las Vegas Night Beat* (www.lvnightbeat.com) bieten nützliche Informationen.

Von Russell Road bis Tropicana

Erste Orientierung	50
An einem Tag	54
TOP 10	56
Nicht verpassen!	60
Nach Lust und Laune!	64
Wohin zum …	68

☼ Kleine Erlebnisse

Foto-Stop
Am **Welcome to Fabulous Las Vegas**-Schild (➤ 67) gibt es seit 2009 einen Parkplatz, sodass ein Foto nun kein Problem mehr ist.

Prost Mahlzeit und ein Halleluja
Der sonntägliche **Sunday Gospel Brunch** (10 und 13 Uhr) im House of Blues (➤ 64) bietet Gospelgesang mit Chicken Jambalaya.

Die Lichter der Stadt
The Foundation Room heißt die Lounge im 63. Stock des Mandalay (➤ 52) – abends liegt Ihnen hier ein Lichtermeer zu Füßen.

Von Russell Road bis Tropicana

Erste Orientierung

Das südliche Ende des Strip liegt nur eine knappe Meile vom internationalen Flughafen entfernt (achten Sie darauf, dass der Taxifahrer wirklich den kürzesten Weg wählt). Jede der riesigen Hotelanlagen hat ihr eigenes Vergnügungscenter mit Bars, Restaurants und selbstverständlich Spielkasinos. Für Kinder ist Shark Reef interessant, die zahlreichen Shows des Tournament of Kings schlagen sowohl Jung als auch Alt in ihren Bann, und auch die morbid-spektakuläre Titanic-Ausstellung im Luxor ist definitv den Besuch wert.

Bis 1990 gab es hier nur das Tropicana-Hotel und -Kasino. Es wurde während des Baubooms der 1950er-Jahre errichtet und markierte als einziges großes und bedeutenderes Gebäude das südliche Ende des Strip. Im Juni 1990 jedoch dehnte sich mit der Eröffnung des einer mittelalterlichen Burg nachempfundenen Hotels Excalibur Glanz und Glamour des Strip weiter nach Süden aus.

Damit nicht genug, baute das Unternehmen Circus Circus Enterprises (später als Mandalay Resort Group bekannt) in diesem Block noch zwei weitere Hotels: zuerst das Luxor Las Vegas und dann das Mandalay Bay Resort & Casino. Seit 1996 ergänzen Zwillingstürme das pyramidenförmige Luxor. Das Atrium des Luxor ist groß genug, um neun Boeings 747 übereinander aufzunehmen. Am Tag der Eröffnung des Mandalay Bay feierte Las Vegas auch die Eröffnung seines ersten First-Class-Noncasino-Hotels, des Four Seasons. Dieses grenzt zwar direkt an das Kasino, wird aber von einer unabhängigen Geschäftsleitung geführt.

Eine gewaltige Sphinx bewacht den Eingang des Luxor-Hotels

Erste Orientierung

TOP 10
- ⭐ **4** Titanic: The Artifact Exhibition ➤ 56
- ⭐ **9** Shark Reef ➤ 58

Nicht verpassen!
- **11** CRISS ANGEL Believe – Cirque du Soleil ➤ 60
- **12** Tournament of Kings ➤ 62

Nach Lust und Laune!
- **13** House of Blues ➤ 64
- **14** Michael Jackson ONE ➤ 64
- **15** Mandalay Beach & Casino ➤ 64
- **16** Minus5 Ice Lounge ➤ 65
- **17** Afternoon Tea ➤ 65
- **18** BODIES...The Exhibition ➤ 65
- **19** Fantasy ➤ 66
- **20** Menopause the Musical ➤ 66
- **21** Carrot Top ➤ 66
- **22** Medieval Village ➤ 67
- **23** »Welcome to Fabulous Las Vegas« ➤ 67
- **24** GameWorks ➤ 67

Auf Tuchfühlung mit Meeresbewohnern in einem Becken im Shark Reef, Mandalay Bay

Von Russell Road bis Tropicana

Viele der Shows, Ausstellungen und Attraktionen von Las Vegas finden in den Hotelanlagen selbst statt, die sich wiederum deren unterschiedliche Themen zu eigen gemacht haben. Zwischen der Russell Road und der Tropicana Avenue gibt es von Pyramiden bis zu Märchenschlössern einfach alles. Ein Besuch dieser Spektakel lohnt sich – schon allein, um die Atmosphäre aufzusaugen.

Mandalay Bay Resort & Casino

Das 43-stöckige Mandalay Bay bietet eine 4 ha große tropische Lagune mit Sand- und Surfstrand, einen gemütlichen »River Ride«, das Shark Reef (▶58), rund 30 Restaurants, Nachtclubs, Geschäfte und ein hochmodernes Spa. Es ist Sitz des House of Blues und mit dem Hotel Excalibur über eine Monorail mit Zwischenstopp am Luxor – allerdings nur auf dem Hinweg – verbunden.
✚ 200 C1 ✉ 3950 Las Vegas Boulevard South ☎ 702 6 32 77 77; www.mandalaybay.com

Four Seasons Hotel

Vornehmheit, Ruhe und Eleganz zeichnen das wunderschöne First-Class-Hotel aus, das durch klassische Noblesse besticht und als Erstes am Strip kein eigenes Kasino hat. Für die Gäste stehen zwei Restaurants, eine Lounge, ein Gesundheits-Club mit Spa und eine Poollandschaft zur Verfügung. Die Gäste genießen einen Rund-um-die-Uhr-Service. Die Zimmer liegen nicht im Four-Seasons-Komplex selbst, sondern im 36. bis 39. Stock des Mandalay Bay und werden über Privataufzüge erreicht. Beide Anwesen sind miteinander verbunden, die Hotels sind jedoch eigenständig.
✚ 200 C1 ✉ 3960 Las Vegas Boulevard South ☎ 702 6 32 50 00; www.fourseasons.com/lasvegas

Luxor Las Vegas

Dieses 30-stöckige pyramidenförmige Hotel hatte sich ursprünglich Ägypten zum Thema gemacht. Man fand hier Reproduktionen von Artefakten aus Luxor und der Tempelanlage von Karnak. Nun ist jedoch »Wasser« das Thema des Kasinos und so entstanden auch nach und nach Einrichtungen im zeitgenössischen Stil. Im Luxor gibt es

Entspannen Sie im Tropenparadies des Mandalay Bay Resort & Casino

Erste Orientierung

Blick auf das märchenhafte Themenhotel Excalibur

inzwischen schicke Bars und Lounges sowie den exklusiven Nachtclub LAX. Der Eingang befindet sich in einer riesigen Sphinx; die Gästezimmer erreicht man über einen der *Inclinators*, Fahrstühle, die im 39-Grad-Winkel an der Innenseite der Pyramide entlangfahren. Von der Spitze der Pyramide aus strahlt nachts ein mächtiger Lichtstrahl ins Dunkel.

✚ 200 C2 ✉ 3900 Las Vegas Boulevard South ☎ 702 2 62 41 02; www.luxor.com

Tropicana Las Vegas

Das Tropicana gehört zwar zu den älteren Hotels am Strip, nach einer Generalüberholung, die 2011 abgeschlossen wurde, können die Gäste aber ein neues, schickeres Design genießen. Die grellen Farben und Bambusmöbel sind Geschichte, nun bestimmt ein neutrales Interieur den Ton. Auch das Kasino wurde aufpoliert und um vier neue Restaurants, darunter das hervorragende Steakhaus Biscayne, sowie die coole Tropicana Lounge und eine 1,6 ha große Poolanlage in tropischer Kulisse mit Jacuzzis und schwimmenden Black-Jack-Tischen erweitert.

✚ 200 C2 ✉ 3801 Las Vegas Boulevard South ☎ 702 7 39 22 22; www.troplv.com

Excalibur Hotel & Casino

Haben Sie je davon geträumt, eine Zeitreise in die Vergangenheit zu unternehmen, in die Ära der Burgfräulein, der Feuer speienden Drachen oder von König Artus? Die imposante »Hotelburg« wird durch einen Wassergraben und eine Zugbrücke geschützt – und von einem Drachen, mit dem der Zauberer Merlin nach Einbruch der Dunkelheit jeweils zur vollen Stunde seine Kräfte misst. In der mittelalterlichen Arena kann man den Ritterspielen beim Tournament of Kings (▶62) zusehen (zwei Vorstellungen am Abend). Das mittelalterliche Dorf (Medieval Village, ▶67) wartet mit Shops, Restaurants, Zauberern und Jongleuren auf.

✚ 200 C2 ✉ 3850 Las Vegas Boulevard South ☎ 702 5 97 77 77; www.excalibur.com

Von Russell Road bis Tropicana

An einem Tag

Sie wissen nicht genau, wo Sie Ihre Tour beginnen sollen? Nehmen Sie diesen Tourenführer und lassen Sie sich zu den interessantesten Attraktionen von der Russell Road bis zur Tropicana Avenue geleiten. Weitere Informationen finden Sie unter den Haupteinträgen (▶ 56ff).

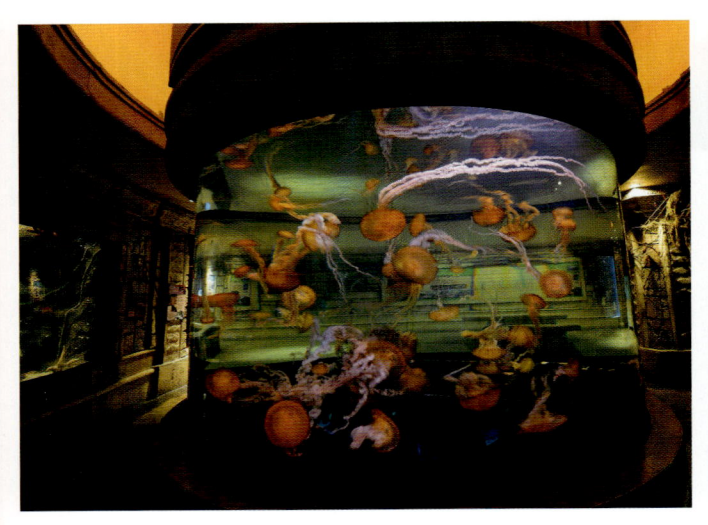

🕐 9:00
Genießen Sie ein Frühstück im Raffles, dem wunderschön gestalteten Tag- und-Nacht-Café/-Restaurant des Mandalay Bay. Von den riesigen beschatteten Panoramafenstern fällt der Blick auf eine Terrasse und die Poollandschaft des Hotels. Nächstes Ziel ist das ⭐**Shark Reef** (oben, ▶ 58). Später geht es zum Tee ins benachbarte Four Seasons zurück.

🕐 11:00
Die Monorail fährt Sie am Luxor vorbei zum Themenhotel Excalibur. Dort bietet das **22 Medieval Village** (▶ 67) Geschäfte und kostenlose Unterhaltung. Ein herrlicher Spaß für die ganze Familie!

🕐 12:00
Das reichhaltige Büfett-Lokal des Excalibur sollten Sie sich auf keinen Fall entgehen lassen (Frühstück, Lunch und Abendessen, 7–22 Uhr).

🕐 13:00
Vom Excalibur bringt Sie die Monorail zum **15 Mandalay Bay** (▶ 52), wo Sie am Pool (rechts) Beachvolleyball spielen, sich in die Wellen stürzen oder aber einfach nur im Sand herumliegen oder an einer im Pool schwimmenden Bar einen Cocktail schlürfen können. Denken Sie morgens daran, Ihre Badesachen einzupacken!

An einem Tag

🌐 16:00

Eine Tür weiter befindet sich schon das Four Seasons. Dort lädt eine herrliche Veranda zum ⓱ **Afternoon Tea** (➤ 65) ein. Bei warmem Wetter sind draußen Tische gedeckt, von denen Sie Blick auf den Pool haben.

🌐 17:30

Nächstes Ziel ist das Luxor (via Walkway zum Mandalay Bay, von dort mit der Monorail Richtung Excalibur und beim Luxor aussteigen). Hier können Sie einen Rundgang durch das Unglücksschiff ⭐ **Titanic** (➤ 56) machen und Hunderte Andenken und Fundstücke sowie »The Big Piece«, ein aus den Tiefen des Meeres geborgenes Originalteil, bestaunen.

🌐 19:30

Entspannen Sie bei einem leckeren Abendessen in einem der Gourmet-Restaurants des Hotels. Im Rice & Company gibt es östliche Küche, das TENDER bedient eher westliche Geschmäcker. Oder Sie probieren das Essen beim ⓬ **Tournament of Kings** im Excalibur Hotel & Casino (➤ 62).

🌐 22:00

Lassen Sie sich vom Illusionisten Criss Angel in der extravaganten Cirque-du-Soleil-Show ⓫ **Believe** (➤ 61) verzaubern. Es ist empfehlenswert, sich frühzeitig um Eintrittskarten zu bemühen! Alternativ bietet sich die preisgekrönte Show ㉑ **Carrot Top** (➤ 66) an.

Von Russell Road bis Tropicana

★ 4 Titanic: The Artifact Exhibition

Anhand originalgetreuer Nachbildungen und Hunderter echter Erinnerungsstücke können Besucher das Schicksal des bekanntesten Passagierschiffes aller Zeiten, das in eiskalten Gewässern auf dem Weg nach Amerika sank, nachempfinden. Noch über ein Jahrhundert nach dem Unglück fasziniert es die Menschen aus aller Welt.

Die Ausstellung lief bereits im Tropicana ausgezeichnet und ist nun im Atrium des Luxor auf Erfolgskurs. Besucher dürfen sich also weiterhin an der **interessanten Sammlung** von Gegenständen aus dem historischen Schiff erfreuen und z. B. »The Big Piece«, das mit 4 mal 9 m größte aus den Tiefen des Meeres geborgene Wrackteil der Titanic, besichtigen. Es ist ein Stück der Steuerbordseite von Deck C, das 1998 erst beim zweiten Bergungsversuch aus 3810 m Tiefe heraufgeholt werden konnte und nun dauerhaft im Luxor bleibt.

In der Artifact Exhibition können Sie nachgebaute Schiffsteile sowie vom Meeresgrund geborgene Originalstücke aus der Titanic besichtigen

Der Titanic nachempfunden

Erleben Sie eisige Temperaturen auf dem rekonstruierten Promenadendeck und die Ohnmacht der Menschen gegenüber den Naturgewalten – untermalt mit speziellen akustischen Effekten. Außerdem können Sie die **nachgebaute Treppe** (*Grand Staircase*) besichtigen, über die die Passagiere ihre letzten Schritte hinunter taten, und einen Blick in die ebenfalls rekonstruierten Kabinen der ersten, zweiten und dritten Klasse werfen.

Einige geborgene Gegenstände rühren schlicht durch ihre Banalität. Dazu gehören z. B. ein vom Wasser beschädigter Koffer, das einzige Erinnerungsstück an einen hoffnungsvollen Reisenden, oder chinesische Teetassen, die wie durch ein Wunder unversehrt blieben. Hinzu kommen tief bewegende Schwarz-Weiß-Fotografien, die den Stapellauf des Schiffes dokumentieren. Studieren Sie in aller Ruhe die Informationstafeln, die sich mit den augenscheinlich profanen Erinnerungsstücken erst zu einer begreifbaren Geschichte zusammenfügen.

Titanic: The Artifact Exhibition

Verfolgen Sie die Geschichte der Titanic anhand von Artefakten und gespenstischen Schwarz-Weiß-Aufnahmen

Nehmen Sie sich etwa eine Stunde für die Ausstellung Zeit, die in chronologischer Abfolge konzipiert ist und mit dem Bau des »unsinkbaren« Schiffs beginnt.

Beim Betreten der Artifact Exhibition **erhalten Besucher eine Bordkarte** und mit ihr die Identität eines damaligen Passagiers. Vielleicht schlüpfen Sie in die eines 14-jährigen Mädchens, das in der dritten Klasse reiste, oder in die eines wohlhabenden Geschäftsmannes, der als Passagier der ersten Klasse am ersten Abend der Jungfernfahrt für den Kapitän ein Dinner ausrichten ließ. Am Ende der Ausstellung erfahren Sie dann, ob die von Ihnen während des Besuchs verkörperte Person zu den Überlebenden der Katastrophe gehörte oder nicht.

Der **Geschenkeladen** (teuer!) bietet einige interessante Bücher, originale Kohlestücke von Bord der Titanic sowie Schmuckimitate.

KLEINE PAUSE

Getränke und Snacks gibt es im Titanic-Ambiente des Restaurants, das ebenfalls in der Atrium-Ebene des Luxor untergebracht ist.

---

200 C2 ✉ Luxor, 3900 Las Vegas Boulevard South ☎ 702 2 62 45 55
🕙 tägl. 10–22 Uhr 💲 32 $ Erw., 24 $ Kind

BAEDEKER TIPP

- Auch für Kinder ist die 🎫 **Ausstellung** interessant: Darstellungen am Bildschirm zusammen mit erläuternden Hintergrundinformationen liefern ihnen einen informativen Einblick in das historische Unglück der Titanic.
- Wer möchte, erhält ein **Erinnerungsfoto**. Auf diesem Bild sieht es so aus, als stünde der Besucher auf dem sinkenden Schiffsbug, der von einem Rettungsboot angesteuert wird.

Von Russell Road bis Tropicana

⭐ 9 Shark Reef

Das »Haifisch-Riff« ist kein normales Aquarium, sondern ein sinnliches Erlebnis – eine Reise durch einen antiken, vom Meer in Besitz genommenen Tempel, die unter dem Deck eines versunkenen Schiffes in haifischverseuchten Gewässern endet.

Das in enger Zusammenarbeit mit dem kanadischen Vancouver Aquarium Marine Science Center entstandene Shark Reef zeigt einen 🔟 **beeindruckenden Querschnitt durch die marine Flora und Fauna**: Rund 100 verschiedene Arten von Haien, exotischen Fischen, Reptilien und Wasserschildkröten leben hier. Insgesamt ist das Aquarium mit über 2000 Tieren bestückt, die in 14 Hauptbecken mit insgesamt mehr als 6 Mio. l Meerwasser leben. Shark Reef ist das einzige größere Aquarium der USA, das Salz aus dem Roten Meer verwendet. Es wird so mit dem Wasser einer regionalen Quelle gemischt, dass es denselben Gehalt an Salz und anderen Spurenelementen wie natürliches Meerwasser hat.

Ein Unterwasserrundgang durch den Reef Tunnel

Treasure Bay
Wer aber genau bewohnt nun das Shark Reef? Hier, wo das Schiffswrack in den dunklen Wassern einer abgeschiedenen Lagune liegt, gibt es elf Haifischarten, darunter furchterregende Tigerhaie, schlanke Sandhaie, scheue Zitronenhaie und mächtige Eishaie. Schwärme von Schnappern und Makrelen schwimmen an den Scheiben vorbei, während majestätische Meeresschildkröten ruhig ihre Bahnen ziehen.

58

Shark Reef

Reef Tunnel
Dieser durch ein Aquarium führende Tunnel simuliert einen Tauchgang an einem tropischen Korallenriff. Die Besucher können in aller Ruhe Hammerhaie und eine Vielzahl farbenprächtiger Fische bewundern.

Weitere Lebensräume
Das Crocodile Habitat ist der einzige Ort auf der westlichen Hemisphäre, an dem Sie die seltenen »Golden Crocodiles« sehen können, eine Kreuzung aus Leisten- und Siam-Krokodil. In der **Lizard Lounge** trifft man auf die bis zu 2,7 m langen Bindenwarane. In der Abteilung **Serpents and Dragons** wird so manche todbringende Art wie der Grüne Baumpython und der Arwana-Fisch gehalten. Anders als in anderen Schlangenhäusern trennt hier jedoch keine Glasscheibe, sondern nur ein Wassergraben die Tiere vom Besucher. In einem anderen Teil des Shark Reef leben wunderschöne Quallen in zylindrischen Becken.

Rochen ruhen scheinbar unbeweglich auf dem Meeresboden und bunte Fischschwärme und vom Aussterben bedrohte Meeresschildkröten ziehen über die Besucher hinweg. In der Tempelanlage erwarten Sie tropisch-feuchte Luft, Vogelgesang und exotische Blumen. An verschiedenen Stellen stehen Mitarbeiter, die gern weiterführende Informationen geben und versuchen, alle Fragen der Besucher zu beantworten.

Auch Quallen gehören zu den vielen Meeresbewohnern, die man im Shark Reef beobachten kann

☩ 200 C1 ✉ Mandalay Bay Resort & Casino, 3950 Las Vegas Boulevard South ☎ 702 6 32 45 55; www.sharkreef.com ⌚ So–Do 10–20, Fr, Sa 10–22 Uhr; letzter Einlass eine Stunde vor Schließung 💰 18 $ Erw., 12 $ Kind

---

BAEDEKER TIPP

- Interessant ist die **Fütterung der Meerestiere**. Diese werden in der Regel zwischen 10 und 16 Uhr gefüttert (keine festen Uhrzeiten).
- Besuchen Sie den »**Touch Pool**« (Streichelbecken) mit Haifischen, Rochen und Wirbellosen – Besucher dürfen die Tiere im Wasser berühren. Junge Zebrahaie und Rochen, Seesterne, Seegurken und Königskrabben schwimmen in diesem Gezeitenbecken. Fühlen Sie einmal, wie sich Haifischhaut anfasst, untersuchen Sie den Panzer einer Königskrabbe und schauen Sie zu, wie sich Seesterne auf dem Ozeanboden fortbewegen.

Von Russell Road bis Tropicana

⓫ CRISS ANGEL Believe – Cirque du Soleil

Dem Zauberkünstler Criss Angel gelingt mit dieser Mischung aus Magie und atemberaubender Tanzartistik des Cirque du Soleil eine im wahrsten Wortsinn bezaubernde Abendshow – eine der spektakulärsten und fantasievollsten des ganzen Strip.

Believe ist eine von sechs Shows des Cirque du Soleil in Las Vegas und feierte 2008 **vor begeistertem Publikum** Premiere. Zehn Jahre soll die Gemeinschaftsproduktion des weltberühmten Theaterzirkus und des Magiers Criss Angel laufen. Der US-TV-Star befreite sich in seiner Sendung *Mindfreak* z. B. aus Unterwasserkäfigen und zeigte raffinierte Schwebe- und Hellsehertricks.

Die Geschichte
Angel spielt in Believe einen viktorianischen Edelmann, der sich auf eine Reise zwischen der Welt der Lebenden

Mitglieder des Ensembles bei der Premiere

CRISS ANGEL Believe – Cirque du Soleil

BAEDEKER TIPP

Kaufen Sie die Karten erst am Tag der Show, dann **sparen Sie bis zu 35%** gegenüber dem üblichen Ticketpreis.

und der des Übersinnlichen begibt. Er trifft Kayala und Crimson, zwei Frauen, die alle Arten von Weiblichkeit in sich vereinen, vier Zeremonienmeister, die dem Publikum Einblick in Criss' düster-groteske Gedankenwelt gewähren, sowie viele kraftvolle Showcharaktere und Tänzer. Klingt verrückt? Ist es auch!

Auf Alice' Spuren
Die Show aus der Feder Angels und des Regisseurs Serge Denoncourt könnte man als **Rockkonzert mit Zaubertricks** und cineastischem Soundtrack beschreiben. Zum Teil inspiriert von Lewis Carrols *Alice im Wunderland* fällt Angel in einer Szene durch ein Kaninchenloch in sein eigenes verschrobenes Wunderland – bevölkert von Monstern, sexy »bösen Mädchen«, tanzenden Kaninchen, Vogelscheuchen und Puppen.

Ein Spektakel sondersgleichen
Es gibt viele atemberaubende Momente: So befreit sich Angel aus einer Zwangsjacke, während er kopfüber über dem Publikum hängt, läuft eine senkrechte Wand hinab, die sich aus dem Kleid einer geisterhaften Braut formt, oder er verschwindet einfach vor den Augen der Zuschauer. Laut Angel geht es in der Show »um die Dämonen in meinem Kopf, das Gute in der Welt, Engel und Liebe und Lust – eine Mischung aus all diesem Kram«.

Believe
Der Name ist eine Referenz an den großen Entfesselungskünstler Harry Houdini, der seiner Frau auf dem Sterbebett angeblich versprach, er würde aus dem Jenseits mit ihr in Kontakt treten, sie müsse nur »daran glauben« (engl.: *believe*). Die Show zieht alle Entertainment-Register, die man Las Vegas zutraut. Von der Kritik geschmäht, strömen dennoch Woche für Woche die Massen in das Spektakel. Showgirl-Gezappel und leichtes Liedergeträller sollten Sie hier jedoch nicht erwarten.

200 C2 ⏐ Luxor, 3900 Las Vegas Boulevard South
702 2 62 44 00; www.luxor.com/entertainment/enter tainment_believe.aspx ⏐ Shows: Di–Sa 19 und Di, Do, Sa 21.30 Uhr ⏐ 65–150 $

Von Russell Road bis Tropicana

⑫ Tournament of Kings

Wann durften Sie das letzte Mal mit den bloßen Händen essen? Beim Tournament of Kings im Excalibur ist das nicht nur erlaubt, sondern Pflicht. Die Mischung aus mittelalterlichem Flair, Ritterspielen, Spezialeffekten und einer Mahlzeit, nach der man sich buchstäblich die Finger leckt, macht diese Show zu einem Spaß für die ganze Familie.

Die 1 Mio. $ teure Produktion in der King Arthur's Arena gleicht einem 🎭 fantastischen Ausflug in die Welt des Mittelalters. Vor der Kulisse eines üppigen Gelages samt Tanz und Feierlichkeiten nimmt der Abend dann jedoch zunächst eine düstere Wendung. Am Anfang zeigt sich das gesamte 35-köpfige Ensemble in einem von Trommeln begleiteten Aufzug.

Mittelalterliches Turnier

Die Geschichte selbst beginnt, als **König Artus** andere Könige zu einem Turnier einlädt, das zu Ehren seines Sohnes **Christopher** stattfindet. Hoch zu Ross messen sich die Könige in Geschicklichkeit, Stärke und Ausdauer.

Wenn sich die Ritterspiele dem Ende zuneigen und der siegreiche König seine Ehrung empfängt, erfolgt der Angriff des bösen Feuermagiers **Mordred**, der damit droht, das gesamte Land Avalon in Feuer und Düsternis untergehen zu lassen. Könige prallen aufeinander, Bestien greifen an und das Feuer leuchtet hell. Der Drache tötet einen König, indem er ihn von seinem Pferd stößt, greift Artus an und verwundet ihn schließlich tödlich. Bevor Artus stirbt, nimmt der große König seinem Sohn das Versprechen ab, ihn zu rächen.

Das Excalibur, in dem das Tournament of Kings stattfindet, erinnert mehr an ein Schloss in Disneyland als an ein mittelalterliches Bauwerk

Tournament of Kings

Christopher sucht daraufhin den Kampf mit dem Drachen. Der **Zauberer Merlin** erscheint und erklärt ihm, dass der Drache sich aufgrund eines uralten Fluches in einen **Drachenritter** verwandeln wird, sobald er verwundet ist. Christopher fügt dem Ungeheuer daraufhin eine Wunde zu und die Verwandlung erfolgt. Nun betreten sechs halb als Drache, halb als Ritter gekleidete Kämpfer die Bühne und umringen den Sohn, der mit seinem Horn die Könige zu Hilfe ruft. Mit ihrer Unterstützung gelingt es Christopher, alle Drachen und den Drachenritter zu schlagen. Noch einmal erscheint Merlin und überreicht Christopher Artus' magisches Schwert Excalibur. Es folgt eine große Feier.

Feuern Sie Ihren König an

Das Unterhaltsamste am Tournament of Kings ist, dass der eigentliche Star der Show die Zuschauer sind. Die Könige der verschiedenen Länder tragen unterschiedliche Farben – Österreich orange, Frankreich blau-gold, Ungarn rot-silber, Irland grün-silber, Norwegen kupfer, Russland rot-gold und Spanien violett. Der Drachenritter selbst trägt schwarz. Das Publikum sitzt in acht Bereichen, die jeweils einem König und seinen Farben zugeordnet sind. Jede Zuschauergruppe feuert ihren König an. Welcher König bei diesem Turnier siegt, ist von Show zu Show verschieden, es bleibt also immer spannend.

Die 26 Pferde treten abwechselnd an, pro Show sind es 17, die übrigen haben einen Tag Pause. Die prächtigen mittelalterlichen Kostüme stammen von dem französischen Kostümdesigner Michel Fresnay, der für den Emmy nominiert war. Pyrotechnische Meisterleistungen machen es möglich, dass bei Mordreds Auftritt die Arena von spektakulären Feuern erhellt wird. Passende Kompositionen bilden den musikalischen Rahmen und runden das Ganze ab.

Einige der Schauspieler des Tournament of Kings präsentieren sich dem Publikum

✚ 200 C2 ✉ Excalibur, 3850 Las Vegas Boulevard South ☎ 702 5 97 76 00; www.excalibur.com/entertainment/tournament_of_kings.aspx 🕐 Mo 18, Mi–Do 18 u. 20.30, Fr 18, Sa–So 18 u. 20.30 Uhr; Reservierung empfohlen 💰 65 $ (Abendessen im Preis enthalten); keine Altersbeschränkung

BAEDEKER TIPP

Obwohl es für die Aufführungen um 20.30 Uhr auch eine preiswertere Option ohne Essen gibt, sollte man diese nicht wählen. Das **fürstliche Mahl** (Menüs s. Website) ist wirklich hervorragend, reichlich und lohnt an sich schon fast den Eintrittspreis.

Von Russell Road bis Tropicana

Nach Lust und Laune!

Das House of Blues im Mandalay Bay ist ein beliebter Veranstaltungsort in Las Vegas

13 House of Blues
Der dreistöckige Veranstaltungsort im New-Orleans-Stil hat großartige Künstler und gehört zu den Highlights von Las Vegas. Außer exzellentem Essen finden in dem 1500 Zuschauer fassenden Showroom regelmäßig Konzerte statt (z. B. von B. B. King, Bryan Ferry u. a.).

Das House of Blues zeigt die weltweit größte öffentlich zugängliche Sammlung von »Outsider-Art«. Darunter versteht man Werke von Künstlern, die nicht dem Mainstream zugerechnet werden. Das Interieur des Foundation Room (im obersten Stock des Mandalay Bay) besteht aus einer Collage fernöstlicher Ikonen.

200 C1 ✉ Mandalay Bay, 3950 Las Vegas Boulevard South ☎ 702 6 32 76 00; www.houseofblues.com 30 $

14 Michael Jackson ONE
Am 29. Juni 2013 erlebte die Michael Jackson gewidmete Show im Mandalay Bay ihre Welturaufführung. Produziert vom Cirque du Soleil, zeigt ONE den Weg von vier Außenseitern durch die Welt der unsterblichen Musik des King of Pop. 63 Tänzer und Akrobaten, ein erstklassiger Sound und nahtlos aufeinander folgende Bühnenbilder garantieren nicht weniger als einen spektakulären Abend.

200 C1 ✉ Mandalay Bay, 3950 Las Vegas Boulevard South ☎ 800 7 45 30 00 www.mandalaybay.com Sa–Mi 19 u. 21.30 Uhr 70–160 $

15 Mandalay Beach & Casino
Herrlich! Ein Strand mitten in der Wüste. Surfen Sie im Wellenpool oder lassen Sie sich von einem sanft dahingleitenden Fluss treiben, der in einen künstlich angelegten Sandstrand eingebettet ist. Das Beachside Casino stellt mit seiner lichtdurchfluteten Spielhalle eine willkommene Abwechslung zu den sonst eher dunklen Lobbys der

Nach Lust und Laune!

hiesigen Kasinos dar. Freunde des Glücksspiels können hier sogar in Badebekleidung, z. B. beim Black Jack, ihr Glück versuchen und gleichzeitig einem der Strandkonzerte (Mai–Sept.) zuhören. Auf dem Dachgeschoss kann man eine *cabana* mieten, einen kleinen Pavillon, ausgestattet mit großem Flachbild-TV, privatem Pool und Getränken. Der Moorea Beach Club erlaubt Frauen über 21 Jahren das Sonnenbaden oben ohne.
200 C1 Mandalay Bay, 3950 Las Vegas Boulevard South 702 6 32 79 97; www.mandalaybay.com tägl. 24 Std.; Strandbereich für Nichthotelgäste Mo–Do, vorausgesetzt, sie mieten eine *cabana*

16 Minus5 Ice Lounge

Relaxen auf etwas andere Art können Sie in dieser vollständig aus Eis gefertigten Lounge im Mandalay Bay bei einer Temperatur von –5 °C, wie der Name schon verrät. Hier können Sie wunderschöne Eisskulpturen bestaunen, und selbst die Stühle, die Bar sowie die Gläser, aus denen Sie einen auf Wodka basierenden Cocktail trinken, sind gefroren. Es empfiehlt sich, lange Hosen zu tragen. Eine Jacke, Handschuhe, Stiefel sowie ein Getränkegutschein sind im Eintrittspreis enthalten.
200 C1 Mandalay Bay, 3950 Las Vegas Boulevard South 702 6 32 77 14; www.mandalaybay.com tägl. 11–15 Uhr 17 $

17 Afternoon Tea

Afternoon tea mag eine englische Erfindung sein, doch auch das Four Seasons zelebriert das britische Ritual absolut stilvoll. Im Verandah Restaurant des Hotels gibt es eine gute Auswahl köstlicher Tee- und Champagnersorten und hervorragendes französisches Gebäck sowie englische Sandwiches und Scones; Letztere werden mit Marmelade, Sahne und Zitronencreme serviert. Ein Pianist sorgt für musikalische Untermalung. Reservierung wird empfohlen.

Cremige Gaumenfreuden im Four Seasons

200 C1 Four Seasons Hotel, 3960 Las Vegas Boulevard South 702 6 32 50 00; www.fourseasons.com Mo–Do 15–16 Uhr 30 $ (ohne Champagner)

18 BODIES ... The Exhibition

Las Vegas ist die letzte Station dieser weltweit gelobten und faszinierenden Wanderausstellung, die 13 echte menschliche Körper, gehäutet und plastiniert nach einem einzigartigen Verfahren mit Polymer, in alltäglichen Posen zusammen mit über 200 ebenfalls konservierten Körperteilen zeigt. Die Ausstellung, wenn auch etwas makaber, gibt – auch (älteren) Kindern – einen einmaligen Einblick in die Anatomie des Menschen und ist höchst aufschlussreich. Viele Raucher überdenken ihr Laster, nachdem sie die schwarze Lunge eines Rauchers neben einer gesunden rosafarbenen Lunge gesehen haben. Auswirkungen der Fettleibigkeit und mangelnder sportlicher Ertüchtigung werden ebenfalls demonstriert.

Von Russell Road bis Tropicana

✚ 200 C2 ✉ Luxor, 3900 Las Vegas Boulevard South ☎ 702 2 62 44 00; www.luxor.com
🕐 tägl. 10–22 Uhr; letzter Einlass 21 Uhr
💲 32 $ Erw., 24 $ Kind

19 Fantasy
In der ausschließlich für Erwachsene gedachten Erotikshow präsentiert sich als Extraschmankerl Angelica Bridges, die sowohl durch die erfolgreiche TV-Serie *Baywatch* bekannt wurde als auch schon für den *Playboy* Modell stand. *Fantasy* feiert nun schon das zehnte Bühnenjahr und lockt allabendlich mit einer bunten Mischung aus erotischen Tanzdarbietungen, Livegesang und Unterhaltung durch den Comedian und Imitator Sean E. Cooper nach wie vor jede Menge Zuschauer an. Die von R & B- und Popmusik begleitete, aufreizende Choreografie, für die Cris Judd, Jennifer Lopez' Ex-Ehemann, und Eddie Garcia verantwortlich sind, ist erstaunlich gut gelungen.

✚ 200 C2 ✉ Luxor, 3900 Las Vegas Boulevard South ☎ 702 2 62 44 00; www.fantasyluxor.com
🕐 tägl. 22.30 Uhr 💲 Tickets ab 39 $, für 95 $ Dinner inklusive

20 Menopause the Musical
In diesem sonderbar benannten Musical versteckt sich reichlich Humor, was dem etwas reiferen Publikum viel zu lachen gibt. Die Geschichte handelt von vier Frauen im gewissen Alter, die augenscheinlich nichts miteinander verbindet, bis sie sich zufällig am Wühltisch eines Kaufhauses begegnen. Schnell entwickeln sich Gespräche über Hitzewallungen, Vergesslichkeit, Stimmungsschwankungen und Fressattacken auf Schokolade. Die erfolgreiche Produktion, die 2001 in den USA uraufgeführt wurde, nimmt auf unterhaltsame Weise die Wechseljahre auf die Schippe und greift dabei altbekannte Musical-Hits der 1960er- und 1970er-Jahre wie beispielsweise *Puff, the Magic Dragon* als *My God I'm Draggin'* oder Disco-Klassiker wie *Stayin' Alive* als *Stayin' Awake,* parodierend auf.

✚ 200 C2 ✉ Luxor, 3900 Las Vegas Boulevard South ☎ 702 2 62 44 00; www.luxor.com/entertainment/entertainment_menopause.aspx
🕐 Mi–Mo 17.30, Di 20 Uhr 💲 55–70 $

21 Carrot Top
Dieser preisgekrönte Comedy-Act hat Las Vegas im Sturm erobert. Am besten lässt er sich als energiegeladene Rock-'n'-Roll-Comedy-Nummer beschreiben, die sich tosender Musik, Nebelmaschinen, Stroboskop-Blitzlicht und anderer verrückter Einfälle und Effekte bedient. Über 200 Requisiten verwendet Scott »Carrot Top« Thompson in seiner Show. Es bleibt also stets spannend und genau das macht den Reiz des »Rotschopfs« aus.

Menopause the Musical

Architektonisches Wahrzeichen: das »Welcome to Fabulous Las Vegas«-Schild

Rechtzeitig buchen! Denn die Show ist sehr beliebt.
✚ 200 C2 ✉ Luxor, 3900 Las Vegas Boulevard South ☎ 702 2 62 44 00; www.luxor.com/entertainment/entertainment_carrot_top.aspx ⌚ Mi–Mo 20.30 Uhr 💵 ab 50 $

22 Medieval Village
Wenn Sie die Rolltreppe zum ersten Stock des Excalibur hinauffahren, landen Sie in einem Dorf, das aus einem Bilderbuch zu stammen scheint. Geschäfte, von denen einige »mittelalterliche Waren« verkaufen, gute Restaurants sowie Gaukler und Straßenmusikanten sorgen für Atmosphäre. Auf der zentral gelegenen Bühne finden kostenlose Showdarbietungen statt, so treten beispielsweise Jongleure und Puppenspieler auf. Sie können entweder im Stehen zusehen oder sich zu den Kindern auf den Boden setzen.
✚ 200 C2 ✉ Excalibur, 3850 Las Vegas Boulevard South ☎ 702 5 97 77 77; www.excalibur.com 💵 frei

23 »Welcome to Fabulous Las Vegas«
Seit 1959 begrüßt dieses Neonschild im Googie-Design die Besucher bei ihrer Ankunft in Las Vegas. Es besteht aus einem achtzackigen Stern und sieben großen Silberdollarmünzen, in denen der jeweilige Buchstabe des Willkommensgrußes »Welcome« aufleuchtet (Miniaturversionen des Schildes sind ein beliebtes Mitbringsel). Wenn Sie Vegas wieder verlassen, grüßt Sie die Rückseite des Schildes, das sich von Ihnen mit einem »Drive Carefully« und »Come Back Soon« verabschiedet.
✚ 200 C1 ✉ 5100 Las Vegas Boulevard South 💵 frei

24 GameWorks
Die früher in der Showcase Mall untergebrachte Spiele-Arkade liegt nun, komplett auf den neuesten Stand gebracht, im Unterhaltungskomplex Town Square Las Vegas im Süden der Stadt. Geboten werden Computerspiele, eine Bowling Bahn, ein WLAN-Multiplayer-Bereich und ein Restaurant.
✚ 200 C1 ✉ 6587 Las Vegas Boulevard South, Suite 171 ⌚ tägl. ab 11 Uhr

Von Russell Road bis Tropicana

Wohin zum...
Essen und Trinken?

Preise
Die Preise gelten für ein Essen ohne Getränke, Steuern und Service:
$ unter 30 $ $$ 30–60 $ $$$ über 60 $

RESTAURANTS

Aureole $$$
Eines von mehreren Restaurants in Las Vegas, die Charlie Palmer gehören. Das Aureole und sein fantastischer vierstöckiger verglaster Weinturm gehören zu den am häufigsten fotografierten Motiven in Las Vegas. Schon das Beobachten der schwarz gekleideten »Wein-Engel«, die – akrobatisch auf- und abturnend – die Flaschen holen, ist ein Vergnügen für sich. Das Lokal selbst hat die Aura und auch fast die Größe einer Kathedrale: Helle Hölzer, Wasserfälle (hinter Glas) und riesige Fenster, die den Raum mit natürlichem Licht füllen, machen es zu einer tollen Wahl für alle, die von der reizüberfluteten Straße genug haben. Die Fleisch- und Fischgerichte sind ausgezeichnet, auch die preisgünstige Kostprobe aus verschiedenen Gerichten ist zu empfehlen. Die Desserts sind leicht und delikat, vor allem der Schokoladenkuchen, gefüllt mit warmer Schokolade, und der Nachspeisenteller mit neun winzigen Sorbets. Und der Weinturm ist keineswegs nur zum Anschauen gedacht: Er beherbergt eine exzellente Auswahl französischer, deutscher und amerikanischer Jahrgänge.
✚ 200 C1 ✉ Mandalay Bay Resort & Casino, 3950 Las Vegas Boulevard South ☎ 702 6 32 74 01; www.charliepalmer.com/aureole-las-vegas ⏲ Abendessen Mo–Sa 17.30–22.30 Uhr

Bacio $$
Elegant-rustikaler Italiener mit *open kitchen*-Konzept, weißen Tischdecken und Kerzenlicht: die perfekte Trattoria mitten in der Wüste Nevadas. Die Küche geht kein Risiko ein, sie bevorzugt traditionelle Rezepte für Rigatoni und Parmigiana wie auch für Branzino und Milanese.
✚ 200 C2 ✉ Tropicana, 3801 Las Vegas Boulevard South ☎ 800 4 62 87 67; www.troplv.com/las-vegas/restaurants/bacio-italian-cuisine ⏲ tägl. 17–22.30 Uhr

Border Grill $$
Die in den USA bekannten TV-Köchinnen Mary Sue Miliken und Susan Feniger haben ihr berühmtes kalifornisches Restaurant neben dem Shark Reef im Mandalay Bay wiederaufleben lassen. Bei milder Witterung ist die Veranda des Border Grill ein schöner Platz für ein Mittagessen. Die Speisekarte basiert auf Rezepten der mexikanischen Küche. Zu den Spezialitäten gehören das Oaxaca-Club-Steak sowie innovativ zubereitete Tacos und Enchiladas. Probieren Sie in Bananenblättern gebratenes Yukatan-Schwein an Zimtreis. Auf jeden Fall sollten Sie *très leches*, Kuchen aus drei Milchsorten, mit Passionsfrüchten verfeinert, kosten. Border Grill ist auch für seine starken Cocktails bekannt.
✚ 200 C1 ✉ Mandalay Bay Resort & Casino, 3950 Las Vegas Boulevard South ☎ 702 6 32 74 03; www.bordergrill.com ⏲ Mo–Fr 11–22, Sa, So 10–22 Uhr

Charlie Palmer Steak $$$
Das Restaurant ist für Las-Vegas-Verhältnisse klein – es fasst nur 100 Gäste – und wirkt so besonders exklusiv. Bronze- und Brauntöne ergänzen die wunderschönen

Wohin zum ...

Hölzer. Die Speisekarte reicht von Austern über Schweinefilet mit Cidre und würziger Cocktailsauce bis hin zu gegrilltem Rindersteak und gedämpftem Heilbutt mit Polenta. Die Weinkarte ist klein, aber fein.
🟥 200 C1 ✉ Four Seasons Hotel, 3960 Las Vegas Boulevard ☎ 702 6 32 51 20; http://www.fourseasons.com/lasvegas 🕐 Abendessen Mo-Sa 17-22.30 Uhr, So geschl.

Kumi Japanese Restaurant & Bar $$$

Allein das japanisch inspirierte Interieur wird Sie den Trubel draussen vergessen lassen. Geschmackvoll im urbanen Stil zu mehreren schnörkellosen Speise-Umgebungen zusammengefügte Materialien wie Naturholz, gehämmerter Stahl und kobaltblaue Fliesen lassen tief durchatmen. Die Küche orientiert sich an japanischen Traditionen, bedient sich aber auch an Produkten und Rezepten aus aller Welt. Zu empfehlen ist das Weißfisch-Carpaccio als Vorspeise und das Toban Yaki Filet Mignon als Entrée.
🟥 200 C1 ✉ Mandalay Bay Resort & Casino, 3950 Las Vegas Boulevard South ☎ 702 6 93 83 00, www.kumilasvegas.com 🕐 Abendessen Mo-Do 17-22, Fr-Sa 17-23 Uhr, So geschl.

The Noodle Shop $

Wenn Ihnen in den frühen Morgenstunden der Sinn nach Udon-Nudeln oder Chow Mein steht, ist der Noodle Shop im Mandalay Bay die richtige Adresse. Die Nudeln sind weich und haben dennoch Biss, die Brühe schmeckt kräftig – genau das, was man braucht, um frisch gestärkt an die Spieltische zurückzukehren. Es gibt rund zwei Dutzend Nudel-, Reis- und Reispuddinggerichte, die schnell und heiß serviert werden. Wer es deftiger mag, bestellt Chow Mein mit Huhn oder wählt aus den Grillgerichten.
🟥 200 C1 ✉ Mandalay Bay Resort & Casino, 3950 Las Vegas Boulevard South ☎ 702 6 32 60 71; www.mandalaybay.com 🕐 So-Do 11-23, Fr, Sa 11-1 Uhr

TENDER Steak & Seafood $$$

Fisch und Meeresfrüchte sowie Rindfleisch aus ökologisch und biologisch kontrollierter Herkunft werden täglich frisch aus Hawaii, Kalifornien und Alaska eingeflogen. Das Weinangebot ist buchstäblich ausgezeichnet. Eröffnen Sie Ihr Abendessen mit *charcuterie*, einer Auswahl an sechs verschiedenen Fleischsorten, die mit Knoblauchcrackern serviert werden, oder mit einem Suppen-Trio. Zum Hauptgang bietet sich ein hervorragendes Steak oder eines der exzellenten Fisch- oder Meeresfrüchtegerichte an. Doch die Wahl fällt bei diesem großen Angebot schwer.
🟥 200 C2 ✉ Luxor, 3900 Las Vegas Boulevard South ☎ 702 2 62 48 52; www.luxor.com 🕐 tägl. 17-23 Uhr

Verandah $$$

Das Verandah mit seinem großzügigen Speisesaal und seiner Außenterrasse bietet sowohl Frühstück (an den Wochenenden auch Brunch) als auch Mittag- und Abendessen an. Italienische Küche steht hier im Mittelpunkt – mit einigen fantasievollen Gerichten. Der holzbefeuerte Pizzaofen sorgt für Gaumenfreuden, außerdem gibt es frischen Fisch, Meeresfrüchte und hausgemachte Pasta. Eine gute Auswahl an Beilagen ergänzen Grillfleisch, Huhn und Fisch. Lassen Sie noch Platz für das hauseigene Eis in einer Schokowaffel.
🟥 200 C1 ✉ Four Seasons Hotel, 3950 Las Vegas Boulevard South ☎ 702 6 32 50 00; www.fourseasons.com 🕐 Abendessen tägl. 17-22 Uhr, auch für Frühstück (ab 7 Uhr), Mittagessen (ab 11 Uhr) und zum Afternoon Tea (ab 15 Uhr) geöffnet

BAR

Red Square $$

Das Red Square zu finden, ist selbst in den riesigen Weiten des Mandalay Bay nicht schwer: Eine enthauptete Statue des russischen Revolutionärs Lenin – inklusive fal-

Von Russell Road bis Tropicana

schem Vogeldreck – wacht über den Tempel des Kapitalismus (das Kasino). Im Inneren entspannt man sich zwischen roten Samtvorhängen und Plüschsesseln. Frei erfundene kommunistische Propagandasprüche schmücken die Wände und der Lüster stammt aus Moskau. Das Essen ist gut, eine Kombination aus typisch russischen Gerichten (wie *latkes* und *blinis*) und moderner amerikanischer und französischer Küche. Der Hauptgrund für einen Besuch des »Roten Platzes« ist die Bar, wo über 100 russisch inspirierte Cocktails, Martinis und Wodka-Rezepturen sowie eine Kaviarauswahl aufs Probieren warten. Durch die Theke zieht sich ein Streifen mit Eis, in dem Ihr Drink kalt bleibt. Werfen Sie einen Blick in den *vodka locker*: Promis und betuchte Gäste mieten hier einen Platz für ihre bevorzugten Wodka-Sorten und schlürfen diese dann – in einen Zobel oder russischen Armeemantel gehüllt – in der frostigen Kälte des Raumes (–10 °C)!

🞤 200 C1 ✉ Mandalay Bay Resort & Casino, 3950 Las Vegas Boulevard South
☎ 702 6 32 72 00; www.mandalaybay.com
🕓 Abendessen So–Do 16.30–22, Fr–Sa 16.30–24 Uhr, Bar 16 bis 1 Uhr.

Wohin zum ...
Einkaufen?

An diesem Ende des Strip finden Sie einige durchaus exotisch anmutende Dinge im Angebot – von Schwertern und Schilden über Schnitzkunst bis hin zu kostbaren Miniaturen. Echte Antiquitäten sollten Sie allerdings nicht erwarten, aber viele Geschäfte führen ausgezeichnete Nachbildungen. Die Shops in den Kasinos sind meist von 9 oder 10 Uhr bis 20 oder 21 Uhr geöffnet.

Mandalay Place (3930 Las Vegas Boulevard South; Tel. 702 632 93 33; tägl. 9–23 Uhr) ist eine Einkaufspassage in einer »Sky Bridge«, die das Mandalay Bay Hotel mit dem nahen Luxor verbindet. In knapp 100 m Höhe und auf einer Fläche von gut 9000 m^2 gibt es hier über 40 Geschäfte, darunter die Edelmarken Shoe Obsession und Chapel Hats, eine große Auswahl an Läden für Freizeitbekleidung und Fashiondesign sowie Boutiquen, Sportgeschäfte, eine Kunstgalerie und ein höchst anerkanntes Wein-Outlet.

Einige Geschäfte im Mandalay Bay (3950 Las Vegas Boulevard South; Tel. 702 6 32 77 77) liegen gleich neben dem Kasino. **Die Pearl Moon Boutique** führt Bademoden für Damen, Herren und Kinder sowie Hüte, Sonnenbrillen und Sandalen – sie sind nicht gerade billig, aber von sehr guter Qualität (weit besser als in den übrigen Strandbekleidungs-Boutiquen am Strip). Das Geschäft verkauft auch die im Spa des Mandalay verwendeten Schönheitsmittel.

Die **Giza Galleria** im Luxor (3900 Las Vegas Boulevard South; Tel. 702 2 62 44 44) liegt gleich oberhalb der Lobby. Das **Luxor Shopping** (Luxor; Tel. 702 2 62 44 44) beherbergt diverse Outlets – von aufdringlichem Kitsch über Designermode bis zu wahren Schnäppchen hochwertiger Kinderbekleidung in der »Everything's $10 Boutique«.

Die **Dragon's Lair** am Excalibur Castle Walk (3850 Las Vegas Boulevard South; Tel. 702 5 97 78 50) verkauft Schwerter und Schilder in Originalgröße und manchmal sogar ganze Ritterrüstungen. Zu den einfacher zu transportierenden Objekten gehören Drachenskulpturen und Merlinfiguren.

Weitere Orte im Excalibur, in denen sich die Spielgewinne gleich wieder ausgeben lassen, sind der 🎠 **Jester's Court**, wo Sie die Kleinen so richtig verwöhnen können, und

Kids of the Kingdom, wo sich mit Märchenkostümen und ulkigen Souvenirs die Wünsche der Kinder erfüllen lassen.

Wohin zum ... Ausgehen?

Das Angebot für Nachtschwärmer ist an diesem Ende des Strip exzellent. Jeweils nur eine kurze Taxifahrt voneinander entfernt, liegen hier mit Light Nightclub und LAX zwei der besten Nachtclubs der Stadt.

Actionfans und Sportfreunde werden das **Sport Center of Las Vegas** (121 E. Sunset Boulevard; Tel. 702 3 17 77 77; www.sportcenterof lasvegas.com; Di–Do 12–20, Fr–Sa 12–21, So 12–20 Uhr; ab 26 $) schätzen, das südlich vom McCarran International Airport liegt. Mit dem Taxi ist man in 5–10 Minuten dort. Bei **Fastkarts** können Erwachsene und Kinder Gokart fahren. Im MLB Slugger Stadium kann man Baseballschläge üben oder eine der größten Kletterwände von Las Vegas nutzen. Zu diesem Zweck können Sie einen individuellen Kletterkurs belegen.

Das **Orleans Casino Bowling** im The Orleans Hotel (4500 W. Tropicana Avenue, im Orleans Hotel; Tel. 702 3 65 74 00; www.orleansca sino.com; tägl. 24 Std.) liegt westlich des Excalibur. Es gibt 70 Bahnen und einen guten Coffeeshop. An manchen Abenden finden hier Liga-Wettkämpfe und Turniere statt, es empfiehlt sich also, besser nachmittags oder am späteren Abend zu kommen. Bei **Time Out Arcade** ganz in der Nähe kann man in eine virtuelle Welt abtauchen und interaktiv Jetski, Autorennen oder Ski fahren. Auch das **Kids Tyme** befindet sich im Orleans Casino und ist für die 3- bis 12-Jährigen interessant, die sich beim Dschungelturnen, in der Bastelecke oder bei anderen Spielen austoben können. Zum Orleans gehört ferner ein Multiplex-Kino mit 18 Sälen. Golffreunde können auf dem 9-Loch-Platz oder der mit 113 Abschlagplätzen ausgestatteten Driving Range des **TaylorMade Golf Experience** (6730 Las Vegas Boulevard South; Tel. 702 8 97 95 00; www.taylormade golfexperience.com; tägl. 24 Std.; 5–35 $) den Schläger schwingen.

Nachtclubs

Der **Light Nightclub** (Mandalay Bay; 3950 Las Vegas Blvd South; Tel. 702 6 93 83 00; Mi 22.30–4, Fr–Sa 22–4 Uhr; Eintritt: ab 20 $) ist zweifellos der kreativste Nachtclub in Vegas, kein Wunder, wenn der Cirque de Soleil für das Rahmenprogramm verantwortlich zeichnet. Fantasievoll kostümierte Akrobaten und Jongleure gehören quasi zum Dekor, sie unterhalten jene Gäste, die gerade nicht auf der riesigen Tanzfläche im Lasergewitter abtanzen. Die andere große Attraktion des Clubs sind seine DJs. Sie gehören zum Besten, was die USA aktuell an professionellen Stimmungskanonen zu bieten haben. Achtung Dresscode: keine Sandalen, Shorts, löchrige Jeans und Ketten!

Einer der beliebtesten Nachtclubs von Las Vegass ist im Luxor untergebracht: **LAX Nightclub** (Tel. 702 2 62 45 29; www.angelmg.com/ venues/lax; Mi–Sa 22–4 Uhr). Um längere Warteschlangen zu vermeiden, sollten Sie vor Mitternacht dort sein. Mit einem VIP-Ticket können sie die Schlange sogar elegant umgehen. Halten Sie sich unbedingt an den Dresscode: keine Turnschuhe oder Jeans.

Lounges

Das **MIX** (3950 Las Vegas Boulevard South; Tel. 702 6 32 95 00; von 17 Uhr bis in die Morgenstunden) im Mandalay Bay Resort & Casino

Von Russell Road bis Tropicana

ist eine nette und quirlige Club-Lounge. Gönnen Sie sich hier einen exotischen Cocktail, und vielleicht haben Sie Glück und erleben auf dem Balkon im 64. Stock eine angenehme Brise. Diverse DJs fordern Sie mit unterschiedlicher Musik zum Tanzen heraus. Im selben Gebäude ist der **Ri Ra Irish Pub** (Mo–Do 11–3, Fr 11–4, Sa 9–4, So 9–3 Uhr), ein stilechter, eigens aus Irland importierter Pub mit Livemusik jede Nacht. Die im marokkanischen Stil errichtete Terrasse des **Foundation Room** (Tel. 702 6 32 76 31) im House of Blues eröffnet Ihnen eine Aussicht auf den Strip und lädt zu einem Getränk ein.

Steht Ihnen der Sinn nach Jazz, empfiehlt sich das **Bourbon Street Cabaret** (Orleans; 4500 W. Tropicana Avenue; Tel. 702 3 65 71 11; Di–So bis 3 Uhr).

Im Tropicana (3801 Las Vegas Boulevard South) laden **Celebration Lounge & Casino** sowie die **Tropics Lounge** zum Entspannen ein; die exzellenten Margaritas werden nur noch vom Unterhaltungsprogramm übertroffen: Singende Barkeeper begeistern das Publikum, außerdem sorgen Karaoke-Abende für Spaß.

Spas

Dem Ambiente des Hotels gemäß bietet das **The Spa at Four Seasons Hotel** (3950 Las Vegas Boulevard South; Tel. 702 6 32 50 00; tägl. 8–20 Uhr; Behandlungen ab 100 $) eine ruhige, exklusive Oase zum Sich-Verwöhnen-Lassen. Der außergewöhnliche Service, für den die Hotelkette berühmt ist, erstreckt sich auch auf den Wellnessbereich. So wird man nach einer Joggingrunde auf dem 1,6 km langen Kurs durch die landschaftlich wunderschön gestaltete Anlage mit gekühlten Handtüchern und Evianwasser empfangen. Das Fitness-Center hat spezielle Angebote für Herzmuskeltraining und Gewichtsreduktion, dazu kostenlose Gewichte, Saunas, Dampfbäder und Jacuzzis.

In sechs Einzelräumen werden Gesichtsbehandlungen, Aromatherapien, Schlammbäder und klassische Massagen angeboten. Zwei Suiten haben eigene Spa-Bereiche mit Sauna und Dampfbad, Massageliegen und je einem Whirlpool-Bad.

Das **Spa Mandalay** (Mandalay Bay Resort & Casino; 3950 Las Vegas Boulevard South; Tel. 877 6 32 73 00; tägl. 17–22 Uhr; Massagen ab 90 $) besticht durch großzügige Räumlichkeiten, Opulenz und einen wunderschönen Blick über die Lagunen- und Gartenlandschaft des Hotels. Es gibt 26 Behandlungsräume für traditionelle und eher ausgefallene Massagen (z. B. Ayurveda). Getrennte Bereiche für Männer und Frauen bieten Dampfbad, Sauna und Whirlpool mit Wasserfällen. Im Fitness-Center gibt es Geräte für Herzmuskeltraining, Gewichtsreduktion, Wassergymnastik und Yoga-Unterricht. Nach einem anstrengenden Workout oder einer Verwöhnmassage können Sie sich dann an der Saftbar mit exotischen Säften, Obst und vielen Teesorten erfrischen.

Zum **Nurture Spa** innerhalb des Luxor (3900 Las Vegas Boulevard South; Tel. 702 7 30 57 30; Tageskarte für Nicht-Hotelgäste 35 $; tägl. 6–20 Uhr) gehört ein Fitness-Center mit Geräten für jeden Geschmack.

An Behandlungen werden Körperwickel und -peelings, Massagen, Gesichtsbehandlungen und Hydrotherapie angeboten. Zudem gibt es noch Bräunungsliegen.

Theater/Bühnen/Arenen

Im **Mandalay Bay Events Center** finden häufig bedeutende Boxkämpfe und viele große Konzerte statt und im **Orleans Showroom** des Hotels Orleans (4500 W. Tropicana; Tel. 702 3 65 70 75) sorgen verschiedene Musiker und Entertainer für Stimmung.

Von Tropicana bis Flamingo

Erste Orientierung	74
An einem Tag	78
TOP 10	80
Nicht verpassen!	86
Nach Lust und Laune!	90
Wohin zum …	98

Kleine Erlebnisse

Top-Acts im Vorbeigehen
In der Gallery Row im **CityCenter** (➤86) können Sie Werke von Claes Oldenburg, Dale Chihuly und Co. gratis bewundern.

Treffpunkt Diner
People Watching ist immer unterhaltsam. Ganz besonders gilt dies im Fatburger gegenüber vom **CityCenter** (➤86)!

Nur in Las Vegas
Pinks im **Planet Hollywood** (➤76) ist ein Hot-Dog-Himmel. Hier gibt es »Showgirl Dogs« sowie 30 andere Hot-Dog-Varianten.

Von Tropicana bis Flamingo

Erste Orientierung

Zu diesem Abschnitt des Strip, der mit dem MGM Grand auf der einen und dem New York-New York auf der gegenüberliegenden Straßenseite beginnt, gehören noch mit dem Monte Carlo, dem Bellagio, dem Planet Hollywood, dem Paris Las Vegas und dem Bally's nicht weniger als sieben spektakuläre Mega-Resorts. Wo sonst auf der Welt findet man Attraktionen wie die Freiheitsstatue und den Eiffelturm nur einen Steinwurf voneinander entfernt? Und in der Harmon Avenue liegt das erste Hard-Rock-Kasino.

Die Eröffnung des Bellagio im Oktober 1998 markierte einen wichtigen Wendepunkt für Las Vegas. Die Stadt kehrte ihren Wildwest-Wurzeln endgültig den Rücken und gab sich fortan elegant-international. Als eines der mondänsten und nobelsten Hotels überhaupt führte das Bellagio neue Elemente in die Kasinowelt von Las Vegas ein, die man dort nie erwartet hätte: die schönen Künste, Grünanlagen, Blumen und Fashion.

Die erfolgreiche Umsetzung des Bellagio, etwas Einmaliges in Las Vegas auf die Beine zu stellen, schob die Messlatte für alle nachfolgenden Kasinohotels noch einmal nach oben.

Nicht viel später gesellten sich das Paris Las Vegas und das Aladdin (jetzt Planet Hollywood) in dieselbe Liga und bereicherten die Hotellandschaft der Stadt, genauso wie 2009 der ultramoderne Gebäudekomplex CityCenter.

Die Fountains of Bellagio sind bei Nacht noch eindrucksvoller

Erste Orientierung

TOP 10
- ⭐ Kà – Cirque du Soleil ➤ 80
- ⭐ Jubilee! ➤ 82
- ⭐ Fountains of Bellagio ➤ 84

Nicht verpassen!
- 25 CityCenter ➤ 86
- 26 Le Boulevard ➤ 88

Nach Lust und Laune!
- 27 Hakkasan ➤ 90
- 28 M&M's World Las Vegas ➤ 90
- 29 Harley-Davidson Café ➤ 91
- 30 Purple Reign – The Prince Tribute Show ➤ 91
- 31 The Joint ➤ 92
- 32 Eiffel Tower Visit & Restaurant ➤ 92
- 33 Napoleon's Lounge ➤ 93
- 34 Bellagio Gallery of Fine Art ➤ 93
- 35 Bellagio Shops ➤ 93
- 36 O ➤ 94
- 37 Monte Carlo Pub ➤ 95
- 38 Blue Man Group ➤ 95
- 39 The Roller Coaster of the New York-New York ➤ 96
- 40 Zumanity – The Sensual Side of Cirque du Soleil ➤ 96

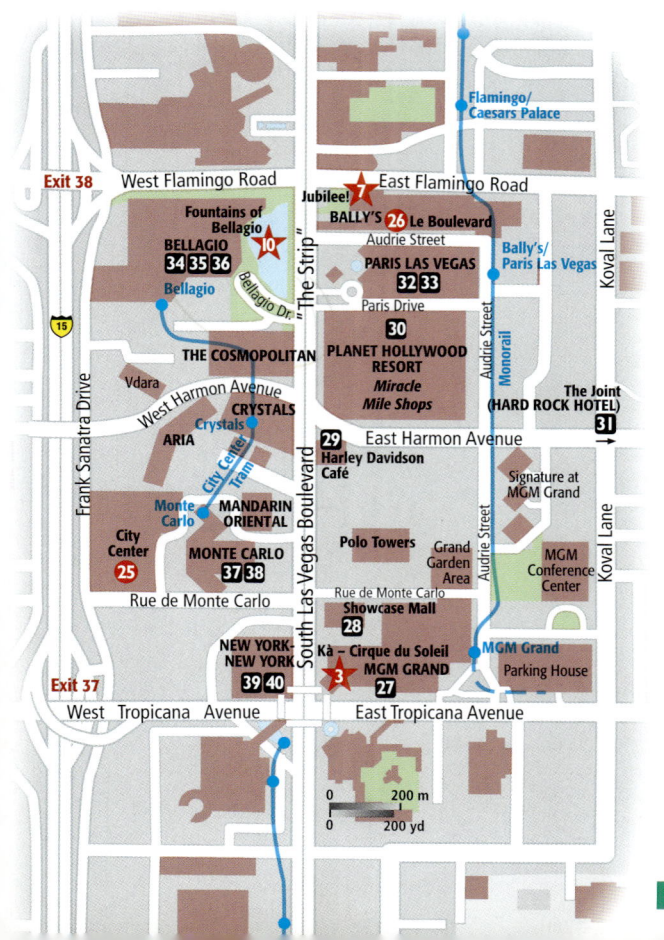

Die Fassade des MGM Grand

Viele der Shows, Ausstellungen und Attraktionen von Las Vegas finden in den Hotelanlagen selbst statt, die sich wiederum deren unterschiedliche Themen zu eigen gemacht haben. Von der Tropicana Avenue bis zur Flamingo Road finden Sie von italienischen Seen bis zum Eiffelturm einfach alles.

ARIA
Das dem trendigen CityCenter angeschlossene, moderne Hotel verfügt über 4004 Zimmer, 16 Restaurants, Spa, Kasino sowie die angesagten Nachtclubs Gold Lounge und Haze.
✚ 200 C3 ✉ 3730 Las Vegas Boulevard South ☎ 702 5 90 77 57; www.aria.com

MGM Grand
Der Resort-, Kasino- und Unterhaltungskomplex bietet über 5000 Gästezimmer, dazu gehören die Penthouse-Suiten des Signature und die luxuriösen »Skylofts«. Außerdem gibt es hier Gourmet-Restaurants, zwei riesige Showrooms, einen 2,7 ha großen Pool- und Spa-Bereich sowie den 16 000 Zuschauer fassenden MGM Grand Garden für Konzerte ganz großer Stars.
✚ 200 C3 ✉ 3799 Las Vegas Boulevard South ☎ 877 8 80 08 80; www.mgmgrand.com

Planet Hollywood Resort
Der Nachfolger des Aladdin zielt seit der Sanierung auf ein hippes, jugendliches Publikum ab. Das frühere »Tausendundeine Nacht«-Ambiente wurde durch ein Design à la Hollywood ersetzt: funkelnde Empfangshallen, Go-go-Tänzer und Hollywood-Memorabilien. Das Theater for Performing Arts mit 7000 Sitzplätzen blieb erhalten und holt bekannte Künstler aus der Rock-, Pop- und Hip-Hop-Szene auf die Bühne. Die 2500 Zimmer sind recht klein, dafür preisgünstiger.
✚ 200 C4 ✉ 3667 Las Vegas Boulevard South ☎ 866 9 19 74 72; www.planethollywoodresort.com

Hard Rock Hotel
Das elf Stockwerke hohe Haus mit 657 Gästezimmern liegt neben dem Strip und gehört dem früheren Hard-Rock-Cafe-Besitzer Peter Morton. Er hat das Kasino mit Memorabilien berühmter Rockstars, einem Spa und ansprechenden Restaurants ausstaffiert. Im mit 1200 Sitzplätzen bestückten Theater The Joint spielen die angesagtesten Bands.
✚ 201 E3 ✉ 4455 Paradise Road (Ecke Harmon) ☎ 702 6 93 50 00; www.hardrockhotel.com

Paris Las Vegas
Mit den Nachbildungen des Eiffelturms und des Arc de Triomphe sowie der Fassa-

Erste Orientierung

den der Oper und des Louvre versucht das Hotel, Pariser Flair nach Las Vegas zu holen. Highlight ist der 50-stöckige Eiffelturm, wo Besucher 30 m über dem Strip in einem Gourmet-Tempel speisen können.
🗺 200 C4 ✉ 3655 Las Vegas Boulevard South ☎ 877 7 96 20 96; www.parislasvegas.com

Bally's Las Vegas
Die Standardzimmer des 2814 Zimmer umfassenden Resorts gehören zu den größten der Stadt. Der Poolbereich ist mit einer Sonnenterrasse, einer Snackbar und *cabanas* mit Kühlschrank, TV, Floß und Telefon ausgestattet. Das Bally's ist die Heimat von Jubilee!, der zweiten großen klassischen Las-Vegas-Revue. Eine Monorail verbindet es mit dem MGM Grand.
🗺 200 C4 ✉ 3645 Las Vegas Boulevard South ☎ 877 6 03 43 90; www.ballyslasvegas.com

Bellagio
Die Inspiration für dieses Haus lieferte der gleichnamige am Comer See gelegene Ort. Zum Bellagio gehört ein 3 ha großer See mit einer Fontänenanlage, bei der sich Springbrunnen, Musik und Beleuchtung zu einem regelrechten Wasserballett verbinden.
🗺 200 C4 ✉ 3600 Las Vegas Boulevard South ☎ 702 6 93 71 11; www.bellagio.com

Monte Carlo
Das Hotel ist der Place du Casino in Monte Carlo nachempfunden und besticht mit malerischen Arkaden, Kuppeln mit Lüstern, Marmorböden, verzierten Brunnen und einem Empfangsbereich im gotischen Stil. In der 13 ha großen Anlage finden sich ein Pool und *cabanas* sowie das 1200 Zuschauer fassende Monte Carlo Theater.
🗺 200 C4 ✉ 3770 Las Vegas Boulevard South ☎ 702 7 30 77 77; www.montecarlo.com

Mandarin Oriental Las Vegas
Luxus pur, bester Service, ein fantastisches Spa und preisgekrönte Restaurants erwarten Sie im orientalisch designten Hotel ohne Kasino im CityCenter-Komplex.
🗺 200 C3 ✉ 3752 Las Vegas Boulevard South ☎ 702 5 90 88 88; www.mandarinoriental.com/lasvegas

New York-New York
Mit 47 Stockwerken eines der höchsten Kasinohotels Nevadas und der New Yorker Skyline nachempfunden. Hinter einer Imitation der Freiheitsstatue ragen zwölf »Wolkenkratzer« auf – inklusive Empire State Building. Nervenkitzel verspricht die bis zu 105 km/h schnelle Coney-Island-Achterbahn.
🗺 200 C3 ✉ 3790 Las Vegas Boulevard South ☎ 702 7 40 69 69; www.newyorknewyork.com

Von der Spitze des Eiffelturms, Paris Las Vegas, eröffnet sich ein fantastischer Blick auf den Strip

Von Tropicana bis Flamingo

An einem Tag

Sie wissen nicht genau, wo Sie Ihre Tour beginnen sollen? Nehmen Sie diesen Tourenführer und lassen Sie sich zu den interessantesten Attraktionen von der Tropicana Avenue bis zur Flamingo Road leiten. Weitere Informationen finden Sie unter den Haupteinträgen (▶ 80ff).

🌐 9:00
Genießen Sie ein Frühstück im 🍴 Rainforest Café (▶ 100) des MGM Grand. Wenn Sie durch den Hoteleingang kommen, liegt das Restaurant linker Hand. Das witzige Lokal vermittelt in der Tat den Eindruck, als befände man sich im brasilianischen Regenwald. (Nicht nur) Kinder werden es lieben.

🌐 10:30
Laufen Sie sich nach dem Frühstück warm und besuchen Sie die nur wenig beachtete Underground Mall im Untergeschoss des MGM. Dort warten einige ungewöhnliche Geschäfte auf Ihren Besuch, darunter die Pearl Factory, wo Sie wunderschöne, noch muschelumhüllte Perlen kaufen können, oder Houdini's Magic Shop, wo die Angestellten regelmäßig Tricks des legendären Magiers vorführen.

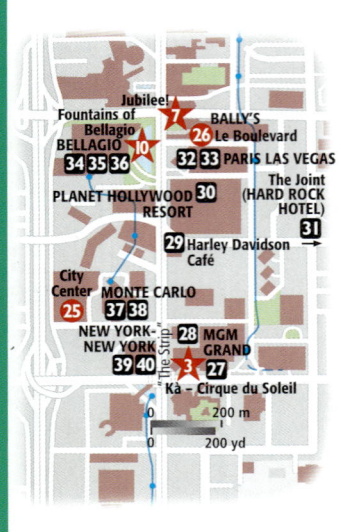

🌐 11:30
Verlassen Sie das Hotel wieder durch den Haupteingang und biegen Sie rechts in den Strip zur Showcase Mall ein. Besuchen Sie den mit Souvenir-Flaschen, -Gläsern und -Kleidungsstücken vollgestopfte Everything Coca-Cola Store oder das interaktive, den Schoko-Linsen gewidmete Shoppingzentrum **28 M&M's World Las Vegas** (oben, ▶ 90).

An einem Tag

◎ 12:45
Weiter in nördlicher Richtung am Las Vegas Boulevard sehen Sie an der Ecke zur Harmon Avenue das Planet Hollywood Resort. Besuchen Sie die **Miracle Mile Shops** (➤28), den schicken Einkaufsbereich der Hotelanlage. Lassen Sie dort die Gewittershow nicht entgehen und überqueren Sie den Strip für eine Shoppingtour durch die Designerboutiquen oder für eine Stärkung im Crystals (➤86).

◎ 14:30
Neben dem Planet Hollywood Resort liegt das Paris Las Vegas. Vom 32 **Eiffel Tower** (➤92) aus können Sie eine spektakuläre Aussicht über den Strip genießen (unten).

◎ 15:00
Das Paris ist mit seinem Schwesterhotel Bally's über eine wunderschöne »französische« Einkaufspassage namens 26 **Le Boulevard** (➤88) verbunden. Spazieren Sie über die kopfsteingepflasterten Gassen und stöbern Sie in den Geschäften. Oder bestellen Sie sich ein Dessert im Mon Ami Gabi (➤99) und beobachten Sie die 10 **Fountains of Bellagio** (➤84).

◎ 16:30
Eine Rolltreppe beim Bell Desk des Bally's und eine weitere zur Straße bringen Sie zu einem Walkway, der den Strip überquert und zum Bellagio führt. Die vornehmen 35 **Bellagio Shops** (➤93) des Hotels leeren jeden Geldbeutel schneller, als es einem lieb ist. Danach bietet sich ein Abendessen in einem der zahlreichen fantastischen Restaurants an – wie wär's im renommierten Picasso? Einige Restaurants haben eine Kleiderordnung, erkundigen Sie sich sicherheitshalber vorher.

◎ 19:00
Bleiben Sie im Bellagio und holen Sie Ihr reserviertes Ticket für die 19.30-Uhr-Vorstellung von 36 O (➤94) ab, nehmen Sie ein Taxi zum MGM Grand für **Kà** (➤80), oder gehen Sie über den Walkway zurück zum Bally's und genießen Sie **Jubilee!** (➤82).

◎ 21:15
Jetzt sind starke Nerven für eine Fahrt mit dem 39 **Roller Coaster of the New York-New York** (➤96) gefragt. Gönnen Sie sich danach ein paar Drinks in der Mandarin Bar (➤77).

Von Tropicana bis Flamingo

⭐3 Kà – Cirque du Soleil

2004 uraufgeführt und noch immer eine der besten Shows in der Spielerstadt: Kà sorgt auch mehr als zehn Jahre später für volle Säle. Produziert vom weltberühmten Cirque du Soleil, fesselt den Besucher auch hier ein komplexes Ineinander von Licht- und Soundeffekten, Akrobatik, Pyrotechnik und Puppenspiel.

Einen Vorgeschmack erhalten Sie bereits beim Betreten des 2000-Sitzplätze-Theaters im MGM Grand: Die Platzanweiser bitten recht nachdrücklich darum, Fotoapparate und Smartphones stecken zu lassen, und können ungemütlich werden, wenn man ihren Bitten nicht entspricht. Zu groß ist nämlich die Gefahr, dass die schimmernde Displays oder gar Blitzlichter die Konzentration der Akrobaten auf der Bühne stören.

Einer der wenigen ruhigen Momente in der mit energiegeladenen Auftritten gespickten Show

Totales Entertainment

Aber was heißt schon »Bühne« beim Cirque du Soleil? Das 1984 von Straßenkünstlern in der kanadischen Provinz Québec gegründete Unternehmen hat das alte Zirkuskonzept von der kreisförmigen, mit Sägespänen bedeckten Manege gründlich überholt und mit einer ästhetisch faszinierenden Mischung aus Theater, Akrobatik, Choreografie, Livemusik und HighTech-Elementen völlig neue Welten eröffnet. Mit Kà gingen die Macher noch einen Schritt weiter. Für diese Version der ewig jungen Geschichten vom Kampf des Guten gegen das Böse traten an die Stelle der traditio-

Kà – Cirque du Soleil

nellen, fest installierten Bühne zwei große und fünf kleinere, bewegliche Plattformen, die mittels Kränen und Lifts durch den Vorführungsraum zu driften scheinen.

Spektakel für alle Sinne

Bei jedem neuen Akt – insgesamt wird die Geschichte in 14 Szenen erzählt – werden diese neu konfiguriert, sodass Sie sich mal auf einem Schiff oder in einem brennenden Palast, mal in einer Höhle und mal auf einem Schlachtfeld wähnen. 85 fantasievoll gekleidete Akrobaten laufen, scheinbar den Gesetzen der Schwerkraft trotzend, eine »Bergwand« auf und ab, liefern sich Duelle zwischen Himmel und Erde und vollführen atemberaubende Kunststücke. Unterstützt werden sie dabei von einem Soundsystem aus knapp 5000 auf Ohrenhöhe der Zuschauer angebrachten Lautsprechern und ausgefeilter Multimedia-Technik. Beispielsweise wurden berührungsempfindliche Paneele unter der Oberfläche der »Bergwand« angebracht, sodass sich die Bewegungen der Akrobaten abbilden.

✚ 200 C3 ✉ MGM Grand, 3799 Las Vegas Boulevard South ☎ 702 5 31 38 26, 800 9 29 11 11 ⏰ Di–Sa 19 u. 21.30 Uhr 🎫 Tickets 70–180 $

Zwei der Akrobaten »schweben« bei ihrem Auftritt hoch über den Köpfen der Zuschauer

Von Tropicana bis Flamingo

⭐ Jubilee!

Was ist das: Es hat 200 Beine, viel nackte Haut und ist nur nachts zu sehen? Die Antwort: Ein 30-jähriger »Dinosaurier« des Showbusiness in Gestalt von Jubilee! im Bally's Las Vegas.

Die rund 100 Mitglieder der Show mögen jung, Bühnenbild, Kostüme, Ton, Beleuchtung und Choreografie neu und modern sein: Doch Jubilee! versetzt seine Zuschauer immer noch in eine andere Zeit. Es ist die Show am Strip, die – nach der inzwischen abgesetzten Show der *Folies Bergère* – am zweitlängsten läuft, und die einzige noch vorhandene echte Las-Vegas-Revue im traditionellen Sinn. Ein Relikt aus einer Zeit, als Revuegirls den Strip regierten und opulente Gesangs- und Tanznummern, prächtige Kostüme und aufwendige Szenenbilder die Bühne beherrschten.

Gründer war der inzwischen verstorbene Donn Arden, der einst mit dem *Lido de Paris* im Stardust das erste Revuegirl in Las Vegas auftreten ließ: Am 30. Juli 1981 feierte Jubilee! seine Premiere. Die Anfangskosten von rund 10 Mio. $ schlossen die traumhaften Kostümentwürfe von Bob Mackie und Pete Menefee mit ein.

Das Ensemble besteht aus Sängerinnen, Tänzerinnen und den Darstellern dreier Varieténummern. Die Show umfasst sieben Akte mit Originalsongs und -choreografie und enthält Sequenzen, die niemals anderswo auf der Welt gezeigt wurden, u. a. *The Sinking of the Titanic* und *The Destruction of the Temple of Samson*. Schon die Bühne – eine der größten weltweit – ist einzigartig.

Jubilee! ist die letzte traditionelle Show am Strip

Jubilee!

WUSSTEN SIE DAS?
- Der Aufzug bringt die Personen und Requisiten in 30 Sekunden vom Untergeschoss auf die Bühne.
- Fast 100 Tänzerinnen, die Hälfte davon barbusig, sorgen hier für Unterhaltung.
- Wartung und Ersatz der Beleuchtungskörper kosten alleine 50 000 $ pro Jahr.
- Pro Woche werden knapp 2 t Trockeneis für Nebeleffekte verbraucht.
- Mit rund 900 kg gibt es hier die schwerste hydraulische Kulissenvorrichtung.
- Die *Titanic* ist eine exakte Nachbildung des Originalschiffes. Sie ist auf einem um 60 Grad geneigten beweglichen Boden befestigt.
- Der schwerste Kopfschmuck wiegt 16 kg.
- Zwei Frauen sind 75 Stunden pro Woche damit beschäftigt, die 325 Perücken für die Show in Ordnung zu halten.

Millionen von Dollars fließen regelmäßig in die Gestaltung neuer Bühnenbilder, Musik, Spezialeffekte, Beleuchtung, Choreografie und Kostüme. Auch das 1035 Zuschauer fassende Jubilee!-Theater bleibt dabei nicht unberücksichtigt.

Werbung für Jubilee! außen am Bally's

200 C4 ✉ Bally's Las Vegas, 3645 Las Vegas Boulevard South
☎ 702 7 77 27 82; www.ballyslasvegas.com ⊙ So–Mi 19 und 22, Do 19, Sa 22 Uhr; Reservierung empfohlen 58–120 $

BAEDEKER TIPP

- Da in den Shows die Darstellerinnen auch »oben ohne« auftreten, **müssen alle Zuschauer über 18 Jahre alt sein. (Ausweis/Pass** mitbringen!)
- Bei einer **einstündigen Backstage-Tour** (Mo, Mi und Sa 11 Uhr) führt Sie ein echtes **Jubilee!-Showgirl** durch die Kulisse der Veranstaltung. Sie können einen Blick in die Umkleidekabinen werfen und dürfen so viele Fragen stellen, wie Sie möchten (► 101).

Von Tropicana bis Flamingo

⭐ 10 Fountains of Bellagio

Spektakulär inszeniert und begleitet von Klängen, die von Luciano Pavarotti über Elvis Presley zu Frank Sinatra reichen, schießt das Wasser der Fontänen am Bellagio bis zu 75 m hoch in die Luft.

Spektakel und Statistik

Mehr als 1000 Fontänen »tanzen« vor dem Hotel, begleitet von Musik und hervorgehoben durch stimmungsvolle Beleuchtung. Mit über 75 Mio. l Wasser und einer Fläche von rund 3,5 ha gehören die Fountains of Bellagio zu den am besten choreografierten und mit Musik untermalten 🎁 **Wasserspielen** der Welt. Der See selbst ist rund 310 m lang und misst an seiner breitesten Stelle knapp 160 m.

Zum Lake Bellagio gehören drei verschiedene Arten von Düsen: *Oarsman*-Zerstäuberdüsen, Mini-Shooter und Super-Shooter. Alle drei können unabhängig voneinander, aber auch kombiniert zum Einsatz kommen. Die *Oarsmen* spritzen Wasser in einem beweglichen Strom bis zu 23 m hoch, wobei jede Düse einzeln programmierbar ist. Sie sind die einzigen Düsen, die auch die Richtung des Was-

Die Fountains of Bellagio bilden ein unvergessliches Zusammenspiel aus Wasser, Nebel und Lichtern

Fountains of Bellagio

DIE BESTE SICHT …
und die beste Chance auf ein gutes Foto vom Wasserspektakel hat man:
- vom Bürgersteig vor dem Hotel aus,
- wenn man in einem der Zimmer des Bellagio, die zum See hinaus liegen, wohnt – denn dann hat man eine uneingeschränkte Sicht und ist noch dazu ganz unter sich,
- von der Aussichtsplattform des Eiffelturms aus.

serstrahls verändern, die Fontänen also »tanzen lassen« können. Die Durchflussrate eines *Oarsman* liegt bei 530 l pro Minute.

Mini- und Super-Shooter schießen mithilfe von Luftkompressoren das Wasser senkrecht nach oben. Die Mini-Shooter erreichen 30 m, die Super-Shooter knapp 75 m Höhe. Beide Arten können jeweils nur Sekundenbruchteile betrieben werden, weil ihnen andernfalls das Wasser in den Reservoirs ausgeht. Wenn die *Oarsmen* 2,5 Sekunden lang mit voller Leistung arbeiten und gleichzeitig alle Shooter Wasser pumpen, befinden sich insgesamt 79 500 l in der Luft. Das heißt, ein durchschnittlich großer Swimmingpool wäre in 2,5 Sekunden voll. Im Hochsommer verliert der See pro Tag an die 380 000 l Wasser durch Verdunstung – das entspricht der Füllmenge von fünf Schwimmbecken pro Tag über die Dauer von drei Monaten!

Zu den Wasserspielen am Bellagio gehören auch ausgefeilte Nebel-, Beleuchtungs- und Audioanlagen. Zur Untermalung bestimmter Shows wird zusammen mit der Musik ein Nebelsystem aktiviert. Der Nebel entsteht, indem Wasser zu mehr als 5000 Düsen im See gepumpt wird, die das Wasser zerstäuben und einen eindrucksvollen Sprühnebel erzeugen. Da die Wasserspiele auch abends gezeigt werden, benötigt man natürlich auch eine Beleuchtung. Hierzu gibt es 4792 Lichtquellen; genug, um eine Stadt mit 20 000 Einwohnern mit Energie zu versorgen.

Das Klangsystem hat 55 900 W Ausgangsleistung. Durchschnittliche Rockkonzerte bringen es nur auf 10 000–30 000 W. Und das Beste: Die Show der Superlative ist für alle Las-Vegas-Besucher kostenlos!

200 C4   Bellagio, 3600 Las Vegas Boulevard South   702 6 93 71 11; www.bellagio.com   Mo–Fr 15–19 Uhr, halbstündlich; von 19–24 Uhr viertelstündlich; Sa, So ab 12 Uhr   frei

BAEDEKER TIPP

- Natürlich wirkt die Show aus jeder Perspektive beeindruckend. Von der Brücke aus, die zwischen dem Bally's und dem Bellagio den Strip überquert, lassen sich die **Wasserspiele von oben betrachten**.
- Hotelgäste des Bellagio können über den Fernsehkanal »22« die synchron auf die Fontänentänze abgestimmte **Musik** empfangen.
- Wenn Sie das feuchte Schauspiel während eines guten Essens genießen möchten, empfiehlt sich ein **Mittag- oder Abendessen** auf der Terrasse des Restaurants Mon Ami Gabi (▶ 99) im Paris Las Vegas: Es liegt direkt gegenüber der Fountains of Bellagio auf der anderen Straßenseite.

Von Tropicana bis Flamingo

🔴25 CityCenter

Seit seiner Eröffnung 2009 ist das CityCenter der größte und glamouröseste Komplex in Las Vegas. Zu ihm gehören Hotels, Restaurants, Bars, Clubs und einige der exklusivsten Geschäfte der Stadt.

Das CityCenter erstreckt sich über 31 ha am Strip zwischen den Resorts Monte Carlo und Bellagio. Das Gemeinschaftsprojekt von MGM Resorts International und Dubai World ist ein glänzendes und funkelndes Ensemble aus futuristischen Hochhäusern – ganz in der Tradition der beiden Unternehmen.

Die Hotels des CityCenter
Das CityCenter beherbergt drei luxuriöse, sehr unterschiedliche Hotels. Das schicke Mandarin Oriental Las Vegas (➤ 77) hat sich unter Geschäftsleuten und Prominenten bereits einen Namen gemacht. Versteckt neben dem Crystals, der Einkaufs- und Vergnügungsmeile des CityCenter, ist es ohne eigenes Kasino eine Oase der Ruhe am betriebsamen Strip. Ganz anders verhält es sich beim 61-stöckigen ARIA (➤ 76), das mit 4004 Zimmern aufwartet: Mit 16 Restaurants, großem Kasino und der beliebten Cirque-Du-Soleil-Show »Zarkana« ist es nicht gerade bescheiden. Das Vdara (2600 West Harmon Avenue; Tel. 866 7 45 71 11; www.vdara.com) ist ein kleines, komplett rauch- und spielfreies Boutiquehotel, das ausschließlich Suiten anbietet. Auf der Dachterrasse befindet sich ein Pool und ein Wellness-Spa. Dagegen wurden die Bauarbeiten an dem als Boutique-Hotel vorgesehenen Harmon Tower nach Bekanntwerden schwerer Konstruktionsmängel eingestellt. Nun wurde entschieden, den Turm wieder abzureißen, was möglicherweise erst Ende 2015 abgeschlossen sein wird.

Die Crystals Shops
Wenn man den Strip hinunterschlendert, ist das Crystals (➤ 29) kaum zu übersehen: Das mit einem gigantischen

Das futuristische CityCenter

CityCenter

Glasbaldachin überspannte Shoppingparadies ist einem Quarzkristall nachempfunden. Kauflustige (und Spaziergänger) finden hier die teuersten Marken der Stadt unter einem Dach – z. B. einen der weltweit größten Louis-Vuitton-Läden oder Shops von Prada, Lanvin, Gucci, Roberto Cavalli, Ermenegildo Zegna, Tom Ford, Versace, Miu Miu, Paul Smith und Carolina Herrera. Auch exklusive Schmuckhändler wie Tiffany & Co., Van Cleef, Christian Dior und Cartier sind auf den drei Etagen der Mall vertreten.

Das Nachtleben

Zum Ausgehen ist das CityCenter genau der richtige Ort: Zu den Spitzenrestaurants gehören das Jean Georges Steakhouse und Sage im ARIA (▶ 33, 76), Twist by Pierre Gagnaire im Mandarin Oriental (▶ 43) sowie das glamouröse, zeitgenössische pan-asiatische Kühe anbietende Social House (▶ 33) im Crystals. Der Haze Nightclub und der GOLD Nightclub and Lounge, mit üppigem Interieur, aber lässiger Atmosphäre, zählen zu den angesagten Szeneclubs. Beide sind im ARIA zu finden.

Innen reihen sich Hotels, Geschäfte, Restaurants, Clubs und Lounges aneinander

✚ 200 C3 ✉ CityCenter liegt zwischen den Resorts Bellagio und Monte Carlo, zwischen Las Vegas Boulevard South und Frank Sinatra Drive
☎ www.citycenter.com; www.crystalsatcitycenter.com

BAEDEKER TIPP

- Überall im CityCenter lassen sich **beeindruckende Kunstobjekte** bewundern. Beispielsweise die Skulptur »Feeling Material XXVIII« von Anthony Gormley im ARIA-Resort: Eine 2,5 m hohe Stahlspirale windet sich um eine menschliche Silhouette.
- Obwohl das milliardenteure CityCenter so einige Rahmen sprengt, kann man es überraschenderweise auch unter dem Gesichtspunkt »**umweltfreundliches Bauen**« besuchen. Ein Novum in Las Vegas: Alle Gebäude wurden vom US Green Building Council mit dem goldenen LEED-Zertifikat klassifiziert. Die Baufirmen haben viel Müll direkt vor Ort recycelt, außerdem wurde auf sehr sparsamen Wasserverbrauch geachtet und Holz aus nachwachsenden Wäldern verarbeitet.

Von Tropicana bis Flamingo

🆖 Le Boulevard

Zum Le Boulevard gehören rund 20 Boutiquen im französischen Stil, die die kopfsteingepflasterten Gassen säumen. Als Teil der Paris-Las-Vegas-Experience bietet er echte französische Markenartikel und somit einen Eindruck europäischer Lebensart.

Pariser Flair
Die Fassaden der Geschäfte erinnern jeweils an ein Pariser Bauwerk und künstliche Patina lässt das Ganze auch zeitgemäß verwittert wirken. Moos überzieht die Backsteinmauern, vor den Fenstern hängen Blumenkästen – das Ganze entspricht genau dem, was Amerikaner sich unter europäischem Charme vorstellen, ist aber auch für Europäer durchaus reizvoll.

Die Le Boulevard Shops umfassen eine Reihe Geschäfte, dann erreicht man Paris mit Terrazzoböden und herrlichem Brunnen. Eine Treppe führt hinauf zu einer Buntglaskuppel über einem Mosaikboden. Boutiquen säumen die Wege des Boulevards.

Bally's-Paris-M&M's World Las Vegas Promenade umfasst u. a. das Schmuckgeschäft Clio Blue, L' Art de Paris (eine Art Museumsshop), La Menagerie de Paris (Bekleidungsgeschäft), Lunettes (Sonnenbrillen und Accessoires), Paris Line (Designermode für Damen) und Le Paradis (Schmuck und Kristall). Ebenfalls in diesem Teil liegt die Burger Brasserie (3655 Las Vegas Boulevard South; Tel. 702 9 46 43 46; tägl. 11–24 Uhr), eine gemütliche Kneipe, in der Burger aus bestem Kobe-Fleisch, Lobster Burger und Bio-Salate aufgetischt werden.

Kulinarische Genüsse wie in Frankreich
Auf der »Pariser« Seite der Einkaufspassage erwartet Sie **Napoleon's Dueling Piano Lounge** (▶93): Clubatmosphäre mit Piano-Jazz, Zigarren-Lounge, warmen und kalten Hors

Ganz wie in Frankreich: Le Boulevard in Paris Las Vegas

Le Boulevard

d'oeuvres, französischen und anderen Weinen und Bieren und einem begehbaren Humidor. La Boutique verführt mit Designermode von Gucci und Fendi. Les Eléments bietet Geschenke für Haus und Garten. Und La Vogue lockt die Damenwelt mit französischer Unterwäsche und Parfüms.

Gordon Ramsay Steak ist der Neuzugang im Paris Las Vegas, kein französisches Restaurant, doch dafür eines unter der Ägide des strengen Starkochs aus der turbulenten TV-Serie »Hell's Kitchen«. Erstklassige Steaks sind die Stars, zudem werden hier das frischeste Seafood der Stadt und französisch inspirierte Beilagen serviert.

Es gibt **verschiedene Restaurants**, darunter Le Village Buffet, das Gerichte aus fünf französischen Regionen und französische Küche auf Bestellung bietet. Le Provençal, ein französisches Restaurant mit italienischem Einschlag, bietet eine offene Küche und gut aufgelegte Kellnerinnen und Kellner.

KLEINE PAUSE

In JJ's Boulangerie (Tel. 702 9 46 70 00; tägl. 7–24 Uhr; $) sitzt man mitten in einer französischen »Bäckerei« und lässt sich Sandwiches aus ofenwarmem Brot sowie Gebäck, Croissants, Salate oder Suppen schmecken.

🏨 201 D4 ✉ Paris Las Vegas, 3655 Las Vegas Boulevard South
☎ 702 9 46 70 00; www.parislasvegas.com 🕐 tägl. 10–23 Uhr (je nach Geschäft verschieden)

BAEDEKER TIPP

- Sobald Sie über die Kasinoebene des Hotels Paris Las Vegas den Boulevard erreicht haben, sehen Sie die Füße des 165 m hohen **Eiffel Tower**.
- **Im Restaurant Le Provençal** (Tel. 877 3 46 46 42; tägl. 17–22.30 Uhr; $$) lassen die Bedienungen zu bestimmten Zeiten alles stehen und liegen und unterhalten ihre Gäste mit Gesang.

Von Tropicana bis Flamingo

Nach Lust und Laune!

Tiesto bringt die Stimmung im Hakkasan zum Kochen

27 Hakkasan

Ein Monster- oder vielmehr Megaclub ist dieser Nachfolger des beliebten Studio 54 im MGM Grand. Im Frühjahr 2013 nach Umbauarbeiten, die rund 100 Mio. Dollar kosteten, eröffnet, bietet das Hakkasan auf fünf Etagen Lounges, Clubs, und ein Restaurant. Hinzu kommt natürlich auch noch eine riesige Tanzfläche, auf der professionelle Zocker ebenso abtanzen wie partyfreudige Urlauber. Kunst und Animation durch Licht- und Spezialeffekte, wo man nur hinsieht – das passende Biotop für die beeindruckende Riege von amerikanischen und internationalen Spitzen-DJs/Producern, die hier auflegen, allen voran Steve Aoki, Bingo Players und Tiesto.

200 C3 MGM Grand, 3799 Las Vegas Boulevard South ☎ 702 8 91 38 38; www.hakkasanlv.com Do–Fr, So ab 22, Sa ab 21 Uhr Herren ab 30 $, Damen ab 20 $

28 M&M's World Las Vegas

Der süße Geschmack des Erfolgs erwartet Sie in M&M's World, und zwar in Gestalt eines vierstöckigen Schokoladendenkmals, dem Traum eines jeden Schleckermäulchens. Der interaktive Einkaufs- und Unterhaltungskomplex bietet mehrere tausend Original-M&M-Artikel, ein 3-D-Kino und M&M's-Racing-Team-Store, Colorworks (mit 21 verschiedenfarbigen Schoko- und Peanut-M&Ms) sowie mit Ethel M. Chocolates die ultimative Gourmet-Schokoladen-Boutique.

Außerdem gibt es die Showcase Mall, einen Food-Court mit den Restaurants Wendy's Subway, Del Taco, Starbucks und La Salsa. Dazu kommen noch ein Internetcafé, ein zweistöckiger Adidas-

Nach Lust und Laune!

Outlet, die Grand Canyon Experience (im Grunde ein Geschenke-Shop) und der Everything Coca-Cola Store, ein mit einer riesigen Coca-Cola-Flasche verziertes Geschäft, das alles rund ums Thema Coca-Cola bietet.
🗺 200 C3 ✉ Showcase Mall, 3785 Las Vegas Boulevard ☎ 702 7 36 76 11; www.mmsworld.com ⏰ tägl. 9–24 Uhr 💰 frei

㉙ Harley-Davidson Café
Motorradfans und -freaks kommen in diesem Themenrestaurant wirklich auf ihre Kosten: Drei Etagen voller Motorrad-Memorabilien, dazu ein Fließband mit verschiedenen Motorrädern, darunter ein Knight Rider und ein Gatboy. Das Harley-Davidson Café präsentiert mit großem Stolz sogar eine Maschine, die Elvis gefahren hat. Die Wände schmücken Andenken anderer Stars, etwa eine Zeichnung von Jimi Hendrix und eine handsignierte Lederkombi von Cher. Im Hauptgeschoss gibt es Speisen und Getränke, im oberen Bereich kann man sich hinsetzen und beispielsweise während eines Frühstücks das Geschehen am Strip beobachten.
🗺 200 C3 ✉ 3725 Las Vegas Boulevard South an der Harmon Avenue ☎ 702 7 40 45 55; www.harley-davidsoncafe.com ⏰ So–Do 9–23, Fr, Sa 9–24 Uhr 💰 $$

㉚ Purple Reign – The Prince Tribute Show
Ist er es nun, oder ist er es nicht? Nach einer Stunde spektakulärer Bühnenshow mit Tänzern und Live-Musikern und Hits wie »Purple Rain«, »1999« und natürlich dem erotischen Funk-Stück »Kiss« ist man sich nicht mehr sicher, ob der zierliche, über die Bühne wirbelnde Mann der geniale Musiker

Der Eingang ins Harley-Davidson Café ist bei Dunkelheit noch beeindruckender

Von Tropicana bis Flamingo

Ein Highlight im Harley-Davidson Café (▶ 91) ist die 10 t schwere Kettenflagge Prince ist, oder sein kaum weniger talentierter Imitator Jason Tenner. Die Power und erotische Energie von Prince, der einen Oscar, einen Golden Globe und mehrere Grammys gewonnen hat, kommt auch beim Alter Ego Tenner glänzend herüber. Freuen Sie sich also auf einen aufregenden Abend mit einem Royal der Rockgeschichte – und auf jede Menge Blues, Soul, Rap und Funk.

🏠 200 C4 ✉ Sin City Theatre (im Planet Hollywood Resort), 3667 Las Vegas Boulevard South ☎ 702 7 77 77 76; www.purplereign.net 🕐 Shows: Do–So 22.30 Uhr 💲 Tickets ab 47,50 $

31 The Joint

Dieser Veranstaltungsort hat seit seiner Eröffnung im Jahr 2009 eine ganze Reihe großer Stars auf seine moderne Bühne geholt. Wenn Sie nicht inmitten der Publikumsmassen mitfiebern möchten, können Sie auch mit einem Sitzplatz auf einem der Balkone vorliebnehmen oder einen der Tische auf Bühnenhöhe reservieren, die einen guten Blick auf die Bühne sowie Bedienservice bieten. Wer es ganz dekadent und protzig mag, mietet eine Luxussuite des Hotels und sieht dem Star über einem Plasmabildschirm zu. Santana, Mötley Crue, Guns N' Roses und Def Leppard sind hier Stammgäste.

🏠 201 E3 ✉ Hard Rock Hotel & Casino, 4455 Paradise Road (Ecke Harmon Avenue) ☎ 702 6 93 50 00; www.thejointlasvegas.com 🕐 je nach Event verschieden 💲 je nach Event ab ca. 40 $, teilweise auch deutlich teurer

32 Eiffel Tower Visit & Restaurant

Auch wenn es natürlich kein richtiges Fahrgeschäft ist, macht die Fahrt hinauf zur Spitze des »Eiffelturms« des Paris Las Vegas jede Menge Spaß. Der Nachbau ist genau halb so hoch wie das Original. Von der Aussichtsplattform im 46. Stock hat man einen atemberaubenden Blick über Las Vegas und die umliegenden Berge; besonders spektakulär wird es bei

Nach Lust und Laune!

Einbruch der Dämmerung, wenn am Strip die Lichter angehen.

Elf Etagen über dem Strip liegt das vornehme – und teure – Eiffel Tower Restaurant & Bar. Das Dekor ist im Techno-Disco-Design mit etwas Art déco gehalten. Melden Sie sich unten am Schalter an und fahren Sie dann mit dem Glaslift hinauf ins Lokal, wo Sie von freundlichem Personal an Ihren Tisch begleitet werden. Die Küche ist französisch, der Ausblick überwältigend.

201 D4 ✉ Paris Las Vegas, 3655 Las Vegas Boulevard South ☎ 702 9 46 70 00; www.parislasvegas.com ◉ Eiffel Tower Visit: 9.30–0.30 Uhr; Restaurant: Abendessen So–Do 17–22.30, Fr–Sa bis 23 Uhr. Bar u. Lounge tägl. 11.30–24 Uhr 🎫 Eiffel Tower Visit 9.30–19.15 Uhr: 11,50 $, 19.15–0.30 Uhr, Sa–So bis 1 Uhr: 16.50 $. Restaurant: $$$

33 Napoleon's Lounge

Wo Rauch ist, da ist auch eine Zigarren- und Pfeifenraucher-Lounge – zumindest im Paris Las Vegas, wo Napoleon Hof hält. Diese Champagner-Bar bietet warme und kalte Hors d'oeuvres, französische Weine und Biere sowie Liveunterhaltung in Form eines Jazztrios, das allabendlich von 21 bis 1 Uhr spielt.

Das Foyer der Bellagio Gallery of Fine Art

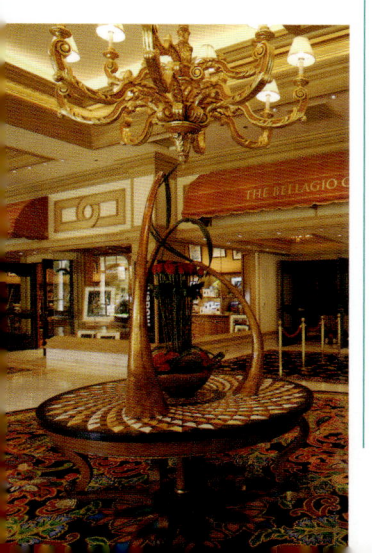

Im Napoleon's bekommen Sie eine Auswahl guter Zigarren, darunter Opus X aus der Dominikanischen Republik und Padron aus Nicaragua. Der Tabak für die kubanische Cao stammt aus der Dominikanischen Republik und Nicaragua, die auch eine nach dem französischen Kaiser benannte Zigarre herstellt. Happy Hour ist von 16 bis 21 Uhr.

201 D4 ✉ Paris Las Vegas, 3655 Las Vegas Boulevard South ☎ 702 9 46 70 00; www.parislasvegas.com ◉ tägl. 16–1 Uhr

34 Bellagio Gallery of Fine Art

Bei der Eröffnung der Bellagio Gallery of Fine Art, der ersten Galerie am Strip, wurde deutlich, dass Kunst in Las Vegas nicht länger wie ein Stiefkind behandelt wird. Die Galerie, die sich nicht selbst finanzieren muss, präsentiert pro Jahr zwei hochwertige Wechselausstellungen mit Leihgaben namhafter Museen aus der ganzen Welt. Jede Ausstellung läuft sechs Monate. Eine Audioführung ist im Eintrittspreis inbegriffen; Sie können also vor jedem Kunstwerk stehen bleiben und interessante Details über das jeweilige Kunstobjekt anhören. Ergänzend gibt es einen Museumsladen, in dem z. T. sehr schöne Nachbildungen aus den verschiedenen Sammlungen zum Verkauf stehen.

200 C4 ✉ Bellagio, 3600 Las Vegas Boulevard South ☎ 702 6 93 71 11; www.bellagio.com ◉ Galerie und Laden: tägl. 10–19 Uhr 🎫 16 $

35 Bellagio Shops

Hier sind Zeitloses und Avantgardistisches, Schlichtes und Extravagantes unter einem Dach vereint. Die Via Bellagio, die Einkaufspassage des First-Class-Hotels, bietet eine einzigartige Zusammenstellung von Nobelboutiquen. Noch nie zuvor hat man die bekannten Firmen, die Geschäfte in der Via Bellagio unterhalten, so dicht bei-

93

Von Tropicana bis Flamingo

Nobelboutiquen in großer Zahl in der Einkaufspassage Via Bellagio

sammen gesehen. Giorgio Armani etwa präsentiert seine Armani-Kollektion normalerweise nur exklusiv, dasselbe gilt für Chanel, Hermès und Prada.

Dennoch ist es in der Via Bellagio gelungen, sie unter einem Dach zu vereinen. Schau- und Kauflustige können das Angebot von Bottega Veneta, Dior, Prada, Fendi, Hermès, Giorgio Armani, Gucci, Tiffany & Co., Louis Vuitton und Chanel vergleichen oder die kostbaren Uhren von Breguet kaufen.

✚ 200 C4 ✉ Bellagio, 3600 Las Vegas Boulevard South ☎ 702 6 93 71 11; www.bellagio.com/shopping/via-bellagio.aspx ⏰ tägl. 10–24 Uhr

36 O

Diese Show hat einen einzigen Star: Wasser, und zwar 5,7 Mio. l davon. O – der Titel wird wie *eau* ausgesprochen, das französische Wort für Wasser – ist eine ehrfürchtig stimmende Show des berühmten Cirque du Soleil, der mit insgesamt acht Shows in Las Vegas vertreten ist. Mit O, dem ersten Ausflug von Cirque du Soleil ins nasse Element, hat das berühmte Performing-Arts-Ensemble neue Maßstäbe gesetzt. Von dem Augenblick an, in dem sich der Vorhang öffnet und den Blick auf eine waldartige Landschaft freigibt, beginnen auch die Mysterien von O: Böden verschwinden in Wasserflächen, Wände lösen sich im Sprühnebel auf. Die insgesamt 85 Synchronschwimmer, Taucher, Schlangenmenschen und Trapezkünstler vollbringen fantastische Leistungen auf dieser »flüssigen« Bühne, die sich binnen Sekunden von einem Wasserkörper in einen anderen verwandelt.

O, eine wahre Fantasie mit geradezu traumhaften Elementen, ist grandiose Kunst in Bewegung. Bewegungen, nicht Worte, erzählen die Handlung in symbolhafter Schönheit. Wie *Mystère* im Treasure Island entführt auch diese Show den Zuschauer in eine andere Welt.

✚ 200 C4 ✉ Bellagio, 3600 Las Vegas Boulevard South ☎ 702 6 93 88 66; www.bellagio.com ⏰ Shows: Mi–So 19.30 und 22 Uhr 💰 ab 98,50 $

Nach Lust und Laune!

Die Glam-Metal Band Ratt bei einem Auftritt im Monte Carlo Pub

37 Monte Carlo Pub

Wenn Sie gern Bier trinken, werden Sie sich hier sicher wohlfühlen. Im Monte Carlo Pub haben Sie die Möglichkeit, sich in wunderbar altmodischer Atmosphäre zwischen riesigen Kupferkesseln ein Bier zu genehmigen und dazu einen Happen zu essen. Die solide Speisekarte bietet Ofenpizzen, Sandwiches, Wurstplatten, Burger und Salate, aber auch die Brezeln mit Senf ergänzen den Biergenuss optimal. Im Sommer werden die Gerichte auf der Terrasse mit Blick über den beeindruckenden Poolbereich serviert. Sonntags gibt es ab 19.30 Uhr Livemusik mit Zowie Bowie, einem Gesangsduo, das sich seinen Namen von David Bowies Sohn »geborgt« hat. Die Mini-Brauerei produziert sechs verschiedene Biersorten, die alle den Namen Monte Carlo tragen, darunter High Roller Red (vollmundiges Helles), Las Vegas Lite, Winter Wheat (amerikanisches Weizen), Silver State Stout (traditionelles irisches Bier) und ein »Brewmaster's Special«, das monatlich wechselt.

200 C3 Monte Carlo, 3770 Las Vegas Boulevard South 702 7 30 77 77; www.montecarlo.com So–Do 11–23 Uhr frei

38 Blue Man Group

Die oft avantgardistisch genannte Show mit den drei stummen, blau maskierten Männern gehört seit vielen Jahren zu den absoluten

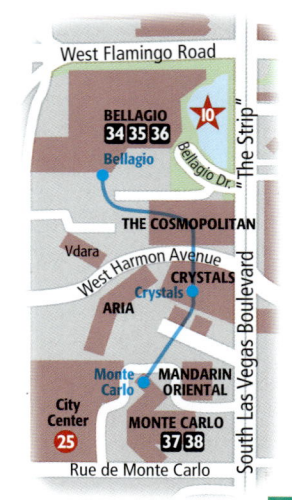

Von Tropicana bis Flamingo

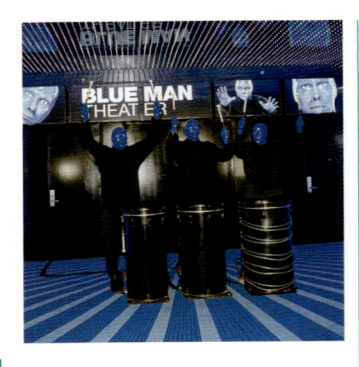

Die Blue Man Group präsentiert sich vor dem Blue Man Theater im Monte Carlo

Must-Sees in Las Vegas. Aus einer Gruppe engagierter Performance-Künstler entstanden, wurde sie inzwischen in aller Welt von über 25 Mio. Menschen gesehen. Über die Jahre wurde die fantasievolle Show immer wieder erneuert und ergänzt. Seit 2012 residiert sie im Monte Carlo, wo sie mit einem Mix aus High Tech und intelligenten Clownerien und dem kreativen Einsatz von Multi-Media-Elementen und Live-Percussionists die Besucher zu spontanem Beifall mitten in den Szenen hinreißen. Dabei ist es von jeher das erklärte Ziel der Blue Man Group, die Zuschauer in die Show miteinzubeziehen und eine ausgelassene Party-Atmosphäre zu schaffen.

200 C3 | 3770 Las Vegas Boulevard South 702 6 97 16 55; www.blueman.com Di–Sa 21.30 Uhr | ab 84 $

❸❾ The Roller Coaster of the New York-New York

Schneller als eine Gewehrkugel, kraftvoller als eine Lokomotive und fähig, selbst hohe Gebäude (und die Freiheitsstatue) zu überwinden ... das ist die unglaubliche Achterbahn des New York-New York. Mit über 100 km/h jagen die Wagen rund um die Wolkenkratzer und Miss Liberty und stellen die Welt dabei mitunter buchstäblich auf den Kopf. Das Action-Fahrgeschäft lässt die Fahrgäste nachfühlen, was ein Pilot beim Fliegen einer Schraube empfindet. In diesem Abschnitt dreht sich der Zug um 180 Grad und lässt die Mitfahrenden 25 m über dem Kasinodach hängen, um anschließend in einen Looping überzugehen. Versuchen Sie, sich zumindest während der letzten paar Sekunden ein Lächeln abzuringen – dann werden nämlich Fotos geschossen.

200 C3 | New York-New York, 3790 Las Vegas Boulevard South 702 7 40 69 69; So–Do 11–23, Fr, Sa 19.30–24 Uhr 14 $

❹⓿ Zumanity – The Sensual Side of Cirque du Soleil

Die als »sinnliche Seite des Cirque de Soleil« angekündigte Show voller Sex-Appeal richtet sich ausschließlich an Erwachsene. Zwei barbusige Damen eröffnen die Vorstellung mit akrobatischen Kunststücken innerhalb und außerhalb eines riesigen Wasserbeckens. Ihnen folgen Burlesque-Tänzerinnen, ein nur wenig Fantasie abverlangendes, doch wunderschönes Liebesspiel zwischen Gleichgeschlechtlichen sowie ein Striptease eines gut gebauten Tänzers. Kostüme, Make-up und Musik sind fantastisch und auch die Mischung aus Posse und Erotik stimmt.

200 C3 | New York-New York, 790 Las Vegas Boulevard South 702 7 40 68 15; www.zumanity.com Fr–Mi 19.30 und 22 Uhr | ab 70 $

Nach Lust und Laune!

Nervenkitzel im Roller Coaster des New York-New York

Von Tropicana bis Flamingo

Wohin zum ...
Essen und Trinken?

Preise
Die Preise gelten für ein Essen ohne Getränke, Steuern und Service:
$ unter 30 $ $$ 30–60 $ $$$ über 60 $

RESTAURANTS

Le Café Ile St. Louis $
Boeuf Bourguignon, Steak frites und Coq au vin: In diesem hübschen, einem Pariser Straßencafé nachempfundenen Restaurant im Paris Las Vegas mag mancher eine geografische Amnesie erleiden. Dabei helfen nicht zuletzt auch die Pariser Fin-de-Siécle-Häuser nachempfundenen Kulissen. Auch die Speisenkarten sind auf Französisch: »Mets Accompagnateurs« bedeutet Beilagen, informieren englische Untertitel. Doch da man in den USA ist, werden Kompromisse gemacht. So bekommen Sie auch hier *scrambled eggs* und müssen nicht *oeufs brouilles* bestellen.
201 D4 ✉ 3655 Las Vegas Boulevard South
☎ 702 9 46 70 00, www.parislasvegas.com
Frühstück/Lunch/Abendessen tägl. 6–23 Uhr

Emeril's New Orleans Fish House $$$
Freunde der kreolischen und Cajun-Küche treffen sich in diesem Lokal im MGM Grand, wo Küchenchef Emeril Lagasse sein beliebtes Restaurant aus New Orleans wiederaufleben lässt. Die Atmosphäre – blaue Farben, Holz und Metallskulpturen – ist elegant und entspannt, manchmal kann es aber etwas laut werden. Am beliebtesten sind die Barbecue Shrimps, gefolgt von Jumbo Shrimp in Schinken, Kalbsfilet und Knoblauch-Schweine-Koteletts. Der Banana Cream Pie mit Karamell ist eine dekadente Versuchung.
200 C3 ✉ MGM Grand Hotel & Casino, 3799 Las Vegas Boulevard South ☎ 702 8 91 73 74; www.emerils.com tägl. 11.30–14.30, 17–22 Uhr; Bar und Café 11.30–22 Uhr

Gandhi Indian Bistro $$
Las Vegas kommt Ihnen vielleicht nicht als Erstes in den Sinn, wenn Sie an indische Gourmet-Küche denken, doch dürfen Sie sich durchaus positiv überraschen lassen. Nehmen Sie sich genug Zeit, um das Angebot dieses exzellenten, nur wenige Straßen von den üblichen Touristenpfaden entfernten Lokals zu genießen. Als Vorspeise eignet sich die Papadam-Variation (hauchdünn frittierte Fladen), dazu pikante Minzsauce, mit Koreander, Frühlingszwiebeln, Paprikaschoten und Ingwer. Hauptgerichte können mit verschiedenen Komponenten kombiniert werden, so z. B. das Garnelen-Curry – mit Samosas (vegetarischen Teigtaschen), Fladenbrot und Reis – oder Thali mit regionalen indischen Zutaten; beide Gerichte mit Dessert.
201 F4 ✉ 4080 Paradise Road
☎ 702 7 34 00 94; www.gandhicuisine.com
tägl. 11–14.30, 17–22.30 Uhr

Michael Mina $$$
Einer der Höhepunkte des Bellagio – und mit Blick auf das Conservatory (▶ 101). Mit kostbaren Hölzern, Terrazzofliesen und exotischen Textilien ist die Atmosphäre weniger formell als in anderen Bellagio-Restaurants, die Küche aber experimenteller. Das Lokal serviert die modernsten Meeresfrüchtegerichte der Stadt. Highlights sind ein Muschelsoufflé, Muscheln mit Feigen und ein Hummer-Pie. Die Speisekarte

Wohin zum ...

wechselt sehr häufig. Interessant ist auch das Festpreismenü. Für Vegetarier gibt es ein verführerisches Fünf-Gänge-Menü.

✚ 200 C4 ✉ Bellagio, 3600 Las Vegas Boulevard South ☎ 702 6 93 88 65; www.bellagio.com ⏰ Abendessen So–Do 17.30–22, Fr–Sa 17.30–22.15 Uhr

Mon Ami Gabi $$

Die einzige Gelegenheit, am Strip draußen zu essen. Hier können Sie in französischem Ambiente ausgezeichnet speisen und das Treiben auf der Straße beobachten. Die besten Tische (sofern das Wetter mitspielt) stehen auf der Veranda. Man sitzt unter funkelnden Lichtern und blickt auf das Trottoir und die Fountains of Bellagio. Wer es süß mag, muss unbedingt ein Dessert probieren. Vor allem die Backwaren sind eine Sünde wert.

✚ 201 D4 ✉ Paris Las Vegas, 3655 Las Vegas Boulevard South ☎ 702 9 44 42 24; www.monamigabi.com ⏰ Mo–Do, So 7–23, Fr–Sa 7–24 Uhr

Nobu Las Vegas $$$

Seit dieses preisgekrönte New Yorker Restaurant eine Dependance in Las Vegas eröffnete, gibt es hier das beste Sushi der Stadt. Nobu ist der Ort zum Sehen und Gesehenwerden; die Gäste sind vornehm und schick, ebenso das minimalistische Ambiente. Knabbern Sie *edamame* (Sojabohnen), während Sie die Karte studieren, auf der Fisch- und Meeresfrüchtegerichte dominieren. Zum Nachtisch sollten Sie den Brotpudding mit Birne probieren.

✚ 201 F3 ✉ Hard Rock Hotel & Casino, 4455 Paradise Road ☎ 702 6 93 50 90; www.hardrockhotel.com ⏰ Abendessen So–Do 18–22.30, Fr–Sa 18–23 Uhr

Picasso $$$

Feinschmecker sollten unbedingt einmal im Picasso im Bellagio schlemmen: Es gehört zu den besten Gourmet-Lokalen der Stadt. Der dezente, elegante Raum überblickt den See und die Wasserspiele, doch selbst dies verblasst neben den Picassos, deren Wert man auf mehr als 50 Mio. $ schätzt. Inspiriert von der Küche Südfrankreichs und Spaniens, wo Picasso den größten Teil seines Lebens verbrachte, bietet das Festpreismenü u. a. Salat vom Maine-Hummer mit Champagner-Vinaigrette und *fois gras*. Die Weinkarte enthält viele europäische Weine.

✚ 200 C4 ✉ Bellagio, 3600 Las Vegas Boulevard South ☎ 702 6 93 88 65 ⏰ Abendessen Mi–Mo 17.30–21.30 Uhr

Tom Collichio's Craftsteak $$$

Fleisch, das auf der Zunge zergeht wie Butter, dazu bemerkenswert gute Beilagen, eine große Weinkarte und – so Experten – die anspruchsvollste Auswahl an schottischen Malt Whiskeys: Die Kritiker sind sich einig. Hier gibt es die besten Steaks am Strip! Hinzu kommt ein klassisches, fast schon nüchternes Interieur, das alles zu tun scheint, um nicht vom Grund des Besuches abzulenken. Nach dem Trubel an den Spieltischen eine Wohltat!

✚ 200 C3 ✉ 3799 Las Vegas Boulevard South ☎ 702 8 91 73 18; www.mgmgrand.com ⏰ Abendessen So–Do 17.30–22, Fr, Sa 17.30–22.30 Uhr

BÜFETT-LOKALE UND CAFÉS

The Buffet at Bellagio $$

Dieses Büfett-Lokal gilt als eines der besten der Stadt. In einem Ambiente, das an einen europäischen Marktplatz erinnert, kann man über ein Dutzend internationale Küchen probieren, darunter Gerichte aus der von Fisch- und Meeresfrüchten geprägten amerikanischen, aus der japanischen, chinesischen und italienischen Küche. Auch Wein und Bier werden ausgeschenkt, Samstag und Sonntag gibt es die Möglichkeit zu einem Sektbrunch.

✚ 200 C4 ✉ Bellagio, 3600 Las Vegas Boulevard South ☎ 702 6 93 71 11; www.bellagio.com ⏰ Frühstück Mo–Fr 7–11 Uhr; Mittagessen Mo–Fr 11–15.30 Uhr; Abendessen So–Do 15.30–22 Uhr

Von Tropicana bis Flamingo

Il Fornaio $
Die wunderbar zum Frühstücken oder für einen kurzen Lunch geeignete Bäckerei des New York-New York bietet ihren Gästen frische Pastetchen, Muffins, Desserts, Säfte, Kaffeespezialitäten, Suppen, Salate und Sandwiches. Ein Espresso-Mocha-Scone macht Sie für die nächsten paar Stunden quicklebendig.
🗺 200 C3 ✉ New York-New York Hotel & Casino, 3790 Las Vegas Boulevard South ☎ 702 7 40 65 00; www.nynyhotelcasino.com/restaurants 🕐 So–Do 7.30–24, Fr–Sa 7.30–1 Uhr

🍴 Rainforest Café $$
Kleine wie große Kinder werden es lieben, in einer Urwald-Atmosphäre zu frühstücken, zu Mittag oder Abend zu essen. Inmitten einer perfekt dem Regenwald nachempfundenen Kulisse – etwa neben donnernden Wasserfällen oder einem Riesenaquarium – kann man sich exotische Leckereien wie *Caribbean shrimp*, *Tribal salmon* (Lachs) und *Jungle chop salad* schmecken lassen.
🗺 200 C3 ✉ MGM Grand, 3799 Las Vegas Boulevard South ☎ 702 8 91 85 80; www.mgmgrand.com 🕐 So–Do 8–23, Fr, Sa 8–24 Uhr

BAR

Gordon Biersch Las Vegas $
Das Publikum in diesem traditionellen Brauerei-Restaurant ist bunt gemischt. Freiliegende Leitungen und schimmerndes Brauerei-Equipment geben den Ton an. Die Bierarten wechseln je nach Jahreszeit und reichen von diversen Hellen über Hefeweißbiere bis zu dunklen Stouts. Später am Abend spielen lokale Livebands. Essen gibt es auch, doch die meisten Gäste kommen hierher, um ein Bier zu trinken.
🗺 201 F4 ✉ 3987 Paradise Road und Flamingo Road ☎ 702 3 12 52 47; www.gordonbiersch.com 🕐 So–Do 11–24, Fr, Sa 11–1 Uhr

Wohin zum... Einkaufen?

Das umfassendste Angebot auf diesem Abschnitt des Strip haben die großen Malls, z. B. die Shops im Bellagio (P93), die Miracle Mile und Le Boulevard (P88) im Paris Las Vegas. Einige Kasinos bieten aber auch kleinere, durchaus attraktive Einkaufsbereiche mit mitunter ungewöhnlichen Souvenirs.

Im **MGM Grand** (3799 Las Vegas Boulevard South; Tel. 702 891 11 11) gibt es zwei Shopping-Arkaden. Die meisten Geschäfte führen die für Kasinohotels typischen Waren, doch einige heben sich davon ab. In wie Nachbarschaften oder Stadtviertel konzipierten Abschnitten wie »The District« oder »The Underground«, befinden sich Geschäfte wie die **Watch Boutique** mit preiswerten, aber schönen Uhrenmodellen von Designern wie Cartier, Gucci oder Bulgari. Aber auch edelsteinbesetzten Schmuck gibt es zu erstehen.

Das **Grand Candy** ist die Adresse schlechthin für Naschkatzen, denen sündhaft süße Cremetörtchen oder, etwas gesünder, in Schokolade getauchte Obststückchen zur Auswahl stehen. Vielleicht finden Sie auch etwas für Ihre Lieben zu Hause.

Ein Stückchen den Strip hinauf vom MGM präsentiert die **Showcase Mall** u. a. **M&M's World** (▶90; 3785 Las Vegas Boulevard South; Tel. 702 7 40 25 20; So–Do 9–23, Fr, Sa 9–24 Uhr). Hier erwarten Sie ver-blüffende Variationen der Süßigkeit. Einen kleinen Bereich nimmt Ethel M. Chocolates ein. Die z. T. mit Alkohol gefüllten Pralinen sind ein Muss für jeden »Schokoholic« (bzw. für alle, die ein Mitbringsel für einen solchen suchen). Wer Lust und Zeit hat, kann auch die Fabrik besichtigen

Wohin zum ...

(in Henderson; 2 Cactus Garden Drive; Tel. 702 4 35 26 55; www.ethelm.com). Vor dem Gebäude liegt ein riesiger Kakteengarten.

Die **Street of Dreams** im Monte Carlo ist nicht so groß wie die meisten Kasinohotel-Einkaufsbereiche; im Normalfall hat man alles gesehen, bis der Tisch im **Monte Carlo Pub** frei wird. Bei **Harley-Davidson of Las Vegas** bekommt man Kleidung, Accessoires, mit denen Sie Ihr Stahlross aufmöbeln können, sowie Souvenirs.

Sheplers (Sam's Town Hotel & Gambling Hall; 5111 Boulder Highway; Tel. 702 4 56 77 77) 15 Autominuten östlich vom Strip ist die beste Adresse in Vegas für *western wear*, also Cowboy-Klamotten wie unkaputtbare Jeans, echte Stetsons, die besten Stiefel und auch Designer-Ware im Cowboy-Look.

Wohin zum ... Ausgehen?

Auf diesem Abschnitt des Strip erwartet Sie eine Fülle großartiger Unterhaltungsprogramme – ein Teil davon ist sogar kostenlos. Dasselbe gilt natürlich auch für viele Attraktionen innerhalb der Kasinohotels.

Die Grünanlagen des Bellagio-**Conservatory** sind allgemein zugänglich und ein schöner Zeitvertreib beim Warten auf den Einlass in die **Bellagio Gallery of Fine Art** (▶ 93). Die Bepflanzung wechselt mit den Jahreszeiten, manchmal aber auch zwischendurch. An ein und demselben Tag können Sie hier Hortensien, Osterglocken, Lavendel, Rosen, Löwenmäulchen, blühende Zypressen und Apfelbäume sehen. Alle Pflanzen – auch die Bäume – werden in Gewächshäusern kultiviert, bis sie für eine bestimmte Ausstellung benötigt werden. Einen solchen Garten mitten in der Wüste zu unterhalten, erfordert einen enormen Aufwand – das Conservatory beschäftigt allein über hundert Gärtner.

Hinter die Kulissen einer Las-Vegas-Revue zu schauen, ist nicht weniger unterhaltsam, als das Geschehen auf der Bühne zu verfolgen. Allerdings lassen sich nur wenige Shows hinter die glamouröse Fassade blicken. Eine der Ausnahmen ist **Bally's Showgirl Tour** (Tel. 702 9 67 49 38; Führungen Mo, Mi und Sa um 11 Uhr; Reservierung empfohlen; 19,50 $), sie blickt hinter die Kulissen von *Jubilee!* (▶ 82). Eines der Showgirls verrät hier die Geheimnisse der Show. Sie erfahren, wie die Mädchen innerhalb kürzester Zeit das Kostüm wechseln, in hochhackigen Schuhen Treppen hochhasten und einen gewichtigen Kopfschmuck balancieren können. Zum Schluss kann man zusehen, wie sich die Führerin in ein glamouröses Showgirl verwandelt.

Das **Coney Island Emporium** (Tel. 702 7 36 41 00) des New York-New York ist dem berühmten New Yorker Vergnügungspark nachempfunden (So–Do 9.30–24, Fr, Sa bis 2 Uhr). Die riesige Anlage bietet alle erdenklichen Amüsements – von Virtual-Reality-Spielen bis hin zum Autoskooter. Highlights sind aber die altmodischen Schießstände, wo Sie Ihrer Liebsten ein überdimensionales Plüschtier schießen können.

Lounges

Andere Kasinos mögen stilvollere Lounges besitzen, aber das **Coyote Ugly** (Tel. 702 7 40 69 69; tägl. ab 18 Uhr) im New York-New York ist sehr unterhaltsam. Die (Tanz-)Bar im Südstaatenstil basiert auf dem legendären New Yorker Lokal, das den gleichnamigen Film inspirierte. Zu seinen Besonderheiten gehören die verrückten Barkeeperinnen, die schon mal auf dem Tresen tanzen.

Von Tropicana bis Flamingo

Ebenfalls im New York-New York kann man in der **Bar at Times Square** dem Pianio-Duell lauschen. Und im **Nine Fine Irishmen** werden nicht nur Biere von der grünen Insel serviert, sondern jede Nacht auch bestes Live-Entertainment.

Euro-Popbands spielen in der **Le Cabaret Lounge** im Paris Las Vegas; weitere Lounges mit Liveunterhaltung sind Le Central, Le Bar du Sport und Gustav's Casino Bar.

Das Bellagio hat eine der stilvollsten und romantischsten Lounge-Szenen der Stadt – sie laden zu guten Drinks und guter Musik ein. Die **Fontana Bar** liegt im Herzen des Kasinos. In der **Petrossian Bar** gibt es Kaviar und russischen Sekt und die gleich neben der Baccarat Lounge gelegene **Baccarat Bar** serviert die besten Sidecars der Stadt.

Theater/Bühnen/Arenen

In der 17 000 Zuschauer fassenden **Grand Garden Arena** im MGM Grand (Tel. 866 8 20 45 53) finden einige der bedeutendsten Großveranstaltungen von Las Vegas statt – von Boxweltmeisterschaften bis hin zu Rockkonzerten. Großartige Comedy sehen Sie im kleineren **Hollywood Theater** des MGM. Hier finden Sie auch **La Femme Theatre**, das auf der Originalshow des Pariser Nachtclubs Crazy Horse basiert.

Im **Le Théâtre des Arts** (Tel. 866 5 74 38 51) im Paris Las Vegas und im **Axis** im Planet Hollywood (Tel. 702 7 85 55 55) gastieren regelmäßig große Entertainer. Was hip, hot und supermodern ist, tritt im **The Joint** (➤ 92; Tel. 702 6 93 50 00) auf, dem 1400 Besucher fassenden Theater des Hard Rock. Mit etwas Glück taucht der eine oder andere Künstler nach der Vorstellung noch im Nachtclub Vanity auf.

Nachtclubs

Wet Republic (MGM Grand; Tel. 702 8 91 35 63; www.wetrepublic.com; tägl. 11 Uhr bis in die Abenddämmerung; das Mindestalter liegt bei 21 Jahren; Eintritt Herren: 20 $; Damen: frei). Um den »Ultra Pool« nutzen zu können, ist zeitgemäße Badebekleidung Vorschrift. Die Wet Republic macht die Nacht zum Tage und vereint Clubatmosphäre mit Badespaß. Für Musik sorgen DJs, die eher Chill-out- und entspannte House-Musik auflegen. Gäste können sich an zwei Salzwasserbecken, einer Cocktail-Lounge unter freiem Himmel und einer Sonnenterrasse, auf denen verschiedene Performances stattfinden, erfreuen.

Die **Koi Lounge** (Planet Hollywood Resort & Casino; Tel. 702 4 54 45 55; Eintritt 20 $; So–Do 17–23.30, Fr–Sa 17–1 Uhr) empfängt Sie mit zeitloser, dem *form-follows-function*-Prinzip folgender Eleganz und lässt Sie in aller Ruhe bei einem Martini für den sicher ereignisreichen Abend vorglühen. Eine etwas gemütlichere und intimere Atmosphäre hingegen schaffen die Ledersofas im angrenzenden **Living Room**. Veranstaltungen und interessante Gäste gehören zum Programm.

Rehab (Hard Rock Hotel; Tel. 702 6 93 55 55 für VIP-*cabanas*; www.rehablv.com; So 11–19 Uhr; Eintritt Herren: 30 $ – Hotelgäste ausgenommen; Damen normalerweise frei) ist einer der ersten und besten Pool-»Nachtclubs« mit Öffnungszeiten am Tag. Die Damen, die im Bikini und nicht selten auf High Heels gern die Blicke der männlichen Tanzgenossen auf sich ziehen, bewegen sich zu schwungvoller Musik. Für das Strandfeeling sorgt die künstlich angelegte Lagune, Sand und Palmen dürfen natürlich nicht fehlen. Die kleine Wasserrutsche und der Whirlpool bieten zusätzlichen Spaß. Seien Sie so früh wie möglich da – das gilt vor allem für die Herren –, denn die Warteschlangen sind lang (außer für Hotelgäste und jene, die eine *cabana* (teuer!) gemietet haben.

Von Flamingo bis Spring Mountain

Erste Orientierung	104
An einem Tag	108
TOP 10	110
Nicht verpassen!	112
Nach Lust und Laune!	120
Wohin zum …	126

☼ Kleine Erlebnisse

On location
Die Auffahrt vor dem **Caesars Palace** (➤ 106) bestaunen, die u. a. in *Rain Man* und *The Hangover* als Filmkulisse diente.

Träume können wahr werden
Werfen Sie in den **Forum Shops** (➤ 110) drei Münzen in den Trevi-Brunnen und Sie werden irgendwann den echten sehen. Heißt es!

Tropische Fische
Beachten Sie beim Einchecken im **Mirage** (➤ 106) das 80 000-l-Aquarium mit rund 1000 Fischen hinter der Rezeption.

Von Flamingo bis Spring Mountain

Erste Orientierung

In diesem Teil des Strip findet man Altes, Neues, Explosives und Riesiges. Hier vermischt sich das ursprüngliche Vegas – mit seinen traditionellen Shows und beliebten, alteingesessenen Hotels – mit neuen Attraktionen und Resorts, die diesem Straßenblock insgesamt mehr Sex-Appeal verleihen.

Das Caesars Palace war das allererste Themenhotel in Las Vegas – es wurde bereits 1966 eröffnet. Auch heute glänzt es in seiner bekannten Pracht, die alten Gebäude wurden lediglich modernisiert und mit allen Errungenschaften des 21. Jhs. ausgestattet. In dem weitläufigen Gebäudekomplex steht in einer Rotunde im Eingangsbereich sogar eine Miniaturausgabe der Stadt Rom um Christi Geburt! Das Mirage im polynesischen Baustil wurde 1989 eröffnet. Mit seiner größten Attraktion – dem feuerspeienden Vulkan direkt am Strip – begann der neue Trend, riesige Hotelkomplexe unter einem speziellen Thema zu bauen.

Das Venetian lehnt sich, wie auch das Palazzo, architektonisch an die Lagunenstadt Venedig an. Hier können die Besucher sogar mit Gondeln durch Kanäle fahren. Eines der ersten Hotels am Strip war das legendäre Flamingo Las Vegas, das auch heute noch begeistert. Und seit März 2014 präsentiert der Unterhaltungskomplex The Linq mit dem High Roller das derzeit größte Riesenrad der Welt.

Die Fassade der Forum Shops des Caesars Palace

Erste Orientierung

TOP 10
⭐ The Forum Shops ➤ 110

Nicht verpassen!
- ㊵ The Colosseum ➤ 112
- ㊷ Volcano & High Roller ➤ 114
- ㊸ LOVE ➤ 118

Leuchtreklame des Flamingo-Hotels

Nach Lust und Laune!
- ㊹ Masquerade Village ➤ 120
- ㊺ VooDoo Beach & The Voo ➤ 120
- ㊻ Siegfried & Roy's Secret Garden and Dolphin Habitat ➤ 121
- ㊼ Mystère ➤ 121
- ㊽ Da Vinci – The Exhibition ➤ 122
- ㊾ The Grand Canal Shoppes ➤ 122
- ㊿ Madame Tussauds Celebrity Encounter ➤ 123
- ㊼ Rock of Ages ➤ 123
- ㊽ Panda! ➤ 123
- ㊾ Mac King Comedy Show/ The Improv at Harrah's ➤ 123
- ㊿ Legends In Concert ➤ 124
- ㊺ Frank Marino's Divas Las Vegas ➤ 124
- ㊻ The Quad Resort and Casino The Auto Collections ➤ 125
- ㊼ Flamingo Wildlife Habitat ➤ 125

105

Von Flamingo bis Spring Mountain

Das Caesars Palace ist ein eindrucksvoller Hotelkomplex

Viele der Shows, Ausstellungen und Attraktionen von Las Vegas finden in den Hotelanlagen selbst statt, die sich wiederum deren unterschiedliche Themen zu eigen gemacht haben. Von der Flamingo bis zur Spring Mountain Road finden Sie von römischen Palästen bis zu venezianischen Gondeln einfach alles. Ein Besuch dieser Spektakel lohnt sich – schon allein, um die Atmosphäre aufzusaugen.

Caesars Palace

Das spektakuläre Hotel wurde in einem monumentalen griechisch-römischen Stil errichtet und bietet gewaltige Fontänen, drei Spielkasinos, zahlreiche Restaurants, eine Wellnessanlage und einen Schönheitssalon. Der Augustus Tower wurde aufwendig umgestaltet, und der Forum sowie der Octavius Tower wurden für 1 Mrd. $. aufpoliert. Niemals Langeweile kommt in den Forum Shops auf: Dort gibt es sprechende Statuen, über 160 Shops, weitere Restaurants und ein Aquarium.

🞤 200 C4 ✉ 3570 Las Vegas Boulevard South ☎ 866 2 27 59 38; www.caesarspalace.com

The Mirage

Beim Betreten des Mirage findet man sich plötzlich inmitten eines polynesischen Tropenparadieses wieder, zu dem sogar ein 27 m hoher Wintergarten mit riesigen Palmen und tropischen Pflanzen gehört. Draußen vor dem Hotel explodiert zu jeder halben Stunde ab 20 Uhr bis Mitternacht ein riesiger Vulkan in einer künstlichen Landschaft mit einer Lagune, Wasserfällen und Grotten. Zum Hotel gehören insgesamt elf Restaurants und drei Türme mit jeweils 29 Etagen und über 3000 Zimmern.

🞤 200 C5 ✉ 3400 Las Vegas Boulevard South ☎ 702 7 91 71 11; www.mirage.com

Treasure Island

Jeder kennt den berühmten Roman *Die Schatzinsel* von Robert Louis Stevenson. Er gab dem ursprünglich mit einem Piratenthema versehenen Kasinohotel Treasure Island (TI) neben dem Mirage den Namen. Vom Strip aus führt eine Brücke ins Hotel, sie überspannt eine künstliche Bucht, in der Wellen an ein Dorf branden.

Erste Orientierung

Das Treasure Island hat fast 2900 Zimmer, seine größte Attraktion ist die Show Mystère des Cirque du Soleil.
✚ 200 C5 ✉ 3300 Las Vegas Boulevard South ☎ 702 8 94 71 11; www.treasureisland.com

The Venetian
1,5 Mrd. $ hat der Neubau dieses Themenhotels gekostet, es wurde auf dem Gelände des Sands Hotel Casino errichtet. Das Venetian ist Teil des größten Hotelkomplexes der Welt und eine perfekte Kopie Venedigs – weder der markante Campanile noch der Markusplatz oder der Canal Grande fehlen. Das 2008 eröffnete Schwesterhotel The Palazzo verfügt über 3000 Suiten und manchmal überlastetes Personal.
✚ 201 D5 ✉ 3355 Las Vegas Boulevard South ☎ 702 4 14 10 00; www.venetian.com

Harrah's
Das Harrah's ist eines der älteren und sehr beliebten Hotels in exzellenter Lage. Seine Markenzeichen sind und bleiben der farbenprächtige *Mardi Gras* (Karneval) und neue, häufig wechselnde Unterhaltungsshows und Musicals, darunter auch erfolgreiche Broadway-Produktionen.

The Palazzo rühmt sich zusammen mit dem Venetian damit, Teil des größten Hotelkomplexes der Welt zu sein

✚ 200 C5 ✉ 3475 Las Vegas Boulevard South ☎ 800 2 14 91 10; www.harrahslasvegas.com

Quad Resort & Casino
Hinter dem Kasino mit seinem Pagodendach steckt mehr, als man auf den ersten Blick vermuten würde: Im Inneren des ausgedehnten Hotelkomplexes mit 2700 Zimmern und Aufenthaltsräumen auf mehreren Ebenen verbergen sich ein riesiger Showroom, in dem Frank Marino's Divas Las Vegas zu sehen ist, viele Restaurants, ein Schwimmbad mit olympischen Ausmaßen, ein Spa, Fitness-Räume, ein Schönheitssalon und Tagungsräume. Und für all jene, die sich in Las Vegas das Jawort geben wollen, bietet das Quad die Silver Sky Chapel.
✚ 200 C4 ✉ 3535 Las Vegas Boulevard South ☎ 800 2 23 72 77; www.thequadlv.com

Flamingo Las Vegas
Der Name Flamingo hat überlebt, auch wenn die Hotelkette Hilton 1993 die alten Motelgebäude bis auf die Grundmauern abgetragen hat, mitsamt der falschen Treppe und dem kugelsicheren Büro der legendären »Bugsy Suite« (benannt nach Bugsy Siegel, dem Erbauer des Hotels). Heute befinden sich hier auch Timeshare-Wohnungen mit Karibikflair und viele Swimmingpools und eine Hochzeitskapelle. Zu den Shows im Flamingo gehört die sehr beliebte *Legends in Concerts* mit Doubles echter Stars.
✚ 200 C4 ✉ 3555 Las Vegas Boulevard South ☎ 702/733-3111; www.flamingolasvegas.com

Von Flamingo bis Spring Mountain

An einem Tag

Sie wissen nicht genau, wo Sie Ihre Tour beginnen sollen? Nehmen Sie diesen Tourenführer und lassen Sie sich zu den interessantesten Attraktionen von der Flamingo Road bis zur Spring Mountain Road geleiten. Weitere Informationen finden Sie unter den Haupteinträgen (▶110ff).

🕘 9:30
Beginnen Sie den Tag mit einem ausgiebigen Frühstück im Büfett-Lokal Bacchanal (▶128) im Caesars Palace.

🕘 10:30
Gehen Sie im Hotel zu ⭐**The Forum Shops** (oben, ▶110), die Sie am nördlichen Ende hinter dem Kasino des Forums finden. Sie sollten sich auf alle Fälle die sprechenden Statuen ansehen, die zu jeder vollen Stunde am Atlantis-Brunnen in Aktion treten. Der künstliche Himmel verändert sich ständig! Für das Mittagessen sind das Sago, das Trevi, The Palm und die Cheesecake Factory empfehlenswert!

🕘 13:30
Machen Sie einen schönen Spaziergang zum Mirage! Falls Sie noch nicht zu Mittag gegessen haben, können Sie in der Californian Pizza Kitchen einen Salat, eine vorzügliche Pizza oder ein Nudelgericht bestellen. Oder Sie gehen zu **46 Siegfried & Roy's Secret Garden and Dolphin Habitat** (▶121) hinter dem Mirage. Die zusammengehörenden Parks schließen um 18.30 Uhr.

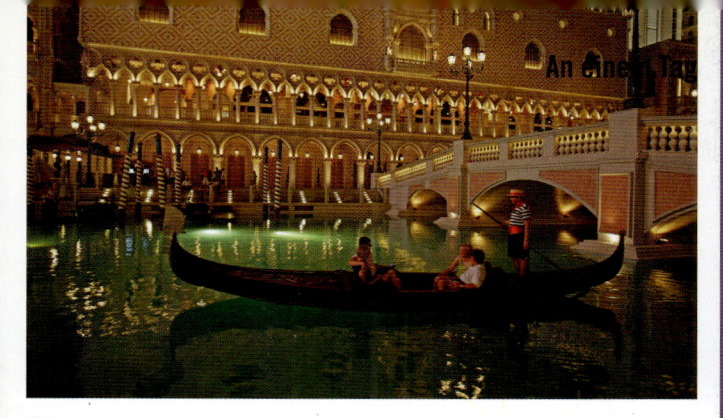

🕒 15:30

Gehen Sie hinauf zum Treasure Island und überqueren Sie den Strip, um zum Venetian zu kommen. Hier können Sie in **49 The Grand Canal Shoppes** (▶ 122) bummeln oder bei **50 Madame Tussauds Celebrity Encounter** (▶ 123) Berühmtheiten aus Wachs bestaunen. Danach lädt der St. Mark's Square (Markusplatz) zu einer Gondelfahrt durch die Kanäle ein (oben).

🕒 17:30

Das Canaletto (▶ 126) ist eines der Restaurants von The Grand Canal Shoppes, das sich für ein frühes Abendessen anbietet.

🕒 18:45

Überqueren Sie den Strip zurück zum TI. Falls Sie Karten reserviert haben: Die erste Show von **47 Mystère** (▶ 121) beginnt um 19.30 Uhr.

🕒 21:15 Uhr

Zurück am Mirage wartet das Spektakel des **42 Volcano** (links, ▶ 114) auf Sie, der hier von 20 Uhr bis Mitternacht zu jeder halben Stunde ausbricht. Danach kann es mit Künstlern wie Shania Twain oder Celine Dion in **41 The Colosseum** (▶ 112) des Caesars Palace weitergehen. Andere Optionen sind die spektakuläre Show **43 LOVE** (▶ 118) oder **55 Frank Marino's Divas Las Vegas** (▶ 124) im Quad Resort & Casino.

Von Flamingo bis Spring Mountain

⭐5 The Forum Shops

Ein altes Sprichwort sagt: »Alle Wege führen nach Rom.« Wenn man sich die unzähligen Leute ansieht, die es hierher in die Forum Shops mit ihrer römisch inspirierten Architektur zieht, gilt das Sprichwort auf alle Fälle: Jeden Tag besuchen bis zu 70 000 Menschen die riesige Einkaufsmeile. Die Forum Shops im Caesars Palace direkt am Strip gelten als Dreh- und Angelpunkt für Mode, Restaurants und Entertainment.

Die mehr als 160 Geschäfte des einzigartigen Einkaufskomplexes geben einen historisch nicht wirklich exakten Überblick über die römischen Baustile zwischen 300 v. Chr. und 1700 n. Chr. Ein künstlicher Himmel simuliert innerhalb einer Stunde die Lichtverhältnisse eines ganzen Tags. Hier findet man u. a. Shops von DKNY, Versace, St. John, Gucci, Boss, Christian Dior, Longchamp, Nike und Apple: In den Forum Shops erleben Besucher einen Einkaufsbummel der Superlative.

Die Besucher haben die Qual der Wahl zwischen einer Reihe an Restaurants: Kehrt man bei Max Brenner ein, im Spago, Sushi Roku oder Trevi, oder versucht man das Carmine's oder auch einfach nur die hemdsärmelige, Pubfood bietende Cheesecake Factory? Nichtsdestotrotz befinden Sie

Das überdimensionierte Einkaufszentrum hat Charme und kitschigen Chic

DIE SPRECHENDEN STATUEN
Diese Figuren haben eine Haut aus Silikon, die ein Stahlskelett überspannt, das sich mit hydraulischen Klappen an den Gelenken der Figuren bewegen lässt. Gesteuert werden die Figuren über ein Computerprogramm. Die Figuren der Atlantis-Show haben zusätzlich im Gesicht hydraulische Vorrichtungen, die die Mimik der Gesichter steuern. Während die Statuen im Festival of Fountains von der Taille abwärts unbeweglich sind, können die Statuen der Atlantis-Show ihren ganzen Körper bewegen.

The Forum Shops

Römisch inspirierte Architektur des Caesars Palace

sich nach wie vor in einem Einkaufszentrum.

Zu den interessantesten Geschäften gehören die Boutique Anthropologie, deren Besitzer die Märkte und Flohmärkte Europas und Asiens nach ungewöhnlichen Textilien und Accessoires durchforsten, und das Geschäft von Estée Lauder, in dem man Lippenstifte und Schminkutensilien sofort ausprobieren kann. Edel-Denims aus Kalifornien warten bei 7 for All Mankind, der Jeans-Marke, die im Jahr 2000 den Nietenhosen des Schneiders Levi Strauss ein ganz neues Design verpasste.

Unterhaltung

Zu jeder vollen Stunde werden die Figuren des **Festival of Fountains** lebendig: Bacchus erwacht und lädt die Besucher des Forums zu einem Fest ein: Er zählt die Verdienste von Apollo, dem Gott der Musik, Venus, der Göttin der Liebe, und Pluto, dem Gott der Unterwelt, auf und bereitet das Fest vor. Die Feier beginnt, die Statuen sprechen und bewegen sich und werden mit Lasereffekten und Lichtstrahlen effektvoll in Szene gesetzt.

In der **Roman Great Hall** ist die Show **Fall of Atlantis** zu sehen: Feuer, Wasser, Rauch und spezielle Effekte setzen den bewegten Kampf von Atlas, Gadrius und Alia um die Herrschaft über die sagenhafte Insel Atlantis in Szene (11–23 Uhr, zu jeder vollen Stunde).

Am Ort der Atlantis-Show befindet sich auch ein riesiges **Aquarium** mit 189 300 l Fassungsvermögen, in dem mehr als 100 verschiedene Fischarten, darunter Haie und Stachelrochen, schwimmen. Nicht versäumen sollten Sie die Fütterungszeiten um 13.15 und um 17.15 Uhr. Von Montag bis Freitag um 15.15 Uhr ermöglichen Führungen einen Blick hinter die Kulissen des Aquariums.

KLEINE PAUSE
Sie können zu **The Palm**, **Spago**, **Trevi**, **Sushi Roku** oder **The Cheesecake Factory** gehen.

✚ 200 C5 ✉ Caesars Palace, 3570 Las Vegas Boulevard South
☎ 866 2 27 59 38 ⏰ Geschäfte: tägl. 10–23, Fr, Sa 10–24 Uhr. Führung hinter die Kulissen: 13.15 und 17.15 Uhr 💲 Forum und Führungen: frei

Von Flamingo bis Spring Mountain

🔴41 The Colosseum

Mit dem Bau des gigantischen, 4500 Zuschauer fassenden Colosseum entstand eine Bühne, die legendären Künstlern wie Elton John und Bette Midler einschließlich ihres Egos ausreichend Platz bieten sollte. Derzeit begeistern die vegaserprobten Diven des Showbusiness Shania Twain und Celine Dion die Zuschauer.

The Colosseum wurde extra für Celine Dions Show A New Day ... errichtet – benannt nach ihrem Album *A New Day Has Come*. Dieses Engagement endete 2008 – **nach fünf Jahren vor restlos ausverkauftem Haus**! Die spektakuläre, von Kritikern mit großem Lob bedachte Show fand unter der Leitung eines schon für diverse Cirque-du-Soleil-Pro-

Nicht zu übersehen: der Wegweiser zu Celine Dions Show im Colosseum

---

THE COLOSSEUM
Die Rotunde des Colosseum hat einen Durchmesser von 78 m und erhebt sich 36,5 m hoch über dem Las Vegas Boulevard. Die Bühne ist 2086 m² groß und wird von einem 36,5 m breiten und 13,5 m hohen Bogen überspannt. Zur Bühnenausstattung gehören eine Musikanlage mit 125 000 W (ausgerichtet für 115 Stimmen), 1300 Lampen und ein spezielles Ventilationssystem, das die trockene Wüstenluft befeuchtet, um den Künstlern das Singen zu erleichtern. Allein für die Filmteams stehen zehn Lifte und Aufzüge zur Verfügung. In dem etwa 95 Mio. $ teuren Rundbau liegt kein Sitzplatz weiter als 36,5 m von der Bühne entfernt!

The Colosseum

duktionen mitverantwortlichen Regisseurs statt und stellte wohl die teuerste Vegas-Show aller Zeiten dar. Bis vor Kurzem betraten außerdem Elton John mit seiner Show *The Red Piano* sowie Bette Midler mit *The Showgirl Must Go On* regelmäßig die Bühne des Colosseum.

Shania Twain
Nach einem dreijährigen Zwischenspiel mit der alterslosen Cher konnte Ende 2012 Country-Star Shania Twain verpflichtet werden. Ihre Show Shania: Still the One lädt den Zuschauer auf eine **musikalische Reise** durch die erfolgreiche und zuletzt dramatische Karriere der kanadischen Sängerin ein. Dabei gibt sie natürlich viele ihrer Hits zum besten, wie *That don't Impress Me Much* und *From this Moment on*.

Celines Comeback

Celine Dion begeistert ein Riesenpublikum

Im Jahr 2011 war es endlich so weit: Celine Dion kehrte nach Las Vegas zurück, nachdem sie ein Jahr lang durch 25 Länder getourt und 3 Mio. Fans beehrt und ein weiteres Jahr für das Familienglück pausiert hatte. Die sechsfache Grammy-Gewinnerin gibt altbekannte Ohrwürmer wie *My Heart Will Go On*, den Mega-Hit aus dem Film *Titanic,* sowie weitere vertraute Melodien anderer Hollywoodklassiker zum Besten. Begleitet wird sie dabei von **31 Musikern** (Band und Orchester), und auch an visuellen Effekten wird nicht gespart.

Shania Twain
✚ 200 C4 ✉ Caesars Palace, 3570 Las Vegas Boulevard South ☎ 888 9 26 78 49; www.caesarspalace.com
🕐 Show: 19.30 Uhr (für Termine siehe Website)
💵 ab 55 $

Celine Dion
✚ 200 C4 ✉ Caesars Palace, 3570 Las Vegas Boulevard South ☎ 877 4 CE LI NE (4 23 54 63); www.caesarspalace.com (für Termine siehe Website) 🕐 Show: 19.30 Uhr
💵 ab 55 $

BAEDEKER TIPP

- Informationen zu **Sitzplänen sowie Ermäßigungen oder Pauschalpaketen** für beide Shows inklusive Übernachtung und Abendessen und manchmal auch Getränken bietet die Website www.caesarspalace.com.
- Achtung: Ein **abendfüllendes Programm** sind die Shows im Colosseum nicht. Denn die Verantwortlichen haben entschieden, dass sie nicht länger als anderthalb Stunden dauern, damit sich die Besucher schnellstmöglich wieder dem Glücksspiel zuwenden können. Wer das nicht möchte, sollte also noch weitere Unternehmungen für den Abend planen.

Von Flamingo bis Spring Mountain

42 Volcano & High Roller

Am Strip begeistern sich die Besucher für alte und neue Attraktionen gleichermaßen. So ist der jeden Abend halbstündlich ausbrechende Vulkan vor dem Mirage altbekannt, während das Riesenrad High Roller im Unterhaltungskomplex The Linq zu den neuen Sehenswürdigkeiten der sich ständig verändernden Spielerstadt gehört.

Allabendlich spuckt der Vulkan vor dem Mirage im halbstündlichen Rhythmus Feuer

Volcano

Der Vulkan des Mirage steht direkt vor dem Haupteingang des polynesischen Themenhotels. Jeden Abend fängt er an, laut zu rumoren, Nebelschwaden steigen auf und schließlich schleudert er seine Rauchschwaden 30 m über der Lagune in die Luft. Die Designer der Fountains of Bellagio legten auch hier Hand an und entwickelten einen hochmodernen audiovisuellen Vulkanausbruch, der von Feuerschützen vervollkommnet und mit einzigartigen Musikkompositionen des durch die Rockband Greatful Dead weltbekannten Schlagzeugers Mickey Hart und des indischen Tabla-Spielers Zakir Hussain untermalt wird. Der Vulkan bricht ab 20 Uhr bis Mitternacht alle 30 Minuten aus. Das Spektakel dauert etwa zwei Minuten. Gesteuert wird der Vulkan von einem Computerprogramm – dennoch überwachen drei Leute alles und sorgen dafür, dass kein Besucher zu Schaden kommt. Der Vulkan wird von 34 (Fiberglas-)Gasleitungen versorgt, von denen die meisten in die Lagune münden. Dadurch entstehen auf dem Wasser echte Flammen, die – kombiniert mit künstlichen Lichteffekten – einem echten Vulkanausbruch täuschend ähnlich sehen.

Besonders beeindruckend ist der Vulkanausbruch in der Dunkelheit

114

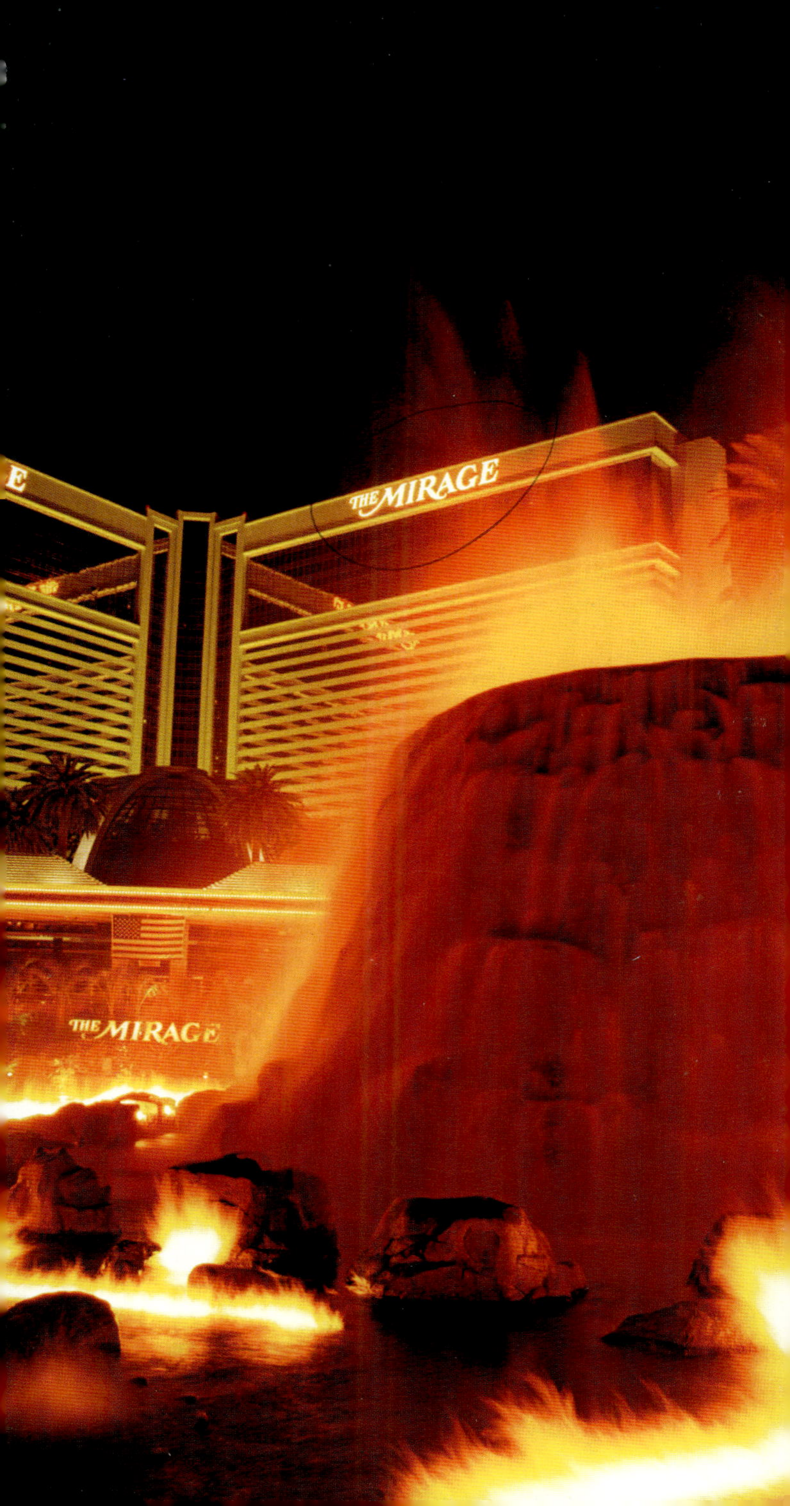
THE MIRAGE
THE MIRAGE

Von Flamingo bis Spring Mountain

High Roller

Gerade denkt man, noch mehr Rekorde sind einfach nicht mehr drin, da zaubert die Spielerstadt wieder einen Superlativ aus dem Ärmel: Mit der Eröffnung des High Roller nennt Las Vegas nun auch noch das größte Riesenrad der Welt sein eigen. Nicht lange zwar, denn in New York soll ein noch größeres entstehen, doch man darf sicher sein: Neue Attraktionen sind bereits in Planung.

Auch nach der Finanz- und Immobilienkrise von 2008 blieb Las Vegas seinem Image, sich ständig zu verändern, treu. Ende 2013 zogen die Verantwortlichen den Schlussstrich unter die Show Sirens of TI vor dem Treasure Island. Statt der künstlichen Lagune mit Piratengaleone entsteht ein dreistöckiges Gebäude mit über 4500 m² Verkaufsfläche.

Doch angesichts des High Roller ist das noch gar nichts. Das nach der Bezeichnung für mit hohen Einsätzen zockenden Berufsspielern benannte Riesenrad gegenüber vom Cesars Palace ist 167 m hoch und in seinen insgesamt 28 Gondeln haben jeweils 40 Passagiere Platz. Eine Runde dauert 30 Minuten – Zeit genug, um die wohl beste Aussicht über Strip, Stadt, Wüste und Berge zu bewundern. Am schönsten ist der Blick jedoch während der

Links: Der High Roller ragt hoch über The Linq auf. Rechts: Eine der Gondeln des Riesenrads erreicht den tiefsten Punkt ihrer Runde

Volcano & High Roller

Abenddämmerung und nachts, wenn die Spielerstadt zum Lichtermeer wird. Auch zu ebener Erde bietet sich dann ein spektakulärer Anblick: Über 2000 LED-Leuchten verwandeln das Riesenrad in eine gigantische und doch grazile Lichtskulptur.

Natürlich ist der High Roller nicht allein. Er ist die Hauptattraktion der nagelneuen Entertainment-Zone The Linq zwischen dem Quad Resort und Casino und dem Flamingo Las Vegas. Die auf ein aktives Publikum zielende, palmenbestandene Flanier-, Shopping- und Partymeile bietet Bars, Restaurants, Clubs und hochkarätige Boutiquen. Dazu gehört auch das Brooklyn Bowl, eine Art Event-Zentrum mit insgesamt 2000 Plätze bietenden Bühnen, auf denen Tag und Nacht Livemusik geboten wird. Auch eine Bowlinghalle mit 32 Bahnen gibt es hier.

The Mirage Volcano
200 C5 The Mirage, 3400 Las Vegas Boulevard South 702 7 91 71 11; www.mirage.com Vulkanausbruch: halbstündl. 20–24 Uhr (außer 20.30 Uhr), wenn es nicht zu windig ist frei

High Roller
200 C5 3545 Las Vegas Boulevard South 702 6 94 81 00; www.caesars.com/thelinq/high-roller.html 12–2 Uhr tagsüber (bis 17.50 Uhr) ab 24,95 $, abends (ab 18 Uhr) ab 34,95 $ (jeweils eine Runde)

Von Flamingo bis Spring Mountain

🔴43 LOVE

LOVE ist eine erfolgreiche und anspruchsvolle Show, die mithilfe von Mitgliedern des Cirque du Soleil die Musik der Beatles gekonnt in Szene setzt. Poesie, Dramatik und atemberaubende Akrobatik lassen die Musik der »Fab Four« neu aufleben, sodass Kritiker wie Laien diese Show lieben.

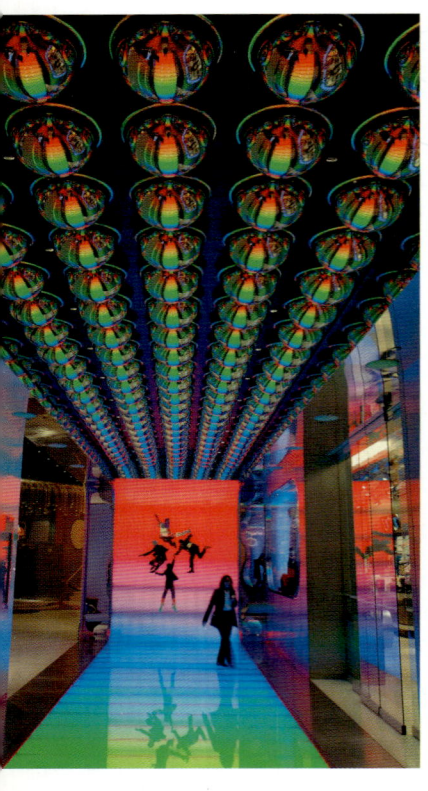

Die Produzenten wählten diesen Namen, da sie der Ansicht waren, »Love« sei das Thema, das alle Beatles-Songs bestimmte, und zwar vom ersten bis zum letzten Album. Moderne Tanzelemente, Luftakrobatik und Surround-Sound füllen die Theaterbühne des Mirage.

Das Ensemble besteht aus 65 Artisten, darunter dynamische Rollschuhläufer, BMX-Trickfahrer und ehemalige Laien-Straßenkünstler sowie professionelle Tänzer. Sie alle erschaffen eine temporeiche Show voller Dramatik – u. a. wird eine Station in der Kindheit der späteren »Fab Four« bewegend in Szene gesetzt. Erleben Sie Zirkusartistik und Extremsport zu kompletten Beatles-Songs oder Auszügen davon. Der für LOVE neu abgemischte Soundtrack gewann zwei Grammys und ist ein ideales Mitbringsel.

Mit dieser Show wurde im Mirage eine neue Ära eingeläutet. Das Hotel hatte ein paar Jahre lang keine hoteleigene Attraktion mehr, nachdem die berühmte Show von Siegfried und Roy ein abruptes Ende nahm, als Roy Horn von einem seiner Tiger beinahe tödlich verletzt wurde.

Für die musikalische Zusammenstellung engagierte man Sir George Martin, den »fünften Beatle« und Produzenten

Links: Psychedelische Farben im Eingangsbereich zur Show stimmen die Zuschauer auf die Zeit der Beatles ein

Rechts: Akrobaten des Cirque du Soleil verwandeln die Produktion in eine atemberaubende Show

LOVE

HINTER DEN KULISSEN

Wer einen Blick hinter die Kulissen werfen möchte, benötigt das LOVE Cirque Insider VIP-Experience-Ticket. Es kostet zwar stolze 249 $, doch dafür erhalten Sie neben einem zahlreiche LOVE-Memorabilia enthaltenden Geschenke-Package und einem VIP-Sitzplatz in bester Lage eine 45-minütige Tour hinter die Kulissen. Dort können Sie die Künstler und Artisten bei den Proben beobachten und den Maskenbildnern während der Arbeit über die Schultern schauen. Die Tour beginnt am Nachmittag vor der ersten Show, Treffpunkt ist der Ticketschalter im Mirage. Nähere Infos unter www.mirage.com.

aller Beatles-Platten. Zwei Jahre arbeitete er gemeinsam mit seinem Sohn Giles an der Bühnenmusik.

LOVE ist eine technisch sehr aufwendig gestaltete Bühnenshow. Allein der Bau des Theaters dauerte zwei Jahre. Spektakuläre visuelle Effekte sowie digitale Videoprojektionen von 30 m Höhe tragen zu diesem fantastischen Erlebnis bei. Das neue Sound-System vermittelt dem Besucher das Gefühl, selbst mit den Beatles im Studio zu stehen und die Originalbänder zu hören. Das Theater ist ein Rundbau, sodass es im Grunde keine schlechten Sitzplätze geben dürfte.

200 C5 The Mirage, 3400 Las Vegas Boulevard South
702 7 92 77 77; www.mirage.com Do–Mo 19 und 21.30 Uhr
80–180 $

BAEDEKER TIPP

- Während der Vorstellung werden Stroboskoplicht und Nebel eingesetzt. Personen mit entsprechender Sensibilität besuchen die Show auf eigene Verantwortung.
- Kindern unter fünf Jahren ist der Besuch der Show untersagt.

Von Flamingo bis Spring Mountain

Nach Lust und Laune!

Der Pool des Rio, der »VooDoo Beach«

44 Masquerade Village
Im 2800 m² großen Masquerade Village des Rio Las Vegas warten 26 einzigartige Outlet-Shops, viele Restaurants und Spielhallen auf Gäste. Die Anlage ist architektonisch einem toskanischen Dorf nachempfunden. Im berühmten Weinkeller Rio meint man, heilige Hallen zu betreten, die eigentlich nur für Könige oder die oberen Zehntausend vorbehalten waren: Die etwa 10 000 Flaschen im Wine Cellar & Tasting Room (▶ 128) sollen angeblich mehr als 10 Mio. $ wert sein. Zu den Highlights der bedeutenden Weinsammlung gehört u. a. eine Flasche eines alten Madeiras, die früher in Besitz von Thomas Jefferson war. Obwohl die kostenlose, auf dem Dach des Rio stattfindende Show in the Sky 2013 abgesetzt wurde, bleibt der Voodoo Steak and Rooftop Nightclub im 50. und 51. Stock ein guter Grund für die lange Fahrt nach oben. Hier werden Steaks und exotische Cocktails (nach 17 Uhr), Live-Unterhaltung und obendrein ein atemberaubender Blick auf den lichterglänzenden Strip serviert.
200 A4 Rio, 3700 Flamingo Road West
702 2 52 77 77; www.riolasvegas.com
Geschäfte: tägl. 10 bzw. 11–23 bzw. 24 Uhr

45 VooDoo Beach & The Voo
Swimmingpools mit Flair, echtem Sand und schönen Menschen in knapper Badebekleidung sind in Las Vegas keine Seltenheit. So erfreut sich auch der VooDoo Beach genannte Pool des Rio größter Beliebtheit. Von Palmen, Whirlpools und kleinen und großen Wasserfällen umgeben, bietet er den Gästen eine willkommene Abwechslung vom Trubel an den Spieltischen. Der angrenzende, nur für Erwachsene ausgewiesene Bereich, ist als The Voo bekannt und eine Oase der Ruhe. Hier kann man oben ohne baden, eine VIP-Cabana mieten oder eine Massage am Poolrand genießen. Hier wie dort kümmert sich zudem jeweils eine Bar sowie ein Grill für die leiblichen Bedürfnisse.
200 A4 Rio, 3700 Flamingo Road West
702 2 52 77 77; www.riolasvegas.com
tägl. 9–17 Uhr frei

Nach Lust und Laune!

46 Siegfried & Roy's Secret Garden and Dolphin Habitat

In Las Vegas standen Siegfried und Roy erstmals 1967 auf der Bühne, als sie im Tropicana kleine Gepardenkätzchen verschwinden ließen. Ab 1970 waren die Magier praktisch im Mirage zu Hause, bis Roy von einem seiner Tiger während der Vorstellung so schwer verletzt wurde, dass dies für die Karriere der beiden Künstler das Ende bedeutete. Doch kann man in dem von ihnen gegründeten zooähnlichen Garten seltene Großkatzen in einem »dem natürlichen Lebensraum nachempfundenen« Gehege bewundern. Viele der Raubtierzüchtungen sind in freier Wildbahn nicht mehr zu beobachten – ein Grund mehr, ihr Überleben mit dem Besuch dieser Attraktion zu unterstützen. Zum Secret Garden gehört das Dolphin Habitat, in dem eine Gruppe Großer Tümmler aus dem Atlantik lebt. Das Dolphin Habitat hat zwei Zielsetzungen: Den Delphinen soll zum einen ein weitgehend naturnahes Zuhause geboten werden, Forschung und Erziehung sind der zweite Schwerpunkt. Mit dem Habitat will man die Besucher auf die Notwendigkeit des Schutzes frei lebender Delphine im Meer aufmerksam machen. Jeder Besucher kann die Delphine vom Beckenrand oder im Rahmen einer Führung unter Wasser beobachten (nicht berühren!).

200 C5 The Mirage, 3400 Las Vegas Boulevard South 702 7 91 71 88; www.mirage.com/attractions/secret-garden.aspx Mo–Fr 11–18.30, Sa, So 10–18.30 Uhr 20 $ Erw.; 15 $ Kind; Kinder unter drei Jahren frei

Ein Akrobat des Cirque du Soleil in der bunten und lebhaften Show Mystère

47 Mystère

Wenn Sie im Treasure Island Schätze finden wollen, brauchen Sie nicht länger zu suchen: Mystère ist eine Show, die alle Grenzen

121

Von Flamingo bis Spring Mountain

sprengt – eine surrealistische Darbietung mit Musik, Tanz, Akrobatik und Comedy. Die Artisten des Cirque du Soleil verzaubern mit ihren Illusionen die Zuschauer wie keine andere Truppe weltweit. Obwohl die Artisten viele Zirkuselemente in einer unübertroffenen Perfektion zeigen und das Theater im TI einem riesigen Zirkuszelt gleicht, sind alle Vergleiche mit bisher Gesehenem unmöglich. Die Darbietungen am Trapez, das Ballett am langen Seil, die Kunststücke der Koreaner und Chinesen und alle übrigen Nummern sind einzigartig! Die 72 Künstler starke Truppe entführt die Zuschauer auf eine imaginäre Reise in ein Reich der Fantasie. Mystère ist ein Erlebnis für die Seele – jeder findet hier, was er schon immer gesucht hat.
✛ 200 C5 ✉ Treasure Island, 3300 Las Vegas Boulevard South ☎ 800 9 44 74 44; www.treasureisland.com 🎭 Shows: Sa–Mi 19 und 21.30 Uhr 💲 64–119 $

❽ Da Vinci – The Exhibition
Genie-Streiche: Seit dem Frühjahr 2014 zeigt die Imagine Exhibitions Gallery im Venetian eine spannend inszenierte Ausstellung über Leben und Werk des genialen Künstlers und Erfinders Leonardo da Vinci. 65 detailgetreu nachgebaute Repliken seiner Erfindungen, darunter ein Hubschrauber, ein Panzer und ein U-Boot, helfen, die Bedeutung und Reichweite von Leonardos Ideen zu verstehen. Einige lassen sich vom Besucher selbst in Bewegung setzen. Hinzu kommen Repliken weniger bekannter, dem Künstler nicht eindeutig zugewiesener Gemälde.
✛ 201 D5 ✉ The Venetian, 3355 Las Vegas Boulevard South ☎ 866 6 41 74 69; 🕘 tägl. 9.30–19 Uhr 💲 27,50 $

❾ The Grand Canal Shoppes
Eigentlich fehlen nur noch die Tauben, dann könnte man meinen, man sei zum Einkaufen tatsächlich in Venedig und nicht im Venetian. Vögel gibt es hier auch, aber nur draußen vor dem Hotel. Schlendert man über das Kopfsteinpflaster der fast 47 000 m² großen Einkaufsmeile an den Häusern des nachgebauten venezianischen Canal Grande entlang, hat man die Qual

The Grand Canal Shoppes im Venetian sind stets voller Besucher

Nach Lust und Laune!

der Wahl zwischen mehr als 80 Geschäften und Boutiquen. Viele der Geschäfte haben hier zum ersten Mal in Las Vegas oder in den USA eine Dependance eröffnet.

Alle Straßen münden in den St. Marks Square (Markusplatz). Für wenig Geld kann man sich in einer Gondel den 366 m langen Canal Grande entlangrudern lassen und dabei dem Gesang des authentisch gekleideten Gondoliere lauschen.

✚ 201 D5 ✉ The Venetian, 3355 Las Vegas Boulevard South ☎ 702 4 14 45 00; www.grandcanalshoppes.com 🕒 So–Do 10–23, Fr, Sa 10–24 Uhr

50 Madam Tussauds Celebrity Encounter

Was haben Tom Jones, Wayne Newton, Engelbert Humperdinck, Tony Bennett, Lance Burton und gut 100 andere Berühmtheiten gemeinsam? Ganz einfach: In diesem Ableger des bekanntesten Wachsfigurenkabinetts weltweit stehen sie in trauter Eintracht nebeneinander. Wann immer ein Star am Firmament auftaucht, wird seine Figur in Madame Tussauds Celebrity Encounter im Venetian aufgenommen. Mehr als 100 lebensecht wirkende Stars aus Film, Fernsehen, Musik und Sport und natürlich die Berühmtheiten der Stadt werden hier perfekt modelliert präsentiert. Das Wachsfigurenkabinett in Las Vegas war die erste Filiale des berühmten Londoner Museums, die in den USA eröffnet wurde.

✚ 200 C5 ✉ The Venetian, 3377 Las Vegas Boulevard South ☎ 702 8 62 78 00; www.madametussauds.com/lasvegas 🕒 tägl. 10–21 Uhr 💰 30 $

51 Rock of Ages

Laut und bombastisch, mit wild agierenden Darstellern und jeder Menge Action: Rock of Ages Las Vegas ist die mitreißende Vegas-Adaption des gleichnamigen Broadway-Musicals und lässt die Zuschauer regelmäßig von ihren Sitzen aufspringen und mitrocken. Tatsächlich wird die Geschichte von Drew und Sherrie und ihrem Traum von Liebe und Erfolg so gut umgesetzt, dass die Zuschauer oft singend auf den Strip zurückkehren.

✚ 201 D5 ✉ Palazzo, 3325 Las Vegas Boulevard South ☎ 702 4 14 90 00; www.rockofagesvegas.com 🕒 So–Fr 20, Sa 19 u. 22 Uhr 💰 ab 63 $

52 Panda!

Säbelschwingende Krieger, zauberhafte Meerjungfrauen, Kung-Fu-kundige Terrakotta-Soldaten und mittendrin der Held, ein niedlicher Panda-Bär: Die erste rein chinesische Produktion am Strip ist eine herrlich anspruchslose, dafür aber optisch attraktive Umsetzung des ewigen Kampfs zwischen Gut und Böse. Wenn Sie das nicht reizt, dann vielleicht dies: Für die Inszenierung zeichnet ein gewisser An Zhao verantwortlich. Der Mann, der auch schon die unvergessliche Eröffnungszeremonie der Olympischen Spiele in Peking umgesetzt hat.

✚ 201 D5 ✉ Palazzo, 3325 Las Vegas Boulevard South ☎ 702 4 14 90 00; www.pandashowvegas.com 🕒 tägl. 19 Uhr 💰 48–128 $

53 Mac King Comedy Show/ The Improv at Harrah's

Comedy beherrscht nachmittags und abends die Bühne im Harrah's. Täglich um 13 und 15 Uhr tritt hier Mac King mit einer ganz außergewöhnlichen Zauber- und Comedyshow auf. Er stülpt sich eine Papiermütze über den

123

Von Flamingo bis Spring Mountain

Kopf – und lässt seinen Kopf verschwinden. Er zieht sich eine gelbe Regenjacke an und wird unsichtbar. Über den Köpfen seines Publikums fängt er lebendige Goldfische und wandelt sich in Siegfried & Roy und diese wiederum in weiße Tiger. Versuchen Sie bitte nicht, das zu Hause nachzumachen. Und immer wieder wird das Publikum in seine Zauberkunststücke mit eingebunden.

The Improv präsentiert pro Woche drei bis vier neue Talente der Comedyszene. Der legendäre Comedyclub mit mehreren Ablegern läuft seit Jahrzehnten und gehört Budd Friedman.

🕂 200 C5 ✉ Harrah's, 3475 Las Vegas Boulevard South ☎ 702 7 77 27 82; www.harrahslasvegas.com 🕓 Mac King: Di–Sa 13 und 15 Uhr; The Improv: Di–So 20.30 und 22.30 Uhr 💵 ab 30 $

54 Legends In Concert

Die Show des Produzenten John Stuart ist selbst schon legendär und gehört zu den am längsten laufenden Shows, die es in Las Vegas gibt. Heute produziert das Ensemble weltweit Revuen. Stuart sucht sich seine Darsteller mit großer Sorgfalt aus. Sie müssen nicht nur in der Lage sein, die Stimme von Künstlern zu imitieren, sondern ihnen auch als Persönlichkeit und im Aussehen sehr ähneln. Außerdem müssen sie live singen können.

Weil Stuart so unglaublich viele Leute im Programm hat, ähnelt auch kaum eine Show der anderen. Kann man heute Whitney Houston, Tom Jones, The Blues Brothers, Dolly Parton oder Willie Nelson auf der Bühne erleben, stehen am nächsten Abend wahrscheinlich die Doppelgänger von Madonna, Garth Brooks, The Temptations, Neil Diamond und Cher auf dem Programm. Eines der beliebtesten Stücke der Show ist der Auftritt von Graham Patrick als Elvis Presley. Der blauäugige, in Dublin geborene Patrick ist das genaue Ebenbild des jungen Elvis und er singt auch noch genauso gut wie der King des Rock'n'Roll.

🕂 200 C4 ✉ Flamingo, 3475 Las Vegas Boulevard South ☎ 702 7 77 27 82; www.flamingolasvegas.com 🕓 Shows: tägl. 16, 19.30 und 22 Uhr 💵 ab 50 $

55 Frank Marino's Divas Las Vegas

Nachdem der Travestiekünstler Frank Marino weit über ein Jahrzehnt lang in *La Cage* im Riviera zu sehen war, zieht er nun mit seiner herrlichen, 75-minütigen Travestieshow in der Rolle als Joan Rivers, der US-amerikanischen Entertainerin, im Quad Resort das Publikum in seinen Bann. In paillettenbesetzter Robe und mit Federboas geschmückt, bittet Marino ein weibliches Stardouble nach dem anderen auf die Bühne – von Lady Gaga in kurzen weißen Lacklederoutfits und mit blonder Perücke bis hin zu Britney Spears, Cher, Diana Ross und Beyoncé – und nutzt jeden dieser Auftritte für einen aufwendigen Kostümwechsel. Der begleitende Soundtrack umfasst legendäre Hits wie Whitney Houstons *I Wanna Dance With Somebody*. Promigäste sollen schon Madonna und Dolly Parton gewesen sein.

🕂 200 C4 ✉ Quad Resort, 3535 Las Vegas Boulevard South ☎ 702 7 77 27 84; www.thequadlv.com 🕓 Shows: Sa–Do 21.30 Uhr 💵 ab 55 $

Nach Lust und Laune!

Die Auto Collection im Quad soll die beste Automobilausstellung der Welt sein

56 The Quad Resort and Casino The Auto Collections

Die wohl weltweit einzigartige Sammlung an Automobilen wurde im Dezember 1981 mit 200 Autos eröffnet. Mittlerweile gehören über 750 Oldtimer, Klassiker der Autoproduktion und Spezialfahrzeuge zur Sammlung, die eine fantastische Auswahl aus über 100 Jahren Automobilgeschichte zeigt. 250 dieser Ausstellungsstücke sind im fünften Stock des Quad Resort zu sehen.

Die immer wieder neu gestaltete Sammlung von Autos, die früher berühmten und berüchtigten Leuten wie Elvis Presley, Al Capone oder Benito Mussolini gehörten, präsentiert einige der ungewöhnlichsten und historisch bedeutendsten Autos, die jemals produziert wurden. Dazu gehört auch die einzigartige und weltweit größte Sammlung des Model I Dusenberg.

200 C4 Quad Resort, 3535 Las Vegas Boulevard South 702 7 94 31 74; www.thequadlv.com tägl. 10–18 Uhr
12 $

57 Flamingo Wildlife Habitat

Mitten in einer kargen Wüste, in der höchstens Kakteen überleben, verströmt das Flamingo Las Vegas einen Hauch Karibik. Das Wildlife Habitat ist ein Teil des *Species Survival Program,* das mit der American Association of Zoos and Aquariums kooperiert. Das 6 ha große Tropenparadies hat vier große Wasserbecken mit Wasserrutschen, zwei große Whirlpool-Spas und Wasserfälle. Es gibt eine Bar, ein Grillrestaurant und Tennisplätze. In Lagunen schwimmen japanische Koi und Graskarpfen, in der Luft und am Boden schwirren mehr als 300 Vögel umher, darunter Schwärme von chilenischen Flamingos, afrikanischen Pinguinen und Schwäne. Manchmal sausen Kolibris durch die Luft und aus dem Wasser tauchen plötzlich Schildkröten auf. Man kann *cabanas* (Hütten) mieten, die mit TV, Telefon, Umkleidekabinen und Getränken ausgestattet sind. Im Garten steht zwischen Wasserfällen und tropischen Pflanzen eine Hochzeitskapelle.

200 C4 Flamingo Las Vegas, 3555 Las Vegas Boulevard South 702 7 33 33 49; www.flamingolasvegas.com 8–18 Uhr

Von Flamingo bis Spring Mountain

Wohin zum ...
Essen und Trinken?

Preise
Die Preise gelten für ein Essen ohne Getränke, Steuern und Service:
$ unter 30 $ $$ 30–60 $ $$$ über 60 $

RESTAURANTS

Battista's Hole in the Wall $$
Das Battista's ist seit seiner Eröffnung vor über 30 Jahren eine Institution, und das aus gutem Grund: Service und Essen sind hervorragend, die Preise erschwinglich und die Portionen riesig. Auf der Karte stehen viele typische italienische Antipasti. Zum Abendessen serviert man automatisch Knoblauchbrot und Chianti, zum Dessert selbstverständlich einen Cappuccino. Auf der Weinkarte stehen natürlich auch offene Weine. An manchen Abenden unterhält ein Akkordeon-Spieler die Gäste.
🕂 200 C4 ✉ 4041 Linq Lane, gegenüber Bally's Las Vegas (Ecke Flamingo Road) ☎ 702 7 32 14 24; www.battistaslasvegas.com ⏰ 16.30–22.30 Uhr (Abendessen ab 17 Uhr)

Canaletto $$
Im Venetian gibt es mehrere sehr gute italienische Restaurants, das Canaletto hat aber sicher die schönste Terrasse. Es liegt direkt im Zentrum des Markusplatzes mit herrlichem Blick auf die Kanäle. Die Atmosphäre ist gemütlich und entspannt, das Ambiente sehr schön. Auf der Karte stehen norditalienische Spezialitäten wie Risottos und viele Nudelgerichte. Die Weinkarte bietet Entdeckungen aus kaum bekannten kleinen Weinkellereien Norditaliens. Die Desserts schmecken grandios.
🕂 201 D5 ✉ The Venetian, 3355 Las Vegas Boulevard South ☎ 702 7 33 00 70; www.venetian.com ⏰ So–Do 11–23, Fr, Sa 11–24 Uhr

db grasserie $$$
Klassische Pariser Brasserie mit langer Theke, Bistrotischchen, vielen Spiegeln und gestärkten Tischdecken: Die db brasserie von Starkoch Daniel Boulud bietet zeitgemäße französische Küche mit amerikanischem Akzent – was in der Praxis nicht nur elegant veredelte Hamburger, sondern auch tunesisches Lamm mit Merguez-Wurst oder Brathühnchen mit Pommes Lyonnaise beinhaltet. Die Weinkarte konzentriert sich auf französische Weine, vor allem aus dem Rhone-Tal, Burgund und dem Elsass.
🕂 201 D5 ✉ The Venetian, 3355 Las Vegas Boulevard South ☎ 702 4 14 30 00; www.venetian.com ⏰ tägl. 11.30–23 Uhr

Firefly on Paradise $–$$
Dieses lockere Tapasrestaurant und Bar ist bei Einheimischen und Touristen gleichermaßen beliebt. Zwei Straßen vom Strip entfernt, geht es hier recht stimmungsvoll zu. Es erwarten Sie spanische Klassiker wie *patatas bravas* oder mit *chorizo* (Paprikawurst) gefüllte Champignons.
🕂 201 E5 ✉ 3824 Paradise Road ☎ 702 3 69 39 71; www.fireflylv.com ⏰ tägl. 11.30–2 Uhr

Hamada of Japan $$
Dieser Japaner, der früher mehrere Standorte in Las Vegas hatte, ist nun nur noch im Flamingo zu finden. In ruhiger Atmosphäre servieren hier in Kimonos gekleidete Kellnerinnen authentische japanische Kost: Gyoza (Jiaozi), Sushi, *tempura*- und *sashimi*-Gerichte

Wohin zum ...

usw. Am *hibachi*-Tisch kann man den *teppanyaki*-Grillexperten beim Zubereiten von Fleisch, Fisch und Gemüse zusehen.

200 C4 Flamingo, 3555 Las Vegas Boulevard South 702 4 00 33 45; www.flamingolasvegas.com tägl. 17–23 Uhr

Morimoto $$

Masaharu Morimoto, Amerikas beliebtester Starkoch aus dem Reich der aufgehenden Sonne, bringt nun auch im Mirage seine zeitgenössische, westliche Elemente integrierende japanische Küche unter die Leute. Vor allem sein Sushi, das er u. a. auch in der TV-Serie *Iron Chef* bekannt machte, ist delikat.

200 C5 Mirage, 3400 Las Vegas Boulevard South 702 7 91 71 11; www.mirage.com

Munchbar $

Dieser moderne, aber gemütliche Pub wirbt nicht umsonst mit »wahnsinnig leckerem Essen«: Hier führt die kulinarische Reise unzeremoniell von Pommes Frites aus Süßkartoffeln über chinesischen Hühnchensalat zu Hamburgern, Fisch- und Fleischgerichten. Gezapft werden kreative Gerstensäfte aus lokalen Mikrobrauereien.

200 C4 Ceasars Palace, 3750 Las Vegas Boulevard South 888 6 86 86 24, www.munchgroup.com/vegas So–Do 11–2, Fr–Sa 11–4 Uhr

Portofino $$$

Michael LaPlaca, der Chef des Portofino, zaubert aus seinen Zutaten wahre Köstlichkeiten; auf den Tisch kommt natürlich nur selbst gemachte Pasta. Der Küchenchef kocht herrlich leichte mediterrane Gerichte mit einem verführerischen Duft nach Langusten, Trüffeln, angeschwitztem Pfeffer und Basilikum. Geradezu Gedichte sind der Lachs mit Butternusskürbis oder das *osso buco* mit Safranrisotto!

200 C5 Mirage, 3400 Las Vegas Boulevard South 866 3 39 45 66; www.mirage.com Abendessen Do–Mo 17–22 Uhr

Postrio $$

Das Postrio ist eines der vielen Restaurants von Las Vegas, die Wolfgang Puck gehören. Nach einem Nachmittag in The Grand Canal Shoppes ist es ein schöner Ort zum Erholen. Im Patio stehen die Marmortische auf einem rot-gold gekachelten Boden; die Bar ist reich mit Glasmosaiken verziert. Die Speisekarte wechselt täglich, zu den Spezialitäten gehören Holzofenpizzen, Pasta, Burger und Rib-Eye-Steaks, aber auch einige europäische Spezialitäten wie Gulasch mit Spätzle und Wiener Schnitzel.

201 D5 The Venetian, 3355 Las Vegas Boulevard South 702 7 96 11 10; www.venetian.com So–Do 11–22.30, Fr, Sa 11–23 Uhr

Rao's $$$

Ganz der um die Jahrhundertwende entstandenen Institution in New York nachempfunden – mit Holztischen, die weiße Leinentischtücher zieren, roten Markisen und einer Cocktailbar, an der Sie sich schon mal einen Aperitif genehmigen können –, ist dieses beliebte italienische Lokal im Caesars Palace die perfekte Adresse für einen romantischen Abend in entspannter Atmosphäre. Die (preisgünstigen) Gerichte sind herzhaft und hausgemacht, so wie man es sich von der Großmutter immer gewünscht hat.

200 C4 Caesars Palace, 3570 Las Vegas Boulevard 702 7 31 72 67; www.caesarspalace.com Abendessen tägl. 17–22.30 Uhr

Señor Frog's $

Dieses Restaurant für gehobenes mexikanisches Fast Food ist schwer zu verpassen: Im TI folgen Sie einfach dem fröhlichen Lärm, und wenn Sie direkt vom Strip hereinkommen, halten Sie sich an den riesigen grünen Frosch über dem Eingang! Die Tacos, Fajitas und Hamburguesas schmecken gut, die Tequila-Drinks ebenso, und der Blick vom Balkon in der oberen Etage bietet neue Eindrücke vom Strip.

Von Flamingo bis Spring Mountain

🚩 200 C5 ✉ Treasure Island, 3300 Las Vegas Boulevard South ☎ 702 8 94 77 77; www.treasureisland.com 🕓 Mittagessen tägl. 11–18, Abendessen 18–22 Uhr, Bar tägl. 11–4 Uhr

BÜFETT-LOKALE

Carnival World Buffet $

Das Büfett-Lokal im Rio gehört schon seit Langem zu den besten der Stadt. Die Köche arbeiten mitten im Restaurant an mehreren Herden. Die Auswahl ist riesig, die Gerichte stammen aus elf verschiedenen Ländern – von der italienischen über die brasilianische Küche bis hin zum mongolischen Barbecue gibt es hier alles. Das Restaurant ist eines der beliebtesten in Las Vegas, kalkulieren Sie also genug Zeit ein, um es richtig genießen zu können.

🚩 200 A4 ✉ Rio, 3700 West Flamingo Road ☎ 702 9 67 40 00; www.riolasvegas.com 🕓 tägl. 8–22 Uhr 🍴 Reservierung ab 14 Personen erforderlich

Bacchanal Buffet $

Wahrlich ein Buffet der Superlative: Hier haben Sie tagtäglich die Wahl zwischen mehr als 500 von einem Team angesehener Chefs zubereiteten Gerichten. Dabei reicht die Palette von Steaks und Ribs über Seafood aus dem Süden bis zu Dim Sum und köstlichen Soufflés.

🚩 200 C4 ✉ Caesars Palace, 3750 Las Vegas Boulevard South ☎ 702 7 31 79 28; www.caesarspalace.com 🕓 Frühstück Mo–Fr 7–11, Mittagessen 11–15, Abendessen tägl. 15–22 Uhr

Village Seafood Buffet $$

Viele kennen das Restaurant nur als das »andere« Büfett des Rio. Das Village Seafood Buffet führt tatsächlich ein Schattendasein, auch hinsichtlich Qualität und Auswahl. Die Auswahl an frischen Fischen und (je nach Saison) Schalentieren, die auf alle nur erdenklichen Arten zubereitet werden, ist riesig.

🚩 200 A4 ✉ Rio, 3700 West Flamingo Road ☎ 702 7 77 79 43; www.riolasvegas.com 🕓 tägl. 15.30–21.30 Uhr 🍴 Reservierung ab 14 Personen erforderlich

BARS

iBar $

Mitten zwischen den Spielhallen liegt die hübsche Hotelbar des Rio, sie wurde extra als Oase inmitten der Geräuschkulisse der Glücksspielautomaten geschaffen. Hier geht es vergleichsweise ruhig zu, besonders angenehm ist es am Bartresen.

🚩 200 A4 ✉ Rio, 3700 West Flamingo Road ☎ 702 7 77 68 75; www.riolasvegas.com 🕓 tägl. von 14 bis mind. 2 Uhr

Wine Cellar & Tasting Room $

Viele der Besucher sind überrascht, ausgerechnet hier in Las Vegas einen der besten Weinkeller der USA zu finden. Im Keller des Rio lagern mehr als 10 000 Flaschen aus der ganzen Welt. Die Weine werden an der Bar glas- oder flaschenweise ausgeschenkt. Die Kellner kennen sich sehr gut aus, können mit jedem Experten fachsimpeln, aber auch dem Laien einen Wein empfehlen. Nehmen Sie sich Zeit für ein paar Kostproben! Ausgestellt ist auch die berühmte Sammlung der Château d'Yquem mit je einer Flasche der Jahrgänge 1855 bis 1990.

🚩 200 A4 ✉ Rio, 3700 West Flamingo Road ☎ 702 7 77 79 62; www.riolasvegas.com 🕓 Mo–Do 16–22, Fr–Sa 15–23, So 15–22 Uhr

V Bar in The Venetian $$

Hinter diesem mondänen Club stehen die Gründer zweier Szeneclubs in L. A. und New York. Jede Nacht legen hier DJs Musik unterschiedlichsten Genres auf – von Hip-Hop bis zu 1980er-Jahre-Hits.

🚩 201 D5 ✉ The Venetian, 3355 Las Vegas Boulevard South ☎ 702 4 14 32 00; www.vbarvegas.com 🕓 So–Mi 17–2, Do–Sa 17–3 Uhr; Happy Hour: 17–20 Uhr 🎟 Eintritt frei

Wohin zum …

Wohin zum … Einkaufen?

Hier bleiben keine Wünsche offen, egal ob Sie Juwelen, Kunstwerke, Voodoo-Puppen oder Karten für ein Baseballspiel suchen.

Die 2008 eröffneten **The Shoppes at the Palazzo** (Tel. 702 4 14 45 25) protzen mit 60 Luxusläden und Boutiquen – allen voran dem **Barneys New York**, dem ersten Ableger der gehobenen Kaufhauskette außerhalb des Big Apple, mit amerikanischen Designern wie Diane von Furstenberg sowie topangesagten internationalen Namen wie Jimmy Choo. Das Palazzo ist über **The Grand Canal Shoppes** mit The Venetian verbunden. Das **Masquerade Village** ist die größte Einkaufsmeile des Rio mit einem herrlichen Blick auf das Kasino und der Voodoo Lounge im 51. und 52. Stock. Und a propos Voodoo: Brauchen Sie eine Voodoo-Puppe, einen Liebestrank oder einen Glücksbringer fürs Kasino? Dann sollten Sie in **Nawlins Authentic Store** gehen, der alle möglichen und vielleicht auch nützlichen Voodoo-Artikel verkauft. Westlich vom Strip auf der anderen Seite der I-15 liegt die **Chinatown Plaza** (4255 Spring Mountain Road; Tel. 702 2 21 84 48), die man sofort an ihrem roten Dach erkennt. Zu dieser asiatischen Einkaufsmeile gehören über zwei Dutzend Geschäfte mit asiatischem Schmuck, Porzellan, Kunsthandwerk und Kleidung.

Ausgesucht Schönes finden Sie in The Mirage. Die **Watch Boutique** führt ein schönes Sortiment an Designeruhren und Schmuckstücken. In den hauseigenen Geschäften gibt es Erinnerungsstücke an die Hotelattraktion Siegfried & Roy's Secret Garden and Dolphin Habitat.

Wohin zum … Ausgehen?

Dieser Teil des Strip wartet mit vielfältigen Unterhaltungsmöglichkeiten auf: Vom traditionellen Glücksspiel über Theater bis zu Strandclubs für Erwachsene und pulsierenden Discos. Gediegener geht es in den vornehmen Lounges zu, und Spas dienen mit unterschiedlichen Wellnessbehandlungen der Entspannung.

Sie haben die Qual der Wahl. Sie können nach dem Dinner gleich im jeweiligen Resort bleiben, noch ein paar Runden Blackjack spielen und das Ende des Abend in einer der Lounges mit Drinks und cooler Live-Musik verbringen. Oder aber Sie raffen sich noch einmal auf, gehen ein paar hundert Meter auf dem Strip und besuchen eine der Shows. Die Lounges und Nachtclubs laufen ja nicht weg …

Nachtclubs

Das Nachtleben hat sich in letzter Zeit sehr verändert, weil die Hotels selbst viele neue Clubs aufgemacht haben.

Die **Bare Pool Lounge** im Mirage (Mirage; Tel. 702 5 88 56 56; tägl. 11–19 Uhr; Eintritt Herren: 40 $; Damen: 10 $) ist ein am Tag geöffneter »Nachtclub«, wie inzwischen einige in Las Vegas Einzug gehalten haben. Die Gäste chillen und posieren am Pool, genießen die Livemusik der DJs und die »europäische« Art des Sonnenbadens. Kellnerinnen im Bikini servieren Cocktails und Essen und vielleicht säubern sie sogar Ihre verschmierte Sonnenbrille. Das Konzept des **TAO Nightclub** (3355 Las Vegas Boulevard South; Tel. 702 3 88 85 88; www.taolasvegas.com; Lounge tägl. 17–1, Nachtclub Do–Sa 22–5 Uhr)

129

Von Flamingo bis Spring Mountain

fand schon in New York großen Anklang. Gute DJs und Events ziehen auch hier Berühmtheiten an. Eine 6 m hohe Buddha-Statue unterstreicht das orientalische Ambiente des Clubs, zu dem auch ein Restaurant und eine Lounge gehören. Falls Sie zu mehreren kommen, empfiehlt es sich, einen Tisch oder, etwas dekadenter, eine VIP-Skybox zu reservieren.

Unübertroffen ist das im Caesars Palace (3570 Las Vegas Boulevard South; Tel. 702 7 31 78 73; www.caesarspalace.com; Do–So, Di 22.30–4 Uhr) untergebrachte **PURE**, das auf mehreren Bühnen ein Programm bietet, das den Club zur Nachtclub-Destination Nr. 1 im Westen gemacht hat. Hier treten Stars der bekannten L.-A.-Truppe auf.

Spas

Qua Baths & Spa ist ein schickes Wellness-Center im Caesars Palace (Tel. 866 7 82 06 55; tägl. 6–20 Uhr; Eintritt Spa: 30 $; Behandlungen: ab 90 $). Zu den hochmodernen Einrichtungen dieses Spas gehört auch der Arctic Ice Room, in dem kalter, duftender »Schnee« von der Decke rieselt, oder entspannen Sie bei ultraheißen Behandlungen und wohltuenden Wasserfällen. Selbstverständlich verfügt das Themenhotel auch über römische Bäder.

Der **Canyon Ranch Spa Club** im Venetian und Palazzo (Tel. 877 2 20 26 88; tägl. 5.30–22 Uhr; Eintritt Spa: 30 $; Behandlung: ab 110 $) ist der Inbegriff des Luxus.

Lounges

Ob Livepiano- oder Clubmusik, kellnernde Models oder ein Service der alten Schule, in den Lounge-Bars der Stadt ist für jeden etwas dabei. Einen »echten« Elvis, Piano-Duelle und Rusty's All-Star-Karaoke sorgen in der **Piano Bar** (Mo, Di, Do, Fr 14–1, Sa, So, Mi 17–1 Uhr) des Harrah's für Bombenstimmung. Dagegen geht es in der in Beige- und Pinktönen gehaltenen **Shadow Bar** trotz silhouettenhaft wahrnehmbaren Nackttänzerinnen erheblich gediegener zu. Ebenfalls im Caesar befindet sich die **Seahorse Lounge**, deren Interieur sich am Unterseeboot von Kapitän Nemo orientiert. Besucher mit besonders dicker Geldbörse können ihre Greenbacks im **PURE** (▶ links) unter die Barkeeper und Animierdamen bringen.

Das charmante **Caramel** im Bellagio lockt eine ältere Klientel an, die hier in zwangloser Atmosphäre gerne eine Zigarre raucht oder einen Martini trinkt. Regelmäßige Klavierkonzerte finden in der **Baccarat Lounge** statt.

Neben dem Bellagio hat das Venetian die schönsten Lounges der Stadt. In der italienisch gestylten **La Scena Lounge** spielen jeden Abend Bands – das Spektrum reicht von klassischem Rock über Rock 'n' Roll bis hin zu moderner Popmusik. In der schicken **V Bar** sorgen DJs für Musik. Im Rio liegt die **VooDoo Lounge** 51 Stockwerke über dem Strip – von der Tanzfläche aus haben die Gäste einen sagenhaften Rundumblick auf Las Vegas. Jede Nacht legen DJs Musik auf, manchmal spielen auch Livebands.

Theater

Das imposante, zum Caesars Palace gehörende Theater **The Colosseum** (Tel. 866 2 27 59 38) öffnet seinen Vorhang für Stars wie Celine Dion, Shania Twain und Elton John. (▶ 112). Gegenüber begeistern die Komödianten George Wallace und Vinnie Favorito mit ihren Shows im **Flamingo Showroom** (Tel. 702 7 77 27 82).

Die **GoldCoast Showrooms** (Tel. 702 2 51 35 74) im Gold Coast Hotel & Casino (4000 West Flamingo Road) sind bei Komödianten, Musikern und Magiern beliebt (ab 40 $).

Von Spring Mountain bis Fremont

Erste Orientierung	132
An einem Tag	136
TOP 10	138
Nicht verpassen!	144
Nach Lust und Laune!	148
Wohin zum …	153

Kleine Erlebnisse

Amor, Elvis, Krümelmonster
Je weiter man hinter dem **Stratosphere Tower** (▶ 138) ist, desto mehr Verkleidete trifft man. Beim Foto Trinkgeld nicht vergessen!

Gärtentouren
Die nach Blumen riechenden Gärten und begrünten Atrien im **Wynn** (▶ 134) und im Encore sind wunderbare Oasen!

Kühlender Nebel
In Las Vegas kann es sehr heiß sein. Deshalb hat die **Fashion Show Mall** (▶ 148) am Strip kühlende Sprühnebel-Düsen installiert.

Von Spring Mountain bis Fremont

Erste Orientierung

Früher beherbergte dieser Teil des Strip legendäre Hotels. Heute erinnert aber nur noch das Riviera an die »Goldene Zeit« der Stadt in den 1950er- und 1960er-Jahren, als Frank Sinatra und seine Rat-Pack-Kumpel Dean Martin und Sammy Davis jr. von hier aus die Stadt unsicher machten und Showgirls und Neon-Reklamen um die Wette glitzerten. Das Stardust wurde gesprengt, das Sahara befindet sich derzeit im Umbau und wird voraussichtlich 2015 als SLS Las Vegas wiedereröffnet. Heute symbolisiert das elegante Designer-Resort Wynn Las Vegas als Flaggschiff dieses Abschnitts das neue Las Vegas. Ironie der Geschichte: Es steht an der Stelle des früheren Desert Inn, eines weiteren Vertreters der »Golden Oldies«.

Das Desert Inn wurde 1950 eröffnet. Es hatte 300 Zimmer, ein Spielkasino, sieben Geschäfte und einen Swimmingpool zu bieten. Damals betrugen die Baukosten 3,5 Mio. $ – das Hotel war eine der großen Attraktionen der Stadt. Hier trat am 3. September 1951 Frank Sinatra zum ersten Mal auf. Auf dem Golfplatz des Desert Inn spielten im Laufe der Jahre die US-Präsidenten Bill Clinton, Gerald Ford, Lyndon B. Johnson und John F. Kennedy, aber auch bekannte Entertainer und Sportler.

Das Circus Circus wurde 1968 eröffnet. Es war das erste Hotel, das Unterhaltung für jede Altersstufe anbot. Damals zahlte man generell 2,50 $ Eintritt. Weiter östlich an der Paradise Road steht das LVH – Las Vegas Hotel and Casino, das ehemalige Las Vegas Hilton, das noch früher The International Hotel hieß und mit Elvis Presley berühmt wurde. Er trat hier bis zu seinem Tod sehr häufig auf.

Spaß beim Zweifach-Looping und doppelten Korkenzieher im Canyon Blaster

Erste Orientierung

TOP 10
★ Stratosphere Tower ➤ 138
★ Wedding Chapels ➤ 140

Nicht verpassen!
㊿ Adventuredome ➤ 144
㊾ Riviera Comedy Club ➤ 146

Nach Lust und Laune!
⑳ Fashion Show Mall ➤ 148
㉑ Lake of Dreams ➤ 149
㉒ Le Rêve ➤ 149
㉓ Circus Acts ➤ 149
㉔ Crazy Girls ➤ 150
㉕ Men – The Experience ➤ 150
㉖ Vegas Indoor Skydiving ➤ 150
㉗ LVH Theater ➤ 151
㉘ Cool by the Pool ➤ 151
㉙ Illusions ➤ 152
㉚ PIN UP! ➤ 152

Von Spring Mountain bis Fremont

Viele der Shows, Ausstellungen und Attraktionen von Las Vegas finden in den Hotelanlagen selbst statt, die sich wiederum deren unterschiedliche Themen zu eigen gemacht haben. Von der Spring Mountain bis zur Fremont Road finden Sie von Elvis-Statuen über Zirkuszelte bis zu Strip-Shows einfach alles. Ein Besuch dieser Spektakel lohnt sich – schon allein, um die Atmosphäre aufzusaugen.

Wynn Las Vegas

Aus dem Schutt des alten Desert Inn entstieg wie Phönix aus der Asche Steve Wynns neuestes Las-Vegas-Projekt. Der prächtige Hotelkomplex vereint alle Superlative, die es nur geben kann: Er wartet mit über 15 Restaurants, einer Wellnessanlage mit 45 Behandlungsräumen, einer großartigen Wassershow und einem Golfplatz mit 18 Löchern auf. Die Kosten des ganzen Komplexes, an dem mehrere Jahre lang gebaut wurde, betrugen 2,7 Mrd. $. 2009 wurde er um das Encore nebenan erweitert, das wie das Wynn mit einer ebenso protzig leuchtenden Fassade aus Bronzeglas verkleidet ist. Beide Hotels sind über ein öffentliches Gelände miteinander verbunden. Nimmt man die Hotels zusammen, so ist Steve Wynns Hotelkomplex einer der größten der Welt. Im Gegensatz zum Bellagio oder Treasure Island, deren eindrucksvolle Attraktionen außerhalb des Gebäudes zu finden sind, birgt das Wynn seine »Überraschungen« im Inneren, die die Besucher also nur dann entdecken werden, wenn sie das Hotel betreten.

202 C2 3131 Las Vegas Boulevard South 702 7 70 70 00; www.wynnlasvegas.com

Circus Circus

das Circus Circus wurde 1968 am Strip eröffnet und war der erste Komplex, der Unterhaltung für jedes Alter bot. Ursprünglich gab es gar kein Hotel, sondern nur ein Kasino, die Spielemeile Midway und das größte Zirkuszelt der Welt. Erst 1972 wurde das Hotel errichtet. Heute befindet sich das Kasino im ersten Stock des Hotels. Der zweite Stock ist eine Fantasiewelt aus Karneval, hochmodernen Glücksspielen und einer großen Zirkusarena. Im Jahr 1993 kam der Adventuredome dazu, er ist der größte überdachte Themenpark der USA.

Eingang zum Circus Circus

Im LVH stand Elvis 837 mal auf der Bühne. Damals, als es noch Las Vegas Hilton bzw. The International Hotel hieß

✚ 202 C3 ✉ 2880 Las Vegas Boulevard South ☎ 877 4 34 91 75; www.circuscircus.com

Riviera

Sein neunstöckiger Turm war damals der höchste der Stadt und auch heute unternimmt das Riviera viel, um sein altes Image zu pflegen. So überrascht es nicht, dass es auch häufig als Drehort für Filme dient, die in der »guten alten Zeit« Las Vegas' spielen. Auch das Kasino selbst ist ein Teil der Geschichte von Las Vegas. Viele Weltstars sind hier aufgetreten – angefangen von Marlene Dietrich bis hin zu Orson Welles. Erst in jüngster Zeit wurden einige Umbauten und Veränderungen vorgenommen, auch die Zahl der Stars hat abgenommen. Shows wie *Crazy Girls* oder die des Riviera Comedy Club handeln jedoch immer noch von der guten alten Zeit. Stargäste treten vor allem am Wochenende und in den Ferien auf.

✚ 202 C3 ✉ 2901 Las Vegas Boulevard South ☎ 855 4 68 67 48; www.rivierahotel.com

LVH Las Vegas Hotel & Casino

Wenn Sie das ehemalige Las Vegas Hilton betreten, werden Sie sofort das Gefühl haben, dass Elvis Presley immer noch lebt. Eine überlebensgroße Statue des »King« erinnert an die insgesamt 837 ausverkauften Vorstellungen, die er hier ab 1969 gegeben hat. Der Gebäudekomplex war auch der erste in Las Vegas, der eine »Stadt in der Stadt« war, weil es im Hotel alles gab, was man brauchte: Unterhaltung, Spielkasinos, Restaurants und Geschäfte, sodass es überhaupt nicht mehr nötig war, das Haus zu verlassen.

Immer wieder erregte der Kasino- und Hotelkomplex als Filmset national wie international Aufsehen: Hier wurden u. a. *Diamantenfieber* (1971) und *Ein unmoralisches Angebot* (1993) gedreht. Das Hotel hat hervorragende Restaurants und eine schöne Einkaufsmeile. Zudem wurde es für 100 Mio. US$ saniert und hat nun zusätzlich eine Hochzeitskapelle und ein Spa, und auf der Bühne des 1600 Zuschauer fassenden LVH-Theaters sind Berühmtheiten wie Barry Manilow zu sehen.

✚ 203 D3 ✉ 3000 Paradise Road ☎ 702 7 32 51 11; www.thelvh.com

Von Spring Mountain bis Fremont

An einem Tag

Sie wissen nicht genau, wo Sie Ihre Tour beginnen sollen? Nehmen Sie diesen Tourenführer und lassen Sie sich zu den interessantesten Attraktionen von der Spring Mountain Road bis zur Fremont Street geleiten. Detailliertere Informationen finden Sie unter den jeweiligen Haupteinträgen (➤ 138ff).

🕘 9:30
Starten Sie bei der **60 Fashion Show Mall** (➤ 148f) mit Kaffee und einem guten Stück Kuchen im Nordstrom Marketplace Cafe. Gestärkt geht's dann zu einem tollen Einkaufsbummel im Einkaufszentrum. Hier locken Geschäfte wie Saks Fifth Avenue, Macy's, Neiman Marcus und Bloomingdale's Home.

🕛 12:00
Über die den Strip überspannende Brücke geht es zum Wynn Las Vegas, um dem **61 Lake of Dreams** (➤ 149) einen Besuch abzustatten. Eine mittägliche Stärkung können Sie in einem der Hotelrestaurants einnehmen. Und dann bestellen Sie sich kurz vor 13 Uhr einen köstlichen Mango-Martini (es sind aber alle Cocktails gut) in der Parasol Up Bar (Bild rechts), um die immer zur vollen Stunde startende Multimedia-Show Lake of Dreams zu genießen.

🕑 14:00
Erleben Sie jetzt wilde Abenteuer im Themenpark **58 Adventuredome** des Circus Circus (unten, ➤ 144). Keinesfalls versäumen sollten Sie außerdem die kostenlosen Zirkusdarbietungen (**63 Circus Acts**, ➤ 149f) im gleichen Hotel.

An einem Tag

🕒 15:30
Nehmen Sie vom Circus Circus aus ein Taxi und fahren Sie rüber zum ★**Stratosphere Tower** – wenn Sie ein starkes Nervenkostüm besitzen, kaufen Sie dort ein Ticket für den atemberaubenden Big Shot (▶ 138).

🕒 17:00
Reservieren Sie im Restaurant Top of the World im ★**Stratosphere** (▶ 139f) einen Tisch fürs Abendessen um 18.30 oder 19 Uhr.

🕒 18:30
Genießen Sie die vorzüglichen Gerichte im Top of the World, das eine grandiose Aussicht bietet – und sich um seine eigene Achse dreht.

🕒 20:00
Gehen Sie ins Riviera und sehen Sie sich die beliebteste Comedy-Show der Stadt an: **59 Riviera Comedy Club** (▶ 146f). Tickets im Voraus buchen!

🕒 23:30
Falls es Samstag ist – und Sie nicht schon völlig ausgepowert sind –, sollten Sie in die freizügige Spätvorstellung **64 Crazy Girls** (▶ 150) gehen. Wem der Sinn dagegen eher nach Romantik steht und wer Lust auf etwas Verrücktes hat, der kann in einer der ★**Wedding Chapels** (▶ 140ff) heiraten.

Von Spring Mountain bis Fremont

⭐ Stratosphere Tower

Der Stratosphere Tower ist der höchste freistehende Aussichtsturm der Vereinigten Staaten. Er hat zwei Aussichtsplattformen, ein Gourmetrestaurant, Bankett- und Tagungsräume sowie drei spannende Attraktionen, die für Nervenkitzel sorgen. Zusammen mit dem Strat-O-Fair Midway markiert das Hotel das nördliche Ende des Las Vegas Strip.

550 Mio. $ hat der Bau des Stratosphere Hotel, des Kasinos und der Einkaufsmeile – The Tower Shops at the Stratosphere – insgesamt gekostet. Dieser Turm gehört zum **Pflichtprogramm** von Las Vegas! Mit seinen 350 m Höhe hat er die Skyline von Las Vegas nachhaltig verändert. Der Turm ist das höchste Bauwerk der USA westlich des Mississippi und höher als die Space Needle in Seattle, der Tokyo Tower in Tokio und der Eiffelturm in Paris.

Eröffnet wurde der Turm im November 1995, seine Spitze musste mit einem Hubschrauber aufgesetzt werden. Die zwölf Stockwerke hohe Spitze wird »pod« genannt, der auf den drei »legs« (Beinen) des Turms steht. Zum Pod in 236 m Höhe fahren vier **Aufzüge**, die mit einer Geschwindigkeit von 550 m/min nach oben rauschen – die Fahrt dauert dabei nur 30 Sekunden. Oben gibt es zwei **Aussichtsplattformen**, von denen eine innen und die andere außen liegt. Die geschlossene Plattform befindet sich 261 m über der Erde, ist klimatisiert und bietet einen Rundumblick. Hier gibt es Souvenirläden, Virtual-Reality-Spiele, eine Snackbar und Aufzüge zum abenteuerlichen Big Shot. Die offene Aussichtsplattform liegt 265 m über dem Erdboden.

Der Stratosphere Tower ist ein eindrucksvolles Beispiel moderner Architektur

Spektakuläre Fahrgeschäfte

Die Attraktionen hier haben vielversprechende Namen: Insanity, Big Shot, X-Scream und Sky Jump. **Insanity** (»Wahnsinn«) ist ein Arm mit zehn Sitzplätzen, der sich mit einer Geschwindigkeit von 3 G (Einheit zur Berechnung der Beschleunigung/Gravitation) dreht und dabei 20 m über den Rand des Gebäudes hinausschwingt. **X-Scream** schleudert seine Insassen 9 m über den Rand hinaus, die dann scheinbar schwerelos 264 m hoch über dem Strip hängen!

Auch der **Big Shot** auf Level 113 ist nichts für schwache Nerven: Sechzehn Passagiere werden 40 m hoch in die Luft geschleudert und erleben dabei eine Kraft von 4 G. Die Spitzengeschwindigkeit beträgt 72 km/h. Außerdem ist da noch der 2010 eröffnete **Sky Jump**: Dabei springt man, von drei Stahlseilen gesichert, aus 260 m Höhe in die Tiefe.

Einfach »Wahnsinn«: eine Nachtfahrt im »Insanity«

Eine weitere Attraktion ist **Strat-o-Fair** (tägl. geöffnet, Eintritt frei). Hier gibt es alte Fahrgeschäfte, wie sie etwa auf der Weltausstellung in Seattle 1962 gezeigt wurden: Ein batteriebetriebener Autoscooter, ein restauriertes Riesenrad von 1958 und Little Shot, eine kleine Variante des Big Shot. Thema sind die **Zukunftsvisionen von 1960** – beispielsweise Hyper-Bowl, ein Virtual-Reality-Bowlingspiel mit 3 m großem Bildschirm. Snacks und Drinks bekommt man im Astro Snacks und in der Launch Pad Lounge.

Shows
Unterhaltung wird im **Broadway Showroom** geboten, gleich neben dem Sockel des Turms. Abends stehen drei Shows auf dem Programm. Frankie Moreno und seine Zehn-Mann-Big-Band heizen allabendlich mit alten und neuen Hits ein. Etwas fürs – erwachsene – Auge bieten die Showgirls von **70 PIN UP!** (▶ 152).

KLEINE PAUSE
In den Stockwerken 106 und 107 befinden sich das **Top of the World Restaurant** und seine Lounge. Vom Drehrestaurant aus bietet sich der beste Blick auf Las Vegas. Es ist täglich mittags und abends geöffnet und bietet kulinarische Sensationen wie Lammkarree aus Neuseeland und Seebarsch aus Chile. Berühmt ist die Nachspeise Chocolat Stratosphere. Über dem Restaurant liegt die AirBar, sie bietet eine große Auswahl an alkoholischen Getränken.

✚ 203 D4 ✉ Stratosphere, 2000 Las Vegas Boulevard South
☎ 800 9 98 69 37; www.stratospherehotel.com 🕐 So–Do 10–1, Fr–Sa 10–2 Uhr 🎟 Turm: 18 $, Fahrten extra

BAEDEKER TIPP

- Wer eine **Reservierung für das Restaurant Top of the World** hat, zahlt für den Turm keinen Eintritt. Das Restaurant hat einen separaten Eingang.
- Mit einem **Kombiticket** für zwei oder mehr Fahrten hat man ebenfalls Zugang.
- Die **Mindestgröße** für die Fahrt im Big Shot liegt bei 1,22 m.
- Am Abend können Sie hier eine **romantische Aussicht** über den Strip genießen.

Von Spring Mountain bis Fremont

⭐ 8 Wedding Chapels

Was wäre Las Vegas ohne seine Hochzeitskapellen? Am Strip nördlich der Sahara Avenue gibt es einige dieser »Wedding Chapels«. Auch wenn diese – manche kaum größer als ein Pavillon, andere so unecht und märchenhaft wie eine Filmkulisse – von den luxuriösen Themenhotels, die inzwischen hoteleigene Hochzeitskapellen bieten, buchstäblich in den Schatten gestellt werden, so sind sie doch eine feste Größe im alten Las Vegas.

Das Schild an der **Little White Wedding Chapel** dürfte auch für Joan Collins und Michael Jordan geleuchtet haben, und dazu gab es noch ein rosa Herz mit ihren Namen. Beide Promis heirateten hier (allerdings nicht einander) und bis heute rühmt sich die Kapelle vieler prominenter Paare, die sich hier ihr Jawort gaben. Aber lassen Sie sich nicht blenden von all den Engeln, Blumen und Liebesgedichten, mit denen diese Kapelle auf ihrer Website wirbt: Das Geschäft ist knallhart und erstickt jegliche Romantik. Viele der hier getrauten Paare beklagen eine zu dürftige Zeremonie und zu hohe Gebühren. Denn wer schon bereit ist, für das »Honeymooner Package« 824 $ auf das Basispaket »Lover's Package« draufzulegen, der kann auch etwas mehr als nur ein paar Extrafotos, eine eingerahmte Heiratsurkunde und ein Glas Champagner erwarten.
Die als »Little White Wedding Chapel« bezeichnete Kapelle ist so klein nicht: Tatsächlich sind es ganze fünf Kapellen.

Die Graceland Wedding Chapel ist ebenfalls eine beliebte Hochzeitskapelle in Las Vegas

140

Der King lebt: Elvis-Doubles sieht man auf vielen Hochzeiten in Vegas

HOCHZEIT ALS KOMPLETTPAKET

Die meisten Hochzeitskapellen haben ein ähnliches Programm – es ist lediglich etwas anders aufgezogen. Blumen, Limousine, Fotos und eine bestimmte Musikauswahl sind jedoch traditionelle Bestandteile des Hochzeitspakets. Viele bieten neuerdings auch die Live-Übertragung der Trauung über das Internet für die Verwandten und Freunde in der Heimat an. Extrawünsche werden natürlich zusätzlich in Rechnung gestellt. Eine Zusatzausgabe für Heiratswillige ist das obligatorische Trinkgeld für den Pfarrer und den Chauffeur in Höhe von jeweils 50 $.

die sich hinter diesem bescheidenen Namen verstecken. Wer's eilig hat, kann in einer »Drive-in«-Kapelle heiraten: Und zwar im Tunnel of Love – auch wenn das Paar für das Jawort kurz aussteigen muss.

Themenhochzeiten

Elvis-Fans sind in der **Graceland Wedding Chapel** bestens aufgehoben. Sie wirbt damit, die »originale, weltberühmte Hochzeitskapelle mit dem King« zu sein. Hei-

Von Spring Mountain bis Fremont

raten wird der »King« Sie zwar nicht, aber Sie können bei ihm Ihr Ehegelübde erneuern, oder aber er begleitet die Zeremonie mit Gesang, während ein echter *minister* (Pfarrer) Sie und Ihr Herzblatt traut. Das Gute am Elvis-Imitator ist, dass er sich ganz nach Ihrem Geschmack präsentiert: als der ganz junge Elvis in schwarzer Lederkluft oder im Lamé-Anzug, wie man ihn aus Zeiten seiner Hollywood-Karriere kannte, oder in einem weißen Hosenanzug und mit funkelnder Sonnenbrille. Wenn Sie es wünschen, fährt das Elvis-Double sogar in einem pinken Cadillac vor. In der freistehenden Kapelle ist für etwa 100 Gäste Platz. Sie ist eine der größten in Vegas, allerdings finden die wenigsten Trauungen in Vegas mit so vielen Hochzeitsgästen statt.

Die **Viva Las Vegas Wedding Chapel** macht ebenfalls eine Vermählung durch die Rock-'n'-Roll-Ikone möglich. Im Gegensatz zu vielen anderen Hochzeitskapellen geht man hier sehr freundlich miteinander um und es herrscht keine Atmosphäre wie am Fließband. Besonderes Highlight hier sind

Wenn das Brautpaar das wünscht, wird es von einer Limousine zum Hotel gebracht

BAEDEKER TIPP

- Obwohl man in Las Vegas rund um die Uhr heiraten kann, sollte man seine Hochzeitskapelle doch lieber vorher **reservieren**.
- Wie wäre es mit **Flitterwochen** in »Paris« (Paris Las Vegas, ▶ 76f), »Venedig« (The Venetian, ▶ 107) oder im »Antiken Rom« (Caesars Palace, ▶ 106)?

Wedding Chapels

die Themenhochzeiten. Kostümverleih ist inklusive. Wer es gruselig mag, kann eine Kulisse im Stil der Rocky Horror Picture Show, von Alice Cooper oder Vampiren wählen, ansonsten sagen vielleicht die Themen Elvis, Liberace oder Tom Jones zu. Oder wie wär's mit einer Hochzeit in einem »Diner« der 1950er-Jahre? Die »Doo Wop Diner Wedding Chapel« ist mit echten Memorabilien und Möbeln aus dieser Zeit ausgestattet und in knalligem Türkis und Schwarz gehalten – ein Ort, an dem sich Elvis sicher wohl gefühlt hätte.

»Drive-through«-Hochzeiten sowie traditionelle Trauzeremonien werden in der **A Special Memory Wedding Chapel** abgehalten. Der Veranstalter organisiert auch Hochzeiten in der Wüste, im Hubschrauber oder in den Bergen.

Little White Wedding Chapel
✚ 203 E5 ✉ 1301 Las Vegas Boulevard South ☎ 702 3 82 59 43;
www.alittlewhitechapel.com

Graceland Wedding Chapel
✚ 203 E5 ✉ 619 Las Vegas Boulevard South ☎ 702 3 82 00 91;
www.gracelandchapel.com

Viva Las Vegas Wedding Chapel
✚ 203 E5 ✉ 1205 Las Vegas Boulevard South ☎ 702 3 84 07 71;
www.vivalasvegasweddings.com

A Special Memory Wedding Chapel
✚ 203 E5 ✉ 800 South Fourth Street ☎ 702 3 84 22 11;
www.aspecialmemory.com

Elvis bringt bei einer Hochzeit in der Viva Las Vegas Wedding Chapel ein Ständchen

Von Spring Mountain bis Fremont

58 Adventuredome

Ein Sprichwort besagt, dass das ganze Leben ein ewiges Auf und Ab sei: Hier im Adventuredome im Circus Circus Las Vegas wurde dieses Sprichwort im ganz großen Stil in die Tat umgesetzt.

Der Adventuredome ist einer der größten überdachten Themenparks der Vereinigten Staaten – seine größte Attraktion ist die einzige überdachte Achterbahn mit Doppel- und Doppelschrauben-Looping: Der **Canyon Blaster** rast mit einer Geschwindigkeit von bis zu 88 km/h durch die Halle. Unter der 2 ha großen Kuppel wurde eine künstliche Grand-Canyon-Landschaft nachgebildet. Die 19 Attraktionen sind für Kinder jeden Alters gedacht und kosteten insgesamt 90 Mio. $.

Die **Glaskuppel** ist 61 m hoch und besteht aus insgesamt 8615 Glasplatten, von denen jede über 136 kg wiegt. Die Anlage wurde 1993 mit damals vier Attraktionen eröffnet.

> Der Canyon Blaster ist nichts für schwache Nerven

🎢 Fahrgeschäfte und andere Attraktionen

Neben dem Canyon Blaster gehört **El Loco** zu den beliebtesten Attraktionen. »Der Verrückte« ist eine magenverdrehende Achterbahn auf engstem Raum, bei der die Fahrgäste am Ende bis dicht unter das Glasdach kommen und dann 30 m senkrecht in die Tiefe stürzen.

Im **Chaos** werden 18 Gondeln mit Platz für je zwei Personen durch die Luft gewirbelt. Geschwindigkeit und Intensität der Drehungen garantieren jede Menge Spaß.

SPANNENDE FAKTEN
Der Adeventuredome ist 365 Tage im Jahr geöffnet und auf konstant 22 °C klimatisiert. Im Kanal des Rim Runner und im Wasserfall zirkulieren 2,27 Mio. l Wasser. Die höchste »Erhebung« im Themenpark ist 43 m hoch.

Adventuredome

BAEDEKER TIPP

- Für die einzelnen Fahrgeschäfte ist eine **Mindestgröße** vorgeschrieben; ausführliche Hinweise darüber sind am Eingang ausgehängt. Im Allgemeinen müssen Kinder bei den spektakulären Attraktionen mindestens zwischen 1 und 1,20 m groß sein, um mitfahren zu dürfen.
- Im Gegensatz zu allen anderen Themenparks der Stadt befindet sich dieser **innerhalb** und nicht außerhalb des Hotels, was bei der draußen herrschenden Hitze eine angenehme Abwechslung darstellt. Außerdem erhellt natürliches Licht den Themenpark.

Im **Inverter** wird man buchstäblich auf den Kopf gestellt, während im **Lazer Blast** Laserkanonen zum Einsatz kommen. In der **Xtreme Zone** können Abenteurer jeden Alters Wände hochklettern und auf einem Bungee-Trampolin kühne Sprünge wagen. **Pike's Pass**, eine Minigolfanlage mit 18 Löchern, ist etwas für geruhsamere Zeitgenossen.

Im Adventuredome entstehen ständig neue Attraktionen – die eine mehr, die andere weniger begeisternd. Recht unbeeindruckend ist der Animationsfilm **Marvin the Martian** (Marvin der Marsmensch) im 4-D-Theater. Nicht versäumen sollten Sie allerdings die kostenlosen **Zirkus-Shows**, die ab 11 Uhr auf der Hauptbühne des Circus Circus stattfinden. Je nach Vorstellung kann man fliegende Trapez-Artisten oder todesmutige Akrobaten bewundern. Der Themenpark hat aber auch etliche **Attraktionen für kleinere Kinder,** u. a. ein Kettenkarussell und viele andere Fahrzeuge, in die die Eltern zusammen mit ihren Kindern einsteigen können.

Chaos – ein unberechenbares Fahrgerät

202 C3 ✉ Circus Circus, 2880 Las Vegas Boulevard South
☎ 702 7 94 39 39; www.adventuredome.com 🕐 Mo–Do 11–18, Fr–So 10–24 Uhr 🎟 frei; Achterbahnfahrten: 10 $ pro Fahrt; Tagesticket 30 $

Von Spring Mountain bis Fremont

59 Riviera Comedy Club

Er verteidigte seinen Titel als bester Comedy-Club von Las Vegas sechs Jahre in Folge. Und wer hierher kommt, hat definitiv einiges zu lachen.

In diesen Comedy-Club lockte es schon einige der **berühmtesten Komiker der USA**, darunter Lee Levine, Willie Farrell, Bob Coutreau, Diane Ford, Steve Marshall und Johnny Rizzo. Auch Wendy Hammers, die Auftritte in den US-Fernseh-Comedyreihen »Lass es, Larry!« und »Die Sopranos« hatte, trat hier auf. Der als riesige Showbühne für die ganz großen Stars angesagte Club bietet tatsächlich nur 350 Zuschauern Platz. Aber anders als bei den meisten größeren Comedy-Shows der Stadt, kann das Publikum hier das Geschehen auf der Bühne fast schon **hautnah** miterleben.

Manhattan-Feeling

Ein überdachter Eingang, neonbeleuchtete Wände sowie dicht aneinandergereihte Sitzplätze sollen die Atmosphäre eines für Manhattan typischen Comedy-Treffs wiedergeben. Erwarten Sie daher nicht den Glamour, wie ihn etwa das Wynn bietet. Statt Marmorfußboden und Lüster finden Sie vielmehr eine mit Tischen vollgestopfte Location mit schäbigem Teppichboden vor – aber genau das macht den **Charme** dieses Ortes aus. An den meisten Abenden heizen zunächst ein Zeremonienmeister und diverse Komiker dem Publikum ein, ehe einer der eigentlichen Stars des Abends die Bühne betritt. Jede Woche erklingt hier ein anderer großer Name der **Comedy-Szene** – und damit wird hier auch sehr unterschiedlicher Humor geboten – von albern bis sehr trocken. Aber auch Bauchredner oder Hypnosekünstler sind Teil des Programms.

Ein Abend im Riviera Comedy Club

Es gibt eine Vorstellung pro Abend, und diese bietet sich ideal für einen Besuch nach dem Abendessen an (**reservieren** Sie so früh wie möglich online!). Der Comedy-Club befindet sich im zweiten Stock des Mardi-Gras-Unterhaltungskomplexes im Riviera, in dem auch die Revueshow »Crazy Girls« (➤ 150) zu sehen ist.

Im Riviera erwartet Sie der Riviera Comedy Club mit vielen Gründen zum Lachen

202 C3 ✉ Riviera, 2901 Las Vegas Boulevard South ☎ 855 4 68 67 48; www.rivierahotel.com ⏱ Show: tägl. 20.30 Uhr; unbedingt im Voraus reservieren! 💰 30 $

BAEDEKER TIPP

Das **Mindestalter** für einen Besuch im Riviera Comedy Club beträgt **18 Jahre**; halten Sie Ihren **Pass** bereit!

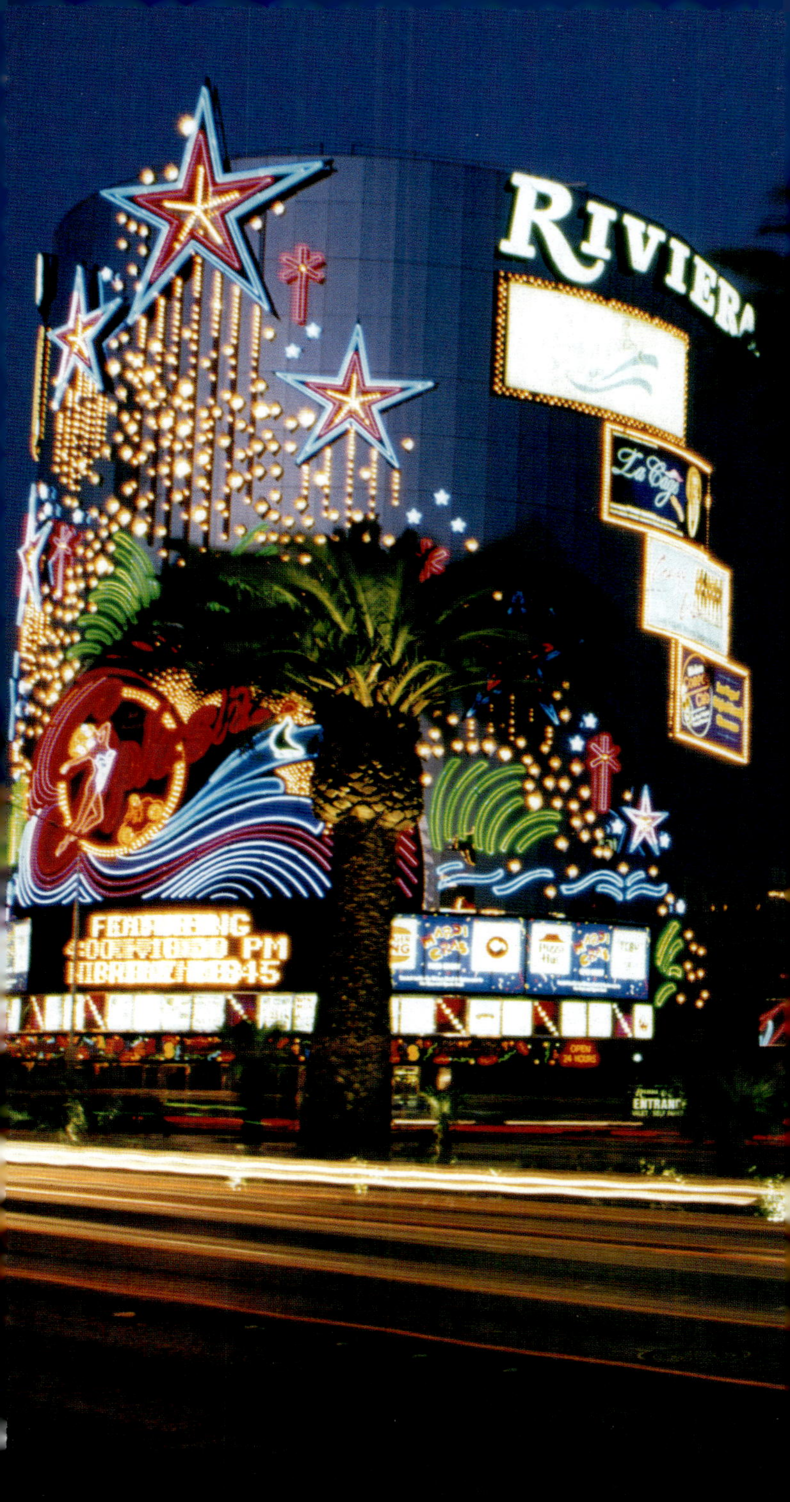
RIVIERA

Von Spring Mountain bis Fremont

Nach Lust und Laune!

Die Fashion Show Mall präsentiert Angesagtes von den Laufstegen der Welt

60 Fashion Show Mall

Die Mall wurde 1982 gebaut und liegt an der Kreuzung des Las Vegas Boulevard und der Spring Mountain Road. Für alle Shoppingfans ist die Fashion Show Mall ein Erlebnis. Die Einkaufsmeile war die erste, die am Strip eröffnet wurde, und noch heute ist man stolz darauf, dass sie eine solche Vielfalt an amerikanischen Kaufhäusern aufweist: Hier sind Saks Fifth Avenue, Neimann Marcus, Dillard's, Macy's und Robinsons-May vertreten. Außerdem gibt es dort zwei weitere Kaufhäuser: das erste Nordstorm der Stadt sowie Bloomingdale Home. Damit gehört diese Straße zu den zehn größten Einkaufsstraßen der Vereinigten Staaten. Neben den Kaufhäusern gibt es über 250 Einzelhandelsgeschäfte auf zwei Stockwerken, darunter Betsey Johnson, Cache, bebe, Victoria's Secret, Williams-Sonoma, Bally of Switzerland, Express und Thomas Kincade Gallery. Dazwischen haben sich außerdem etliche Restaurants niedergelassen.

Nach Lust und Laune!

Le Rêve ist eine Show zum Träumen

🚩 200 C2 ✉ Wynn Las Vegas, 3131 Las Vegas Boulevard South ☎ 702 7 70 70 00 🍴 Dinner-Reservierung 702 2 48 34 63 🕐 tägl. etwa halbstündl. 17.30–22.30 Uhr

62 Le Rêve
Angeblich soll Steve Wynn davon abgeraten worden sein, die Show nach seinem Lieblingsgemälde »Der Traum« von Picasso zu benennen, das er für 48,4 Mio. $ erworben hatte und das seine Show letztlich inspirierte. Doch die Kritiker sind verstummt und die Besucher von der extravaganten Vorstellung begeistert. Schwebende Engel und halbnackte Artisten vollbringen fantastische Kunststücke in der Luft und im Wasser. Es wurde eigens für die Show ein kreisrundes Auditorium gebaut, das mit einem 4,5 Mio. l Wasser fassenden Becken ausgestattet ist, welches als Bühne dient. »Le Rêve« erzählt die Geschichte einer jungen Frau, die in einen tiefen Schlaf fällt und einen sinnlichen Traum als schillernde Wasserjungfrau erlebt.

🚩 202 C2 ✉ Wynn Las Vegas, 3131 Las Vegas Boulevard South ☎ 702 7 70 70 00, 702 7 70 99 66 🕐 Fr–Di 19 und 21.30 Uhr 💰 134 $

🚩 202 B2 ✉ 3200 Las Vegas Boulevard South Ecke West Spring Mountain Road ☎ 702 3 69 83 82; www.thefashionshow.com 🕐 Mo–Sa 10–21, So 11–19 Uhr; variiert je nach Geschäft/Restaurant

61 Lake of Dreams
Während das musikalische Wasserspiel am Bellagio eine Stimmung wie im Italien der Renaissance erzeugt, sieht sich der Besucher am »Lake of Dreams« vielmehr einem Werk gegenüber, das irgendwie an Picasso erinnert und sich ihm nicht sofort erschließt. Die Show – eine Kreation Wynns – findet in der Nähe der Hauptlobby statt, an einem künstlichen See, der von einer schimmernden Wasserwand gefüllt wird. Ein unter der Wasseroberfläche installiertes LED-System kreiert Tausende bunter Lichter, die etwa singende Frösche, plötzlich zuschnappende Schlangen und andere skurrile Bilder darstellen. Die beste Sicht auf die Show sowie den Sonnenuntergang können Sie vom Parasol Up aus bei einem leckeren Cocktail genießen – oder Sie reservieren einen Tisch im SW Steakhouse.

63 Circus Acts
Das Markenzeichen des Circus Circus Hotel, Casino & Theme Park sind die herrlichen Zirkusvorstellungen, die unter dem »Big Top« aufgeführt werden. Künstler aus aller Welt zeigen ihre Kunststücke in der Midway Stage im Circus

Von Spring Mountain bis Fremont

Pretty in Pink – die Crazy Girls

Circus und machen sie zum größten stationären Zirkus der Welt. Ausgezeichnete Akrobaten, Trapezkünstler und Clowns gehören zu den ständigen Stars der Manege. Die Zirkusvorstellungen haben enorm zum Erfolg des Circus Circus beigetragen, das sich von einem Zirkus zu einem der größten Hotels in Las Vegas entwickelt hat. Die Vorstellungen sind kostenlos. Auf der Website können Sie das Programm einsehen.

✚ 202 C3 ✉ Circus Circus, 2880 Las Vegas Boulevard South ☎ 702 7 34 04 10; www.circuscircus.com ⏰ tägl. 11–24 Uhr; zwei Vorstellungen pro Stunde 💵 frei

64 Crazy Girls
Die »Oben-ohne«-Show von Norbert Aleman läuft schon seit 1987 mit riesigem Erfolg und wurde immer wieder verändert. Die aktuelle Show ist noch erotischer als die alte. Hier tanzen Frauen zu wilden Rhythmen zeitgenössischer Popmusik. Auch wenn das Publikum überwiegend aus Männern besteht, besuchen durchaus auch Paare die Show.

✚ 203 D3 ✉ Riviera, 2901 Las Vegas Boulevard South ☎ 702 7 94 94 33; www.crazygirlslv.com ⏰ Mi–Mo 21.30 Uhr 💵 50–71 $

65 Men – The Experience
Ladys, aufgepasst: Die seit 2014 laufende Show dreht sich nur um das Eine: schöne Männer mit Bizeps und Six Packs! 75 Minuten lang stolzieren die Herren über die Bühne, mal als Polizisten, mal als Feuerwehrmänner, mal als Cowboys. Woran man den jeweiligen Beruf erkennt? An den Kopfbedeckungen natürlich ...

✚ 203 D3 ✉ Riviera, 2901 Las Vegas Boulevard South ☎ 702 7 94 95 25; www.mentheexperience.com ⏰ tägl. 19 Uhr 💵 50–70 $

66 Vegas Indoor Skydiving
Der klare Himmel und der Wüstenboden Nevadas sind ideale Voraussetzungen für einen Fallschirmsprung. Wem das etwas zu viel Adrenalin ist, der traut sich vielleicht Folgendes: Ein riesiger, unter einem Gitterboden installierter Ventilator generiert einen bis zu knapp 200 km/h schnellen Luftstrom, der einen Auftrieb bewirkt. Sobald Sie in diesen Windkanal hineinsprin-

Nach Lust und Laune!

gen, können Sie wie bei einem echten Fallschirmsprung den freien Fall erleben, nur dass Sie eben immer auf einer Höhe schweben. Nach einer Instruktion zur Sicherheit und Körperhaltung kann's losgehen. Das Vergnügen dauert nur drei Minuten, entspricht aber ungefähr vier bis fünf echten Sprüngen – und das zu einem Preis von weniger als einem. Trinken Sie vor dem »Flug« genug Wasser, tragen Sie lange Hosen und bringen Sie Ersatzkleidung mit, denn man kommt leicht ins Schwitzen. Kinder dürfen nur teilnehmen, sofern sie das erforderliche Gewicht haben. Wer danach das wahre Abenteuer des freien Falls sucht, kann sich bei Vegas Extreme Skydiving (Tel. 866/398 58 67; www.vegasextremeskydiving.com) für einen Sprung anmelden.

✚ 202 C3 ✉ 200 Convention Center Drive ☎ 702 7 31 47 68; www.vegasindoorskydiving.com 🕐 tägl. 9.45–20 Uhr 💰 75 $/Flug

Vegas Indoor Skydiving – eine ungefährlichere Methode des freien Falls

67 LVH Theater

Mit 1500 Sitzplätzen, von denen keiner weiter als 26,5 m von der Bühne entfernt ist, gehört dieses Haus zu den großen alten Theatern der Stadt. Hier trat viele Jahre lang Elvis Presley selbst auf, aber auch Stars wie Johnny Mathis, Lynyrd Skynyrd oder Schmusesänger Barry Manilow wurden hier bereits bejubelt.

✚ 203 D3 ✉ LVH Las Vegas Hotel, 3000 Paradise Road ☎ 702 7 32 57 55; www.thelvh.com 🕐 Shows meist abends, Zeiten variieren 💰 50–80 $

68 Cool by the Pool

Die Pool-Landschaft der Stadt wird immer besser, und das LVH Las Vegas Hotel & Casino hat seinen Teil dazu beigetragen. Täglich zur sogenannten »Cool-by-the-Pool«-Happy Hour (16–20 Uhr) gibt dieses Hotel vergünstigte Getränke, beispielsweise zwei für den Preis von einem, sowie Snacks für 2 $ heraus. Darüber hinaus wird auch Livemusik geboten. Der Pool befindet sich im dritten Stock und eröffnet einen fabelhaften Blick auf die Stadt – es ist wirklich der ideale Ort, um den Abend einfach ganz entspannt ausklingen zu lassen und die letzten Sonnenstrahlen des Tages zu genießen.

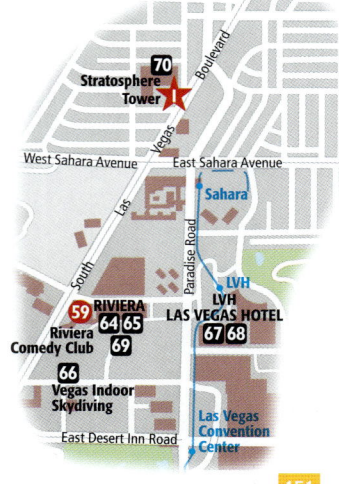

Von Spring Mountain bis Fremont

✚ 203 D3 ✉ LVH Las Vegas Hotel, 3000 Paradise Road ☎ 702 7 32 5111; www.lvhilton.com ⏰ Happy Hour tägl. 16–20 Uhr

69 Illusions

Die Show von Jan Rouven wurde 2013 zur besten Zaubershow in Vegas gekürt und gehört sicherlich zu den anspruchsvolleren jener Events, bei denen Illusionisten die Wahrnehmung mit ausgefeilten Tricks in die Irre führen. Jan Rouven geht dabei noch einen Schritt weiter. In seiner Show, bei der die Vorführungen nahtlos ineinander übergehen, lässt er u. a. Zuschauer mit einem scharfen Messer Russisches Roulette spielen und steigt, in Handschellen und mit Ketten gefesselt, in einen Wassertank – und schafft es jeden Abend, sich kurz vor dem Ertrinken zu befreien.

✚ 203 D3 ✉ Riviera, 2901 Las Vegas Boulevard South ☎ 855 4 68 67 48; www.rivierahotel.com ⏰ tägl. 19 Uhr 💵 60–100 $

70 PIN UP!

»Glamour with a Swingin' Beat«: Zum flotten Sound einer Live-Bigband tanzen, stolzieren und präsentieren sich hier in allerhand erotischen Posen die – zumindest für die Kritiker – schönsten Showgirls von Las Vegas. Angeführt vom Playmate Claire Sinclair zeigen die Damen auch ihr Gesangstalent und entführen den Besucher dabei scheinbar mühelos in eine Art lebenden Pin-Up-Kalender.

✚ 203 D4 ✉ Stratosphere, 2000 Las Vegas Boulevard South ☎ 702/380 77 77; www.stratospherehotel.com ⏰ Shows: Do–So 22.30 Uhr 💵 50 $ (mit 2 Cocktails 60 $)

Sexy Las Vegas: Die Showgirls von PIN UP! räkeln sich gekonnt auf der Bühne

Wohin zum ...
Essen und Trinken?

Preise
Die Preise gelten für ein Essen ohne Getränke, Steuern und Service:
$ unter 30 $ $$ 30–60 $ $$$ über 60 $

RESTAURANTS

Bartolotta Ristorante di Mare $$$
Eine Wendeltreppe geleitet die Gäste hinab in dieses Restaurant mit Blick auf einen See und hervorragender italienischer Küche zu angemessenem Preis. Küchenchef Paul Bartolotta lässt seinen Fisch täglich aus Italien einfliegen, und dieser ist wirklich fantastisch. Aber auch viele weitere Gerichte erfreuen den Gaumen, darunter *pollo alla Riviera Ligure* – Huhn mit Artischocken, Spargel und Steinpilzen – sowie die ausgezeichnete Pizza. Der Salat aus Erdbeeren mit *mascarpone sorbetto* bildet einen süßen Abschluss.
202 C2 ✉ Wynn Las Vegas, 3131 Las Vegas Boulevard ☎ 702/770 33 05; www.wynnlasvegas.com ⏰ tägl. 17.30–22 Uhr

California Pizza Kitchen $
Ein Boxenstop in der Mall muss keineswegs schlecht sein. California Pizza Kitchen in der Fashion Show Mall (unweit Dillard's) fährt leckere Pizzen auf: knusprig aus dem Backofen und mit frischen Produkten aus der Umgebung und aus dem Nachbarstaat Kalifornien. Neben Klassikern wie der BBQ Chicken Pizza und der California Club Pizza können Sie hier auch sündhaft gute Chicken-Tequila-Fettucini und Tortilla-Spring-Rolls ordern. Die Atmosphäre ist entspannt und kinderfreundlich, deshalb geht es mitunter recht laut zu.
202 B2 ✉ 3200 Las Vegas Boulevard South ☎ 702/369 83 82; www.thefashionshow.com ⏰ Mo–Sa 10–21, So 11–19 Uhr

Coffee Pub $
Diese Institution (eröffnet 1984) in entspannter Atmosphäre bietet ihren Gästen kalifornische Snacks und eignet sich gut für ein Frühstück, beispielsweise nachdem man die Nacht zuvor sein Glück im Kasino oder einem Club versucht hat – der Kaffee ist der Knaller und hilft selbst dem dicksten Schädel. Mittags hilft eine wohltuende Suppe oder ein vitaminreicher Smoothie, die Lebensgeister zu wecken. Sie können drinnen oder im Freien Platz nehmen und außerdem das WLAN nutzen.
202 A4 ✉ 2800 West Sahara Avenue ☎ 702 367 19 13; www.coffeepublv.com ⏰ Mo–Fr 7–15, Sa–So 8–14 Uhr

Komol Restaurant $–$$
Schlicht eingerichtet, dafür reich an Blumen, serviert dieses Restaurant thailändische Küche. Beginnen Sie z. B. mit einer pikanten Garnelensuppe (*tum yum goong*), gefolgt von einem üppigen Hauptgang, wie mit Hühner- oder Schweinefleisch verfeinertem Pad Thai (Nudelgericht). Auch für Vegetarier, die in Las Vegas sonst eher selten fündig werden, ist hier gesorgt. Die mit Zucchini, Zuckererbsen, Möhren und Bambussprossen zubereitete *kang pa* (Suppe) ist besonders leicht und schmackhaft.
203 F4 ✉ 953 East Sahara Avenue ☎ 702 7 31 65 42; www.komolrestaurant.com ⏰ Mo–Sa 11–22, So 12–22 Uhr

Red 8 Asian Bistro $$–$$$
In intimer Atmosphäre warten hier südostasiatische und kantonesi-

Von Spring Mountain bis Fremont

sche Speisen. Zu den Spezialitäten des Hauses gehören eine Kombination aus gebratener Ente und gegrilltem Schweinefleisch sowie Rinderschmortopf. Hier geht es etwas lockerer zu als in den anderen, dem Wynn angehörigen Restaurants. Zum Kasino ist es nicht weit.
202 C2 Wynn Las Vegas, 3131 Las Vegas Boulevard South 702 7 70 34 63; www.wynnlasvegas.com So–Do 11.30–24, Fr–Sa 11.30–1 Uhr

Sinatra $$–$$$
Ol' Blue Eye mochte Vegas, und Vegas mag diesen kleinen Sänger mit den blauen Augen und dem unwiderstehlichen Lächeln. Das Sinatra im Wynn-Schwesterhotel Encore zollt der italienischstämmigen Legende mit traditionellen, kreativ aufbereiteten Gerichten Tribut: Ein Erlebnis ist das Ossobuco »My Way«, ein schierer Genuss des Hüftsteak Filetto in Rotwein-Sauce.
202 C2 Wynn Encore Las Vegas, 3131 Las Vegas Boulevard South 702 2 48 34 63; www.wynnlasvegas.com So–Do 17.30–22, Fr–Sa bis 22.30 Uhr

The Steakhouse $$–$$$
Dieses mehrfach preisgekrönte Steakhouse im Circus Circus hat es geschafft, sich von den zahlreichen anderen Steakhäusern Las Vegas' abzuheben, und lockt seit über 20 Jahren Hungrige an, etwa mit drei Wochen abgehangenem Fleisch, Mesquite- oder Prime-Rib-Steak oder mit Lammkotelett. Darüber hinaus erwartet die Gäste eine gute Auswahl an Fisch- und Meeresfrüchten, darunter Hummer. Reservierung empfohlen.
202 C3 Circus Circus, 2880 Las Vegas Boulevard 702 7 94 37 67; www.circuscircus.com So–Fr 16–22, Sa 16–23 Uhr

T-Bones Chophouse $$
Ein Paradies für Fleischesser. Dieses Restaurant erhielt schon die ein oder andere Auszeichnung und beansprucht für sich, das beste Steakhaus der Stadt zu sein. Sehr gut ist es jedenfalls – Prime- und T-Bone-Steaks werden nach Wunsch zubereitet. Das australische Wagyu-Rind ist ein Renner. Auch der täglich aus Italien importierte Fisch ist gut, zudem lagern hier über 7500 Weinflaschen. Die Cocktail-Bar mit Blick auf die Poolanlage lädt zum Aperitif ein.
Ausserhalb 202 A5 Red Rock Casino, Resort & Spa, 11011 West Charleston 702 7 97 75 76 So–Do 17–22 (Bar bis 23), Fr–Sa 16–23 (Bar bis 24) Uhr

BARS

Dino's Las Vegas $
Diese Institution ist vielleicht die letzte Bar ihrer Art in Las Vegas: Sie existiert bereits seit den Sechzigerjahren und wird von der Enkelin des Gründers geführt. Die Bar verströmt nicht den Glanz des Strip, aber für Karaoke und einen gepflegten Drink ist sie genau das Richtige. Wenn man einen Tisch ergattern will, sollte man allerdings zeitig kommen.
200 C4 1516 Las Vegas Boulevard South 702 3 82 38 94; www.dinoslv.com 24 Std. geöffnet

Peppermill Inn $
Seit es in Las Vegas den Luxustrend gibt, ist vieles aus den kitschigen Siebzigern verschwunden. Eine Ausnahme ist Peppermill Inn, gleich neben dem Riviera: Hier bestimmen langflorige Teppiche, Feuersteine, Seidenblumen und Springbrunnen das Interieur. Filmszenen von Casino mit Robert De Niro und Sharon Stone wurden hier gedreht. Gerüchten zufolge hat es Robert De Niro hier so gut gefallen, dass er danach immer wieder kam. Peppermill Inn ist ein Café mit Burgern, Pfannkuchen und Sandwiches, und von allem bekommt man reichlich. Es ist auf jeden Fall einen Besuch wert!
202 C2 2985 Las Vegas Boulevard South 702 7 35 41 77; www.peppermilllasvegas.com 24 Std. geöffnet

Wohin zum ... Einkaufen?

Hier gibt es viele Malls, die häufig Sonderangebote haben, um mit den Malls der Kasinos und Hotels mithalten zu können.

Die beste Mall ist die **Fashion Show Mall** (3200 Las Vegas Boulevard South; Tel. 702 3 69 83 82, ▶ 148f). Sie befindet sich direkt gegenüber der Spring Mountain Road beim Treasure Island. Neben Edelboutiquen dominieren hier große Kaufhäuser wie Neiman Marcus und Saks Fifth Avenue. Hier lässt es sich während des Schlussverkaufs oft noch günstiger einkaufen als in den anderen Kaufhäusern am Strip. Direkt an der Fashion Show Mall beim Wynn Las Vegas Resort (▶ 134) steht das vornehme Kaufhaus **Wynn Esplanade** (Tel. 702 7 70 70 00). Zu den großen Namen, die nur hier und nirgends sonst in den Vereinigten Staaten zu finden sind, zählen Geschäfte von Manolo Blahnik, Oscar de la Renta, Cartier, Chanel, Dior, Louis Vuitton – und ein Autogeschäft, in dem Sie sich nach einem großen Gewinn im Kasino einen Ferrari oder einen Maserati kaufen können.

Näher an Downtown liegt die **Boulevard Mall** (3528 South Maryland Parkway; Tel. 702 7 35 82 68; www.boulevardmall.com). Sie ist ideal für alle, die gerne auf den Lärm und die Menschenmassen der anderen Malls verzichten. Im ruhigen Atrium darf nicht geraucht werden, viele Geschäfte (u. a. die Kaufhäuser JCPenny, Sears und Macy's) bieten Waren zu erschwinglichen Preisen an. Daneben gibt es auch Spezialgeschäfte wie Gap, Bath & Body Works und Victoria's Secret.

Wer ein Showgirl werden will oder einmal so aussehen möchte, für den ist das **Wig Factory Outlet by Serge** (953 East Sahara Avenue; Tel. 702 7 32 38 44) die Adresse. Gleich südlich des Las Vegas Hilton liegt **Cowtown Boots** (1080 East Flamingo Road; Tel. 702 7 37 84 69) – der größte Western Store in ganz Nevada. Hier gibt es für den Möchtegern-Cowboy Stiefel, u. a. aus Python-, Strauß- oder Alligatorleder, z. T. mit bis zu 40 % Rabatt. Auch Sonderwünsche werden berücksichtigt. Das Cowtown hat zudem Cowboyhüte, T-Shirts, Kleider und natürlich klassische Wrangler-Jeans.

Leidenschaftliche Spieler finden im **Gambler's Book Shop** (5473 South Eastern Avenue; Tel. 702 3 82 75 55) alles, was es dazu an Literatur gibt. Im Laden hängen Hunderte Schwarz-Weiß-Fotos von berühmten Glücksspielern und Prominenten an den Wänden. Über 1500 Bücher, Videos und Computerspiele beschäftigen sich mit dem Thema Glücksspiel. Hier erfahren Sie einfach alles – von Sportwetten bis Mahjongg. Selbst Videos, die zeigen, wie man am besten betrügt, werden hier verkauft. Nur dabei nicht vergessen: Auch die Kasino-Bosse werden diese studiert haben ...

Der **Bonanza Souvenir Shop** (2440 Las Vegas Boulevard South; Tel. 702 3 85 73 59; www.worldslargestgiftstore.com) bezeichnet sich selbst als den größten Souvenirladen der Welt. Natürlich gibt es hier eine ganze Menge Kitsch, aber das macht auch irgendwie den Charme dieses Geschäfts aus. Unglaublich, was man alles zu Souvenirs machen kann: Ob Aschenbecher oder Elvis-Drucke – hier wandert alles mögliche über den Ladentisch. Sehr beliebt sind auch die Lutscher in Form von Geldmünzen. Außerdem gibt es hier allerhand humorvolle oder aber geschmacklose Ansichtskarten, T-Shirts, usw. Oder wie wäre es mit einer Toilettenbrille, in die Spielchips eingelassen sind?

Von Spring Mountain bis Fremont

Wohin zum ... Ausgehen?

Mit Ausnahme des Wynn ist dieses Ende des Strip nicht mehr so gefragt. Obgleich ein paar Hotels hier mit guten Shows aufwarten, spielt sich das meiste abseits der Hotelanlagen ab.

Die **Artisan Lounge** im Artisan Hotel (1501 W. Sahara Avenue; Tel. 800 5 54 40 92; tägl.) gilt als *die* Feierabend-Lounge der Stadt. Während der Woche ist sie einfach ideal zum Chillen. Freitags- und samstagsnachts legen hier einige der angesagtesten DJs der ganzen Stadt auf.

Im beschaulichen **Onyx Theatre** (953 East Sahara Avenue; Tel. 702 7 32 72 25; www.onyxtheatre.com) finden 96 Personen Platz. Auf dem Programm stehen alternative Theaterproduktionen, Themennächte, diverse Shows und gelegentlich auch ein Stück von Shakespeare. Der Eintrittspreis beläuft sich auf einen Bruchteil der für die am Strip eigentlich üblichen Preise.

Um Ihren Aufenthalt in Las Vegas wirklich unvergesslich zu machen (und ein »bleibendes Stück Erinnerung« mitzubringen), bietet sich ein Besuch bei **Atomic City Tattoo & Piercing** (1506 Las Vegas Boulevard South; Tel. 702/678-6665) an. Hier machen die Künstler Texas Bob oder Johnny Vegas ihre Erinnerungen buchstäblich niet- und nagelfest. Einmal im Monat findet im Tattoo-Studio zudem eine Ausstellung, inklusive Barbecue, statt – das Ganze im Rahmen des First Friday Grassroots Festival (www.firstfriday-lasvegas.org), einem Festival, bei dem die verschiedenen Künstler der Stadt ihre Werke öffentlich präsentieren.

Bars und Lounges

Gar nicht weit vom Strip entfernt liegt die **Bar 702** (3355 West Spring Mountain Road; Tel. 702 4 85 54 01), ein Hangout der Einheimischen – sie ist absolut glitterfrei und bodenständig amerikanisch. Abends ist die Stimmung bestens, dank lokaler Biere und regelmäßig stattfindender Karaoke-Nächte. Außerdem spielen hier junge Rock- und Bluesgruppen aus der Umgebung, beispielsweise die Gold Kats und die Solid Suns.

Entspannt am Cocktail nippen, die Aussicht genießen und die – echten – Sterne am Himmel über Las Vegas zählen: Dies alles ist problemlos möglich in der **Level 8 Pool Café & Bar** im achten Stock des Stratosphere Casino & Hotel (2000 Las Vegas Boulevard South; Tel. 800 9 98 69 37). Leichtes Pubfood wie Burger und Salate gibt es hier übrigens auch. Das Ganze ist garniert mit einem tollen mexikanischen Twist.

Fantastische Blues- und Jazznächte bietet die kleine, aber laute **Cellar Lounge** (3601 West Sahara Avenue; Tel. 702/362–6268) abseits des Strip von Dienstag bis Samstag – und zwar immer 24 Stunden täglich.

Die **Tempo Lounge** (3000 Paradise Road; Tel. 702 7 32 51 11; www.thelvh.com) im LVH Las Vegas Hotel & Casino bietet allabendlich Cocktails, dazu wird ein Hitmix aus den 1970er-, 1980er- und 1990er-Jahren aufgelegt oder live musiziert. Dienstags gilt: *Ladies Night.*

Nachtclubs

Das **Surrender** (Tel. 702 9 83 42 79; Mi, Fr–Sa 22.30–4 Uhr; Eintritt ab 40 $) im Wynn-Schwesterhotel Encore verlangt gut angezogene Menschen und bietet dafür einige der bestbezahlten DJ's des Landes. Der Besuch lohnt allein wegen des fantasievollen Dekors wegen. Ein anderer Nachtklub im Haus ist das **Tryst** (Do–So 22–4 Uhr).

Downtown

Erste Orientierung	158
An einem Tag	160
TOP 10	162
Nach Lust und Laune!	166
Wohin zum ...	170

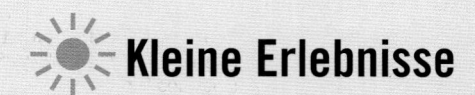

☼ Kleine Erlebnisse

Kälte gegen Hitze
Das Kaffee-Eis ist toll, doch bei **Lappert's Ice Cream** (12 Ogden Ave.) an der Fremont Street Experience (➤ 162) gibt's viel mehr Sorten.

Prost auf Vegas!
Und zwar mit Gerstensäften aus hiesigen Brauereien im einzigen **Biergarten** der Stadt, im Plaza Las Vegas (1 S. Main St.; ➤ 162).

Foto-Nostalgie
Die Neon-Reklame überragt das mit über 70 (für Vegas) uralte Hotel: Das **El Cortez** (600 E. Fremont St.) ist ein super Motiv (➤ 162).

Downtown

Erste Orientierung

Downtown ist ein Dschungel aus Neonlichtern! Wenn Sie das Lichtermeer mit der Beleuchtung des Strip vergleichen, dann werden Sie verstehen, warum die Stadt so lange überleben konnte: Sie erfindet sich immer wieder selbst neu.

Von Anfang an war die **Fremont Street** eine der wichtigsten Straßen für die Glücksspielindustrie. 1925 war sie sogar die erste Straße, die gepflastert wurde und bekam auch als erste eine elektrische Straßenbeleuchtung. 1932 wiederum wurde im Apache Hotel an der Fremont Street der erste Aufzug eingebaut. Das Horseshoe war das erste Hotel, das mit Teppichen ausgelegt wurde. Zur gleichen Zeit wurde die erste Spiellizenz für eine Spielhalle an der Fremont Street vergeben.

Downtown Las Vegas existierte bereits 36 Jahre, als 1941 das El Rancho am **Strip** errichtet wurde. Bis heute haben sich die insgesamt 56 Hotels in diesem Viertel kaum verändert. Hinzugekommen ist nur die 70 Mio. $ teure **Fremont Street Experience**, die 1995 errichtet wurde und 2010 eine Zipline erhielt. Auch in die Renovierung des benachbarten **Fremont East District** wurden im Jahr 2007 mehrere Mio. $ gepumpt. Es entstanden neue Fußgängerzonen und zahlreiche Bars. Neuere Attraktionen sind das **Springs Preserve**, eine ungewöhnliche Kombination aus interaktivem Museum, botanischem und zoologischem Garten und Wander-Park, und das 2012 eröffnete **Mob Museum**, das sich mit der von der Mafia geprägten Kriminalgeschichte der Stadt beschäftigt.

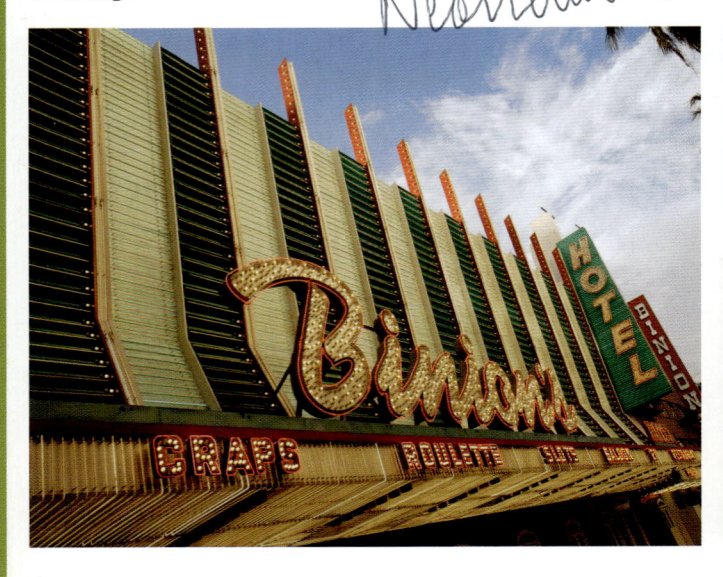

Erste Orientierung

TOP 10
★ Fremont Street Experience ➤ 162
★ Springs Preserve & Nevada State Museum ➤ 164

Nach Lust und Laune!
- 71 The Plaza ➤ 166
- 72 Main Street Station ➤ 166
- 73 Golden Gate ➤ 166
- 74 Golden Nugget ➤ 167
- 75 The Mob Museum ➤ 168
- 76 Binion's ➤ 169
- 77 Neon Museum ➤ 169
- 78 Las Vegas Natural History Museum ➤ 169

Downtown

An einem Tag

Sie wissen nicht genau, wo Sie Ihre Tour beginnen sollen? Dann lassen Sie sich zu den interessantesten Attraktionen in Downtown Las Vegas leiten. Detailliertere Informationen finden Sie unter den Haupteinträgen (▶ 162ff).

🕘 9:45
Schnappen Sie sich nach dem Frühstück ein Taxi (oder Ihren eigenen Wagen) und fahren Sie zum ⭐**Springs Preserve & Nevada State Museum** (▶ 164f). Beide liegen 5 km westlich von Downtown und öffnen um 10 Uhr. Verschaffen Sie sich auf Wanderpfaden durch die Wüste in Ruhe einen Einblick in die örtliche Tier- und Pflanzenwelt. Es gibt hier außerdem einen botanischen Garten.

🕘 11:00
Der Innenhof des Springs Cafe (▶ 165) im Herzen des Naturparks bietet sich als tolles Plätzchen für eine Tasse Kaffee an.

🕘 11:30
Spazieren Sie durch das Atrium der ⭐**Fremont Street Experience** (oben, ▶ 162f) und bummeln Sie durch die Geschäfte, die Souvenirs aus Las Vegas verkaufen. Interessant sind die berühmten Neonreklamen, z. B. der

An einem Tag

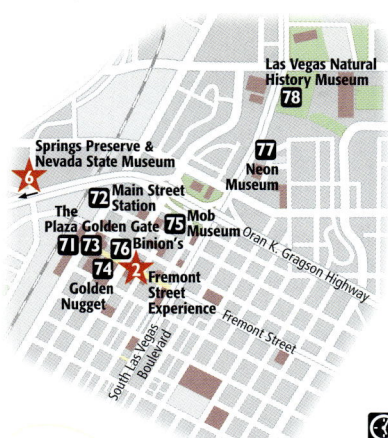

Cowboy hoch oben auf dem Pioneer Club und Vegas Vickie am Girls of Glitter Gulch.

🕒 13:30

In diesem Viertel gibt es viele Restaurants. Eins der besten ist das Carson Street Café (➤ 171) am **74 Golden Nugget** (unten, ➤ 167f). Gut ist auch das rund um die Uhr geöffnete Binion's Café (➤ 171).

🕒 15:00

Jetzt sollten Sie aber auch einmal spielen! In Downtown bieten sich dazu viele Möglichkeiten, selbst wenn Sie Ihr Glück nur am Einarmigen Banditen oder mit Videopoker versuchen. Ein paar aufregende Stunden sind allemal garantiert! Versuchen Sie es im **76 Binion's** (➤ 169f), wo der Einsatz minimal ist, und setzen Sie ein cooles Pokerface auf.

🕒 16:30

Der späte Nachmittag ist die beste Zeit für einen Snack im **73 Golden Gate** (➤ 166), in der Nähe des Golden Nugget an der Fremont und der Main Street. Genießen Sie den Shrimp-Cocktail an der San Francisco Shrimp Bar and Deli – dafür ist das Hotel berühmt!

🕒 18:00

Herrlich essen können Sie in Hugo's Cellar im Four Queens, einem der besten Restaurants von Las Vegas (unbedingt reservieren!). Hugo's Cellar liegt einen Block weit vom Golden Nugget entfernt an der Kreuzung des Casino Center Boulevard und der Fremont Street.

🕒 19:30

Besuchen Sie die Show im **73 Golden Gate** (die Tickets sollte man schon im Voraus besorgt haben).

🕒 21:30

Gehen Sie hinaus auf die Fremont Street und sehen Sie sich die nächste zehnminütige Show der ⭐**Fremont Street Experience** (➤ 162f) an – die Ton- und-Lichtshows dauern Mitternacht.

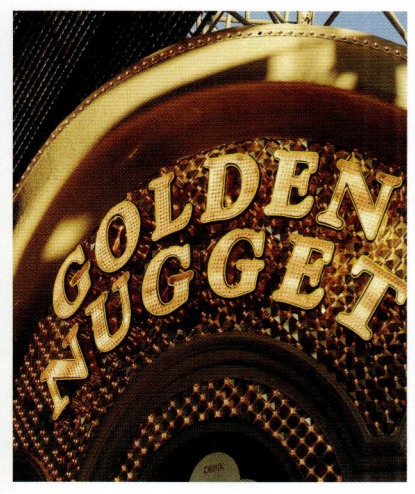

Downtown

⭐2 Fremont Street Experience

Wenn Sie vom Strip aus kommen, sieht es zwischen der St. Louis Avenue und der Fremont Street auf den ersten Blick ziemlich dunkel und eigentlich so gar nicht nach Las Vegas aus. Aber keine Angst: Wenn Sie weiterfahren, sind die Straßen wieder hell erleuchtet – und zwar von insgesamt 12 Mio. Glühbirnen.

Für die Beleuchtung der Fremont Street sorgen 180 computergesteuerte Stroboskope und 64 variable Lichtanlagen, die 300 verschiedene Farben produzieren können, sowie acht Roboterspiegel pro Block, die jeweils individuell programmiert und gesteuert sowie ganz an- oder abgeschaltet werden können.

Die Fremont Street Experience, die es seit 1995 gibt, präsentiert jeden Abend eine **glanzvolle Sound-and-Light-Show**: Die 500 m lange Fußgängerzone zwischen Main Street und Las Vegas Boulevard ist mit ihrem beinahe 30 m hohen Dach und ihren Millionen von Lampen eine weltweit einzigartige technische Meisterleistung. Hinzu kommen allabendliche Straßenpartys unter dem Kuppeldach, bei denen stadtbekannte DJ's einheizen und wo man gemeinsam mit wildfremden Menschen abtanzen kann.

2004 wurde mit **Viva Vision** einer der größten Bildschirme der Welt montiert: so groß wie fünf Fußballfelder zusammen. Von abends bis morgens sind auf der Leinwand stündlich eindrucksvolle Shows zu sehen, die Animation, Livevi-

Vegas Vickie räkelt sich hoch über den Girls of Glitter Gulch

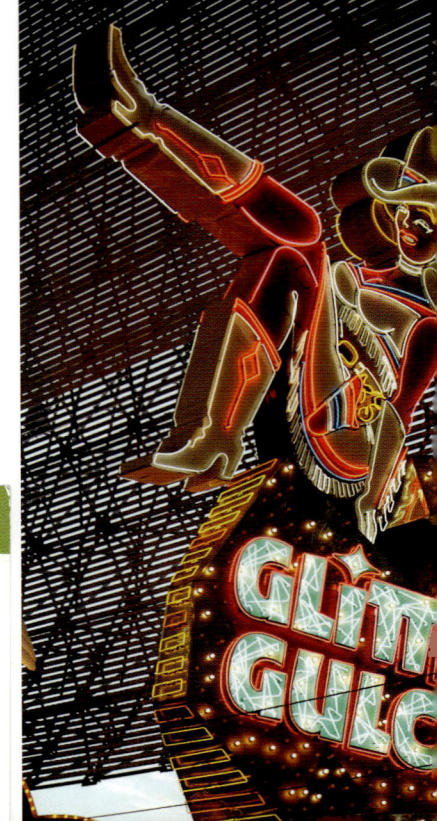

161

Fremont Street Experience

ZAHLEN & FAKTEN
- Die Dächer der Fremont Street ragen 27 m in die Höhe.
- Die Fußgängerzone nimmt eine Fläche von rund 16 320 m² ein.
- Die Viva Vision kann 16,7 Mio. Farbkombinationen darstellen.
- Das Sound-System ist mit 550 000 Watt ausgestattet.
- Insgesamt 220 Lautsprecherboxen und zehn Rechner, die die Leistung von 100 Heimcomputern vollbringen, sind im Einsatz.

ist eine Hommage an die legendäre Rockband *Queen* aus England. Dabei entzünden zwei ihrer bekanntesten Hymnen zusammen mit Archivfilmaufnahmen und grafischen Effekten ein musikalisches und visuelles Feuerwerk.

Beliebte Kasinos
Unter einem riesigen Kuppeldach liegt die Fußgängerzone mit den beliebtesten **Kasinos** von Las Vegas; das Golden Nugget (➤ 167) zählt hier zu den großen Attraktionen. Die Fremont Street ist ein einziges großes Theater mit einer spektakulären Lichter-Show und vielen Restaurants, Showtheatern und Geschäften. In den wärmeren Monaten werden außerdem kostenlose Konzerte und Unterhaltungsshows veranstaltet.

Die tolle Beleuchtung lockt zur Fremont Street Exerience

Die **Millionen von Glühbirnen** machen die Fremont Street Experience zum vielleicht größten Lichtermeer der Welt. Beeindruckend ist nicht nur die große Anzahl der Lichter, sondern auch ihre unglaubliche Intensität. Würde man alle Lichter gleichzeitig voll aufdrehen, würden sie eine Energie von 7,8 MW entwickeln. Die Lampen leuchten u. a. rot, blau und grün, und können auf 32 verschiedene Stufen gedimmt werden. So sind Millionen von Farb- und Lichtkombinationen möglich. Die Stroboskope, die variablen bunten Lichtinstallationen und die Roboterspiegel produzieren zusammen mit den farbigen Glühbirnen gestochen scharfe Bilder, die während der Shows auf die Leinwand projiziert werden.

KLEINE PAUSE
Testen Sie **Binion's Cafe** (➤ 171).

🗺 204 A3 ✉ 425 Fremont Street
☎ 702/678-5777; www.vegasexperience.com

BAEDEKER TIPP

Halten Sie Augen und Ohren immer nach speziellen Events offen. Jährlich am 4. Juli, dem amerikanischen Unabhängigkeitstag, findet eine **Sound-and-Light-Show** statt. In der »FSE« werden das ganze Jahr über Festivals und Shows veranstaltet.

Downtown

⭐ 6 Springs Preserve & Nevada State Museum

Etwa 5 km westlich von Downtown befindet sich eine der wenigen Attraktionen von Las Vegas, die beansprucht, eine Bildungsstätte zu sein. Auf einer Fläche von über 70 ha erstreckt sich der für 250 Mio. $ eingerichtete Naturpark. Dieser eröffnete im Jahr 2007, das Nevada State Museum 2009. Das Springs Preserve setzt einen für Las Vegas neuen Trend und vereint Geschichte, Kultur und Natur. Am Geburtsort von Las Vegas widmet es sich nicht nur dessen Vergangenheit, sondern setzt zugleich neue Maßstäbe in Sachen Nachhaltigkeit und Umweltschutz.

Springs Preserve ist nach den **Süßwasserquellen** benannt, die der Stadt ihr Leben einhauchten. Für die Händler auf dem historischen »Old Spanish Trail« zwischen Neumexiko und Kalifornien stellten sie eine wichtige Wasserquelle dar, und es entstand rasch ein riesiges Zeltlager.

Desert Living Center
Das Desert Living Center besteht aus fünf Gebäuden und mehreren Gärten und befasst sich mit dem Schutz des Ökosystems der Wüste. Die Ausstellung dokumentiert den **leichtfertigen Umgang der Bewohner mit dem Wasser**, der 1962 schließlich die vollständige Austrocknung der Quellen zur Folge hatte. Bis heute hat die Stadt, die nicht nur gleißender Hitze, sondern auch eiskalten Temperaturen ausgesetzt ist, unter chronischer Wasserknappheit zu leiden. Wo so viele Menschen leben, als gäbe es kein Morgen und als wären die natürlichen Ressourcen unerschöpflich, wagt dieses Museum einen Blick in die Zukunft der am schnellsten wachsenden Stadt der Vereinigten Staaten.

🎭 ORIGEN Experience – die Ausstellung
Die auf sieben Galerien ausgedehnte Ausstellung der ORIGEN Experience **kombiniert Spiel und Bildung**. Sie befasst sich mit Landschaft, Kultur und Frühgeschichte der Umgebung. Die Galerie **Mojave Canyon** eignet sich ganz besonders für Kinder, die hier allerlei Interessantes zum Thema Wüste lernen können. Sie sehen z. B. eine aus 20 000 Litern aufbereiteten Wassers erzeugte Sturzflut, die eindrucksvoll durch eine nachgebildete Wüstenschlucht donnert. In der **People of the Springs Gallery** können Besucher Nachbildungen indianischer Behausungen anschauen. Das Herzstück bildet ein **Eisenbahnwaggon** aus den Anfängen der Dampflok-Ära.

Springs Preserve & Nevada State Museum

Auf spielerische Art können Kinder hier lernen, wie wichtig ein verantwortungsvoller Umgang mit Ressourcen ist

Aktivitäten im Freien

Vom Springs Preserve führen vier Wanderpfade durch eine eindrucksvolle **Wüstenlandschaft**, die mit ihrem Tierreichtum überrascht. Sie führen alle zur *cienega*, einer Art Sumpfgebiet, das die einheimischen Pflanzen und Tiere, darunter seltene Vogelarten wie Wanderfalken, mit Wasser versorgt. Ein »rekonstruiertes Wasserbecken« stellt die ursprüngliche Quelle dar. Zudem können Besucher durch einen 3 ha großen Garten mit heimischen Wüstenpflanzen und nicht heimischen Gewächsen, wie Rosen und Kräutern, spazieren. Das lehrreiche Erholungsgebiet ist mit seiner überwiegend **interaktiven Ausstellung** besonders für Kinder attraktiv. Spielerisch – etwa mit Videospielen und Körpereinsatz – bringt das Museum ihnen eine nachhaltige Lebensweise nahe. Auch für die ganz Kleinen ist gesorgt.

KLEINE PAUSE

Stärken Sie sich im **Springs Cafe** (Tel. 702 8 22 87 16; Mo–Fr 11–15, Sa–So 11–18 Uhr, $) mit Snacks.

📍 204 A4 ✉ 333 South Valley View Boulevard (zwischen US 95 und Alta Drive, 2 km westlich von Downtown) ☎ 702 8 22 77 00; www.springspreserve.org
🕐 tägl. 10–18 Uhr; Wanderwege werden entweder bei Dämmerung oder um 18 Uhr geschl. 💲 20 $; der ganze Park ist rollstuhlgerecht angelegt

BAEDEKER TIPP

Ganzjährig finden hier verschiedene **Konzerte und Aufführungen** statt, über die Sie der Veranstaltungskalender auf der Website informiert. Der Mai beispielsweise wartet mit dem Ice Cream Festival und der Juni mit dem Preserve Brews and Blues Festival auf.

Mit etwas mehr Zeit: Erkunden Sie bei einem Ausflug weiter in die Wüste hinein den **Hoover Dam** (▶ 176f). Dieser wurde in den 1930er-Jahren errichtet, um dem Ungleichgewicht von Dürre und Flut, das die Umgebung von Las Vegas plagte, entgegenzuwirken und die Region zudem mit Strom zu versorgen.

Downtown

Nach Lust und Laune!

71 The Plaza
Dieses Kasino ist das einzige in den Vereinigten Staaten, in dem *double action keno* – ein Simultanspiel an zwei Spielbrettern – mit Einsätzen unter 1 $ möglich ist. Hier finden auch mehrere Shows statt. Hypnose-Künstler DougMacCraw versetzt einmal wöchentlich Freiwillige in den Tiefschlaf, und an den Wochenenden groovt Soul-Musiker Barry Black. Berühmt ist das Plaza jedoch vor allem für seine Stand-up-Comedians, allen voran Louie Anserson und Joe Sanfelippo, die kein gutes Haar an den Lokalpolitikern lassen. In der Comedy Zone treten immer wieder neue Talente und Komödianten auf. Sie sollten am Eingang nach dem Free Plaza Pleasure Pack fragen, dann erhalten Sie Essensgutscheine und kleine Geschenke.
204 A3   1 South Main Street
702 3 86 21 10; www.plazahotelcasino.com

72 Main Street Station
Bereits zehn Monate nach der Eröffnung (1992) musste diese Attraktion wieder schließen. Erst seit der Übernahme und Sanierung im

Hell leuchtet der Eingang zum Plaza-Hotel und -Kasino

Jahr 2006 scheint das Kasino auf einem guten Weg zu sein.
Die Main Street Station verfügt über eine prächtige viktorianische Einrichtung und ist mit Antiquitäten und Kunstwerken ausgestattet. Die Lüster stammen aus dem Figaro-Opernhaus in Paris, die Bronzetüren aus der Bank of Kuwait in London und der geschnitzte Kamin aus Eichenholz von Prestwick Castle in Schottland. Manche dieser Kostbarkeiten wirken jedoch ein bisschen deplatziert: Wo sonst auf der Welt findet man ein Stück Berliner Mauer auf einer Herrentoilette? Zum Hotel gehört auch das Triple 7. Das Restaurant und Brauhaus serviert natürlich Selbstgebrautes sowie eine Reihe internationaler Gerichte von Sushi bis hin zu Burgern.
204 A4   200 North Main Street
702 3 87 18 96; www.mainstreetcasino.com

73 Golden Gate
Das Golden Gate Hotel & Casino an der Kreuzung Fremont und Main

Nach Lust und Laune!

Street ist bauhistorisch sehr wertvoll. Das älteste Hotel der Stadt wurde 1906 errichtet und gehört somit zu den ältesten Bauten. Damals kosteten die Zimmer 1 $ pro Nacht, es gab aber immerhin schon elektrisches Licht, eine Dampfheizung und Fenster, die sich öffnen ließen. Natürlich hatte das Hotel damals noch keine Klimaanlage (die war zu dem Zeitpunkt noch gar nicht erfunden), und die Zimmer kein eigenes Bad: Es gab nur ein einziges in der großen Halle, das sich alle Gäste teilen mussten. Interessanterweise gab es damals noch nicht mal ein Kasino, sondern nur eine Lobby und einige Büroräume. Bis zum Spielverbot 1909 wurde an ein paar Tischen gepokert und an einem anderen Roulette gespielt. Bis heute hat sich das Golden Gate seinen Charme bewahrt, obwohl es inzwischen natürlich renoviert wurde.
✚ 204 A4 ✉ 1 Fremont Street
☎ 702 3 85 19 06; www.goldengatecasino.com

74 Golden Nugget
Das 1946 an der Fremont Street gebaute Haus wirkt elegant und geschmackvoll zugleich. Zu verdanken hat es sein Aussehen dem Mogul Steve Wynn, der es renovieren ließ und 1987 wieder eröffnete. Für 60 Mio. $ wurde Golden Nugget außerdem um *The Tank* erweitert, einen Swimmingpool, der an ein Haifischbecken grenzt.

Wenn Sie sich fragen, warum das Haus diesen Namen trägt, sollten Sie in die Lobby gehen und sich den *Hand of Faith* ansehen, den größten Goldnugget, der jemals gefunden wurde. Er wurde 1980 in Australien entdeckt, wiegt über 27,6 kg und wird auf einen Wert von über 1 Mio. $ geschätzt.

Neugierig auf den größten je gefundenen Goldnugget? Dann auf in die Lobby des Golden Nugget! Dort kann man den »Namenspatron« des Hauses bestaunen

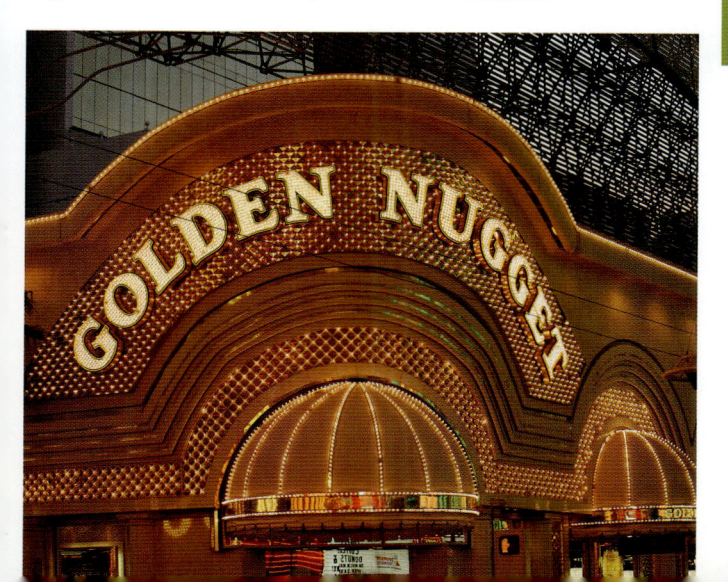

Downtown

In der Lobby werden auch Nuggets aus Alaska gezeigt. Ebenfalls »Gold wert« sind die hochrangigen Künstler, die etwas frischen Wind in diesen historischen Ort bringen – von international bekannten Countrysängern über Akteure schlüpfriger Comedyshows und heiterer Theateraufführungen (Programminformationen gibt's auf der Website).
🔲 204 A3 ✉ 129 Fremont Street
☎ 702 3 85 71 11; www.goldennugget.com

🔲 The Mob Museum
Die Geschichte von Las Vegas ist ohne die Mafia undenkbar. Die »ehrenwerten« Familien aus dem Osten kontrollierten schon früh die Hotels und Kasinos, wobei sie beträchtliche Teile der Gewinne abschöpften, und zwar natürlich noch, bevor diese versteuert wurden. Das Anfang 2012 im alten Gerichtsgebäude – dort fanden viele Prozesse gegen Mobster statt – eingerichtete Museum dokumentiert die mafiöse Vergangenheit der Stadt. Gangster wie Al Capone, Meyer Lansky und Flamingo-Erbauer Bugs Siegel werden ebenso vorgestellt wie jene Gesetzeshüter, die sie zur Strecke brachten. Der Weg durch dieses dramatische Stück Stadtgeschichte beginnt im dritten Stock und führt chronologisch und viel Kontext bietend bis ins Erdgeschoss.
🔲 204 B4 ✉ 300 Stewart Avenue
☎ 702 2 29 27 34 🕐 So–Do 10–19, Fr–Sa 10–20 Uhr 💵 20 $

Im Binion's kann um besonders hohe Einsätze gezockt werden

Nach Lust und Laune!

76 Binion's
Nicht die Samttapeten und die dunklen Mahagonimöbel machen das Besondere dieses Hauses aus, sondern die astronomische Höhe des Spieleinsatzes, der zu den höchsten der ganzen Stadt zählt. Gegründet wurde das Kasino, das mit gutem Essen, gutem Whiskey und guten Spielen erfolgreich wurde, von Benny Binion. Dieser organisierte außerdem Pokerturniere. Von 1970 bis 2004 war das Binion's der Austragungsort der *Annual World Series of Poker*, dem größten Pokerturnier der Welt. Auf den Gewinner wartet der Jackpot von 1 Mio. $. Von einer Galerie aus können die Besucher die Spiele verfolgen – sie werden *railbirds* (Zaungäste) genannt, weil sie wie Vögel auf der Stange sitzen. Als das Kasino von Harrah's übernommen wurde, verlegte man die beliebten Veranstaltungen einfach in ein weiteres Gebäude der Harrah's-Gruppe: das Rio All-Suite.

204 A4 ✉ **128 Fremont Street East** ☎ 702 3 82 16 00; www.binions.com
frei

77 Neon Museum
Das Museum zeigt die alten Neonreklamen, die Las Vegas berühmt gemacht haben. Viele davon sind inzwischen in den Besitz des Museums übergegangen. Das Neon Museum wurde 1996 mit dem berühmten *Hacienda Horse and Rider* (1967) von der Kreuzung Las Vegas Boulevards und Fremont Street eingeweiht. Seitdem sind in Downtown zehn weitere restaurierte Neonreklamen aufgestellt worden, von denen fünf in der Einbahnstraße Third Street zu finden sind und jeweils für eine interessante Geschichte der Stadt stehen. Dazu zählt auch Vegas Vic, der 1951 hoch oben auf dem Pioneer Club thronte.

Alle Neonreklamen stehen im Freien und können bei einer Führung besichtigt werden.

204 C4 ✉ Office: **740 Veterans Memorial Drive** ☎ 702 2 29 53 66; www.neonmuseum.org

78 Las Vegas Natural History Museum
Dieses Museum wirkt vielleicht etwas farblos im Vergleich zu all den funkelnden Riesenattraktionen am Strip, ist jedoch durchaus einen Blick wert. Hier gibt es echte Tiere aus allen Teilen der Welt zu bestaunen, und ein Besuch lässt sich wunderbar mit dem des Discovery Children's Museum (➤ 172) ganz in der Nähe verbinden. Kinder werden begeistert sein, vor allem von dem Modell des 10,5 m langen Tyrannosaurus Rex und den interaktiven Displays mit Tieren aus der afrikanischen Savanne. In der Galerie »Wild Nevada« beispielsweise sind ausgestopfte Schlangen und Dickhornschafe ausgestellt und es gibt ein Aquarium, in dem Haie und Stachelrochen umhergleiten. Das Museum hat zudem neuen Auftrieb bekommen, da es seine Sammlung um 500 Ausstellungsobjekte erweitern konnte – eine Spende des Luxor, das seine Ägypten-Show einstellte.

Über die Website erhalten Sie einen Gutschein, der zwei Erwachsenen Eintritt zum Preis von einem gewährt.

204 C5 ✉ **900 Las Vegas Bouelvard North** ☎ 702 3 84 34 66; www.lvnhm.org
tägl. 9–16 Uhr 10 $

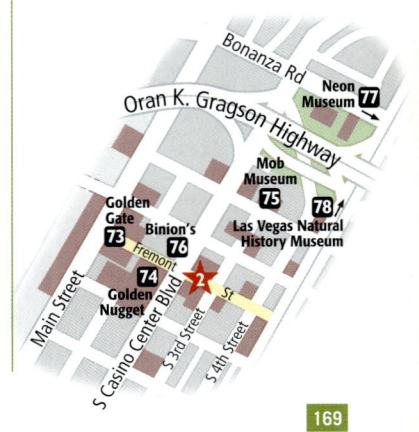

169

Downtown

Wohin zum ...
Essen und Trinken?

Preise
Die Preise gelten für ein Essen ohne Getränke, Steuern und Service:
$ unter 30 $ $$ 30–60 $ $$$ über 60 $

RESTAURANTS

Flame Steakhouse $$
Zwar erwartet Sie kein kulinarisches Feuerwerk, dafür grillt man Ihr Steak hier ganz nach Wunsch. Das Surf and Turf, bestehend aus den 250 g schweren Beinen einer Königskrabbe und einem ebenso schweren Filet Mignon, schmeckt ausgezeichnet. Schmackhafte Begleiter sind in Butter frittierte Süßkartoffelecken oder mit Knoblauch verfeinertes Kartoffelpüree. Das Eiscreme-Sandwich sowie die Schokoladentorte mit Pariser Creme sind die passenden Desserts. Im Hintergrund versüßt ein Pianist musikalisch den Abend.
204 B3 El Cortez Hotel & Casino, 600 Fremont Street 702 3 85 52 00; www.ecvegas.com Mi–So 17–22 Uhr

Grotto Ristorante $–$$
Dieses betriebsame Restaurant serviert überraschend köstliche und herzhafte italienische Küche. Die dicht an dicht stehenden hölzernen Tische verleihen ihm seinen Charme. Das Personal ist flink und freundlich. Die Speisekarte ist mit Klassikern gespickt: Beginnen Sie mit Antipasti wie Bruschetta, italienischem Käse oder einer Suppe, gefolgt von hausgemachter Pasta und Hühnchen, Kalbfleisch oder Fisch. Auch die knusprige Pizza ist beliebt. Runden Sie das Ganze mit einem Tiramisu ab. Tipp: Vergünstigte Speisen und Getränke gibt's zur »Happy Hour«!
204 A3 Golden Nugget, 129 East Fremont Street 702 3 86 83 41; www.goldennugget.com; www.grottohouston.com
So–Do 6–22.30, Fr–Sa 6–23.30 Uhr

Triple 7 Restaurant and Microbrewery $
Dieses Restaurant kann größere Gesellschaften bewirten, ist aber auch bei kleineren Gruppen beliebt. Die umfangreiche Speisekarte bietet sowohl für den kleinen als auch für den großen Hunger etwas. Zu den Hauptgerichten gehören Steaks (das 500 g schwere T-Bone-Steak ist eine echte Herausforderung!), Surf-and-Turf-Gerichte, Pasta, Rippchen, Hühnchen sowie Fisch. Zu manchem Gericht schmeckt Wein oder Bier besonders. Als Dessert stehen Klassiker wie Eis zur Wahl.
204 A4 Main Street Station, 200 North Main Street 702 3 87 18 96; www.mainstreetcasino.com tägl. 11–7 Uhr

Vic and Anthony's Steakhouse $$
Dieses alteingesessene Restaurant hat alles, was man von einem gehobenen amerikanischen Steakhouse erwartet: saftige Steaks (die Rinder wurden mit Getreide ernährt und stammen aus dem Mittleren Westen) und ein Topservice in angenehmem Alte-Welt-Ambiente. Das Vic and Anthony's ist das Aushängeschild der Restaurants im Golden Nugget, und das Retro-Ambiente passt perfekt in das alte Vegas in Downtown. Auf der Speisekarte stehen auch Fisch und Meeresfrüchte, etwa aus dem Bundesstaat Maine importierter Hummer, Austern und Petrossian-Kavi-

Wohin zum ...

ar. Als Beilage empfehlen sich Kartoffeln à la Lyonnaise oder ein Gratin. Dazu mundet eine Flasche der auserwählten Weine.

➕ 204 A3 ✉ Golden Nugget, 129 Fremont Street ☎ 702 3 86 83 99; www.goldennugget.com 🕒 tägl. 17–23 Uhr

CAFÉS

Binion's Café $
Wo sonst kann man rund um die Uhr preiswerte Rib-Steaks oder T-Bone-Steaks bekommen? Vielleicht sind es nicht die allerbesten, aber dafür sind sie Tag und Nacht zu haben, genau wie das ausgezeichnete Frühstück. Die Portionen sind riesig, das Rührei und die Pfannkuchen frisch und günstig.

➕ 204 A4 ✉ Binion's, 128 Fremont Street ☎ 702 3 82 16 00; www.binions.com 🕒 tägl. 10–19 Uhr

Carson Street Café $–$$
Das Café im Südstaatenstil im Golden Nugget ist eines der günstigsten in Las Vegas, was auch die Einheimischen längst erkannt haben. Das Vegas-Experience-Frühstück sättigt für den ganzen Tag. Auf den Speisekarten für das Mittag- und Abendessen stehen gebratenes Huhn, Steaks und Regenbogenforelle.

➕ 204 A3 ✉ Golden Nugget, 129 Fremont Street ☎ 702 3 85 71 11 🕒 tägl. 24 Std.

BARS

Beauty Bar $
Schlürfen Sie einen der Hauscocktails, während Sie unter einem Haartrockner der 1950er-Jahre Platz nehmen. Die Einrichtung stammt aus einem alten Friseursalon in New Jersey. Über Events informiert die Website.

➕ 204 B3 ✉ 517 Fremont Street ☎ 702 5 98 19 65; www.beautybar.com 🕒 tägl. 21–4 Uhr

Downtown Cocktail Room $
Leckere Cocktails, Lounge-Atmosphäre und DJs (Do–Sa ab 20 Uhr).

➕ 204 B3 ✉ 111 Las Vegas Boulevard South ☎ 702 8 80 36 96 🕒 Mo–Fr 16–2, Sa 19–2 Uhr

Griffin $
Diese Bar trägt zur Imageaufwertung von Downtown bei – ganz gemütlich mit Kerzenlicht, Kaminfeuer und freundlichem Service. Für Abkühlung sorgen Cocktails. Mischen Sie sich unter das hippe Publikum!

➕ 204 B3 ✉ 511 Fremont Street ☎ 702 3 82 05 77 🕒 Mo–Sa ab 17 Uhr, So ab 21 Uhr

One Bar $
Die Damen hier tragen Bikinis und tanzen auch mal auf der Theke, und ihre männlichen Kollegen wirbeln mit Mixern wie Tom Cruise in »Cocktail«. Langeweile kommt nicht auf. Ach ja: Die Drinks sind auch nicht zu verachten.

➕ 204 A4 ✉ Golden Gate Hotel & Casino, 1 Fremont Street ☎ 702 3 85 19 06 🕒 tägl.

Triple 7 $
Natürlich geht man in diese Brauerei, um ein Bier zu trinken. Direkt vom Fass gibt es fünf Sorten, aber auch Lager und Stout stehen zur Wahl. Am Wochenende spielen heimische Bands.

➕ 204 A4 ✉ Main Street Station, 200 North Main Street ☎ 702 3 87 18 96 🕒 tägl. 11–7 Uhr

Wohin zum ... Einkaufen?

Die Geschäfte im Zentrum sind eher ausgefallen als erlesen, aber trotzdem lässt sich Interessantes finden, z. B. Retro-Kleidung. Die Geschäfte öffnen hier meist später, etwa gegen 10 oder 11 Uhr, und schließen manchmal wieder zu Mittag. Vorsichtshalber also einfach vorher anrufen!

Downtown

Im **Gamblers General Store** (800 South Main Street; Tel. 702 3 82 99 03; www.gamblersgeneralstore.com; tägl. 9–18 Uhr) werden Roulette-Räder, Tische für Black Jack und Einarmige Banditen verkauft. Aber auch Chips mit aufgedrucktem Namen und alte Spielkarten aus berühmten Kasinos sind hier zu finden.

Das preiswerte **Las Vegas Indian Center** (2300 West Bonanza Road; Tel. 702 6 47 58 42; www.lasvegasindiancenter.org; Mo–Do 8–16.30 Uhr) bietet eine gute Auswahl an indianischen Waren, z. B. Kunsthandwerk, Kunst, Bücher und Kleidung.

Im **The Gypsy Den** (213 E. Colorado Street, Tel. 702 6 84 16 28) können Sie sich mit Retro- bzw. Vintage-Kleidung eindecken Die Preise sind wohltuend günstig, Kleider, Hemden und Hosen aus den 1950er- und 60er-Jahren bekommen Sie schon für unter 50 $.

Auch ein Blick ins Einkaufszentrum **Neonopolis** (450 Fremont Street; Tel. 702 2 32 55 39; www.neonopolislv.com; So–Do 11–21, Fr–Sa 11–22 Uhr) neben der Fremont Street Experience lohnt sich. Von einer bewegten Vergangenheit geprägt, verfügt es noch immer über weniger Geschäfte, Unterhaltungseinrichtungen und Restaurants, als es eigentlich beherbergen könnte. Doch die zunehmende Zahl an Geschäften stimmt optimistisch.

Wohin zum ... Ausgehen?

Selbst in Las Vegas finden Sie Orte, an denen Bildung und Geschichte großgeschrieben werden. Einige liegen gleich nördlich von Downtown.

Kinder lieben die über 100 Exponate des **Discovery Children's Museum** (360 Promenade Place; Tel. 702 3 82 54 37; Di–Fr 9–16, Sa 10–17, So 12–17 Uhr; 12 $). Die Ausstellungen wechseln sich ab. Auch die Jüngsten werden sich im »Toddler Tower« amüsieren.

Die **Arts Factory** (107 East Charleston Boulevard; Tel. 702 3 83 31 33; www.theartsfactory.com; tägl. 9–18 Uhr) ist eine kleine Künstlerenklave mit über einem Dutzend Galerien, Ateliers und Studios. Hier gewährt Las Vegas Einblicke in die pulsierende Kunstszene. Die Künstler lassen sich jeden ersten Freitag im Monat (18–22 Uhr; frei) bei ihrer Arbeit über die Schulter blicken und bieten zudem ein gutes Musik- und Unterhaltungsprgramm. Auf der Website der Arts Factory finden Sie einen Veranstaltungskalender samt Infos zu Öffnungszeiten und Preisen.

Für historisch Interessierte ist der **Old Las Vegas Mormon Fort State Historic Park** (500 East Washington; Tel. 702 4 86 35 11; tägl. 8–16.30 Uhr; 1 $) ganz besonders geeignet. Wer weiß schon, dass hier früher Mormonen lebten? Das Fort war ursprünglich als Raststation für Reisende und Goldsucher am Spanish Trail errichtet worden. Zu Beginn des 20. Jhs. gab es hier noch eine Farm mit Kühen und ein Gasthaus. Sehenswert sind auch die restaurierten Häuser, in denen noch das alte Mobiliar steht. Das heutige Visitor Center war früher einmal die Werkstatt eines Hufschmieds, und gleich daneben lag das Krankenhaus. Auch der Garten aus der Pionierzeit wurde wieder neu angelegt.

Theater

Im **Showroom** des Golden Nugget (▶ 165f) sorgen diverse Shows und Künstler auf der Bühne für Action. Derzeit ist – neben anderen Acts – auch der Entertainer Gordie Brown zu sehen. Termine können Sie auf www.goldennugget.com einsehen.

Ausflüge

Red Rock Canyon	175
Lake Mead & Hoover Dam	176
Valley of Fire	178
Mount Charleston	179
Grand Canyon	180

Ausflüge

Ausflüge

Angesichts von Menschenmassen und dem ständigen Klingeln der Spielautomaten kann es durchaus sein, dass man sich in Las Vegas plötzlich nach Ruhe und Natur sehnt. Und die Umgebung der Stadt wird einen nicht enttäuschen: Ausflugsziele wie Mount Charleston, Red Rock Canyon, Valley of Fire, Lake Mead, Hoover Dam und der Grand Canyon locken mit wunderschönen Landschaften und ihrer wechselvollen Geschichte.

Irgendwie faszinierend ist die Vorstellung, dass einst – neben amerikanischen Ureinwohnern und Cowboys – auch Spanier und Mormonen diese Gegend durchstreiften und zeitweise besiedelten. Vor nicht allzu langer Zeit stießen Bauarbeiter außerdem auf die Überreste eines Mammuts, das vor 8000 bis 15 000 Jahren hier gelebt hat.

Eines haben fast alle genannten Ziele gemeinsam: Sie liegen maximal eine Autostunde von Las Vegas entfernt und beweisen, dass die Stadt in der Wüste weit mehr zu bieten hat, als es auf den ersten Blick den Anschein haben mag.

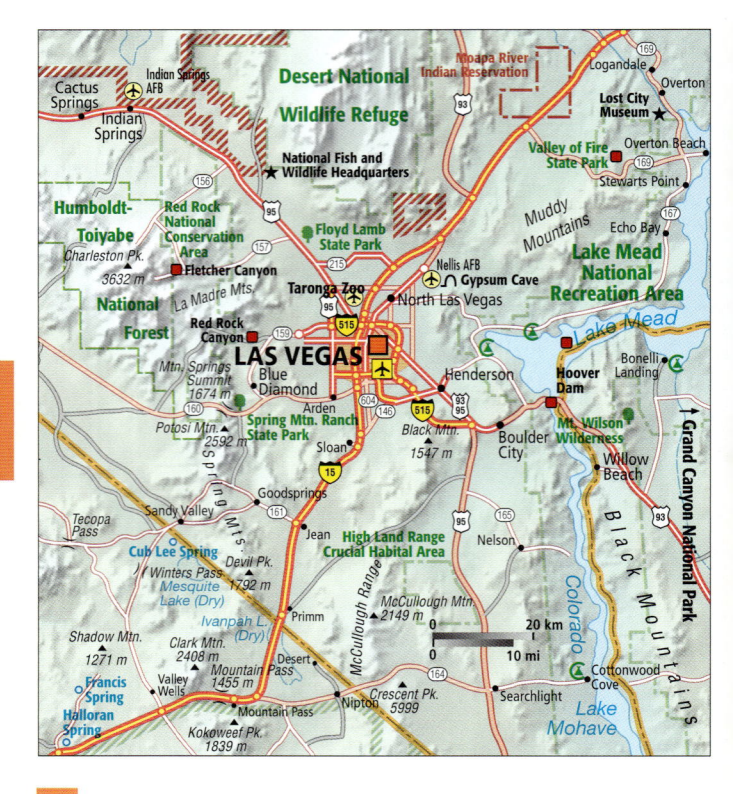

Red Rock Canyon

Nur 20 Autominuten von Las Vegas entfernt liegen die spektakulären Gesteinsformationen des Red Rock Canyon, die nach einer Verwerfung der Erdkruste entstanden. Der Kontrast zwischen den grauen Kalkstein- und den roten Sandsteinschichten ist überwältigend.

Das Kernstück des Red Rock Canyon bildet eine über 20 km lange, rund 900 m hohe und fast senkrecht aufragende Felswand, die zahlreiche Canyons aufweist. Regen und Schmelzwasser haben den Fels entlang bereits vorhandener Vertiefungen oder Risse »ausgefräst«. Ständig Wasser führende Quellen und Flüsse, die zeitweilig trockenfallen, sorgen für eine üppige Vegetation, die in auffälligem Gegensatz zum trockenen Wüstenboden steht.

Der Red Rock Canyon lädt zu eindrucksvollen Erkundungen ein

Halten Sie als Erstes am Visitor Center der **Red Rock Canyon Interpretive Association** (1000 Scenic Drive; Tel. 702 5 15 53 67; www.redrockcanyonlv.org; April-Sept. tägl. 6-20, sonst 6-19 Uhr) und machen Sie sich mit der Geologie sowie der Tier- und Pflanzenwelt der Region vertraut.

Am Center beginnt der gut 20 km lange **Scenic Loop** (7 $ pro Fahrzeug). Diese Rundstrecke ist von 6 Uhr früh bis zur Dämmerung für den Verkehr geöffnet und umfasst beispielsweise Aussichtspunkte mit herrlichem Rundumblick auf die spektakulären Felsformationen. Die **Calico-Aussichtspunkte** eignen sich besonders gut zum Fotografieren, und der **Sandstone Quarry** bietet Gelegenheit, Einzelheiten aus der Nähe zu sehen. Abzweigungen führen zum Ice Box Canyon, zum Pine Creek Canyon (ideales Wandergebiet) und zur Red Rock Wash. Picknickplätze gibt es bei Red Spring und Willow Spring.

Anreise
Fahren Sie über den Charleston Boulevard ungefähr 13 km westwärts bis zum Red Rock.

BAEDEKER TIPP

- Wanderer sollten **Verpflegung**, also ausreichend Wasser und eventuell ein Picknick, mitnehmen, und außerdem festes Schuhwerk und passende Kleidung tragen. Über die **Schwierigkeitsgrade der Wanderpfade** informiert das Visitor Center.
- Seien Sie vor allem im Spätsommer, wenn Stürme ohne Vorwarnung aufziehen können, auf **Sturzfluten** gefasst.
- Die **Gebühr** für das Auto beträgt 7 $.
- Alle Pflanzen, Tiere und altindianischen Artefakte sind **streng geschützt**.

Ausflüge

Lake Mead & Hoover Dam

Der Lake Mead, dessen fast 900 km lange Uferlinie an die Wüste grenzt, ist ein eindrucksvoller Stausee, der zwischen 1935 und 1938 durch das Aufstauen des Colorado River am gigantischen Hoover Dam entstand, dem damals weltweit größten Staudamm.

Lake Mead
Am einfachsten erreicht man den Stausee (www.nps.gov/lake/index.htm) von Las Vegas aus über **Boulder City**, eine »trockene« Kleinstadt (kein Alkohol, keine Glücksspiele). Boulder City wurde extra für die Ingenieure und Bauarbeiter des Boulder Dam (dieser wurde erst später nach dem damaligen Handelsminister Herbert Hoover benannt) errichtet. Hier scheint die Zeit irgendwo auf dem Weg zwischen dem Ende der Weltwirtschaftskrise und dem 21. Jh. stehen geblieben zu sein. Den Stadtkern bildet die Hotel Plaza mit Eukalyptusbäumen und Springbrunnen, einem historischen Hotel, Antiquitätengeschäften und einer Eisdiele. Folgt man der Hauptstraße durch Boulder City, öffnet sich bald der Blick zum **Lake Mead** hin. Der größte Stausee der Vereinigten Staaten lockt jährlich an die 10 Mio. Besucher zum Wasserskifahren, Angeln, Campen und Wandern.

Der **Lakeshore Scenic Drive** (der zum **North Shore Scenic Drive** wird) führt knapp 100 km am Westufer entlang. Die Straße, von der aus man den buchtenreichen See allerdings über weite Strecken gar nicht sieht, bildet die Verbindung zu den vier Jachthäfen auf der Nevada-Seite, wo man auch Wasserfahrzeuge mieten kann. Alles Wissenswerte über den Lake Mead erfährt man im **Alan Bible Visitor Center,** wenige Meilen westlich vom Hoover Dam (Tel. 702 2 93 89 90; tägl. 9–16.30 Uhr), das auch Karten bereithält. Sie können ein Motorboot und Wasserski mieten, aber auch eine Rundfahrt auf der Desert Princess unternehmen: Das 30 m lange Schiff läuft zu Frühstücks-, Lunch-, Dinner- und »Dinner-Dance«-Kreuzfahrten aus, zudem gibt es Ausflüge zum Hoover Dam.

Der Hoover Dam gilt als technisches Weltwunder

Lake Mead & Hoover Dam

Ruhe finden in der malerischen Landschaft am Lake Mead

Hoover Dam

Etwa 10 Min. von der Straße (30 Min. von Las Vegas) entfernt liegt der **Hoover Dam** (www.usbr.gov/lc/hooverdam/), der mehr als 25 Mio. Menschen mit Trinkwasser versorgt und Energie für eine halbe Million Haushalte erzeugt. Ohne ihn gäbe es diesen Teil des Südwestens der USA in dieser Art nicht. Die **gigantische Talsperre** – sie ist eine Bogengewichtsstaumauer (*arc gravity dam*) – wurde für den Hochwasserschutz, die Stromerzeugung und die Wasserversorgung gebaut und ist am Fuß der Staumauer 183 m breit. Auf der Grenze zwischen den Bundesstaaten Arizona und Nevada gelegen, haben die Überlaufrinnen einen Durchmesser von 15 m. Zeitweise waren hier mehr als 5000 Arbeiter beschäftigt, 96 verloren bei dem Mammutprojekt ihr Leben. Der Damm war zwei Jahre früher fertig als vorgesehen und wurde 1955 von der American Society of Civil Engineers zu einem von sieben **Weltwundern der Technik** gekürt. Kommen Sie morgens, um dem größten Andrang zu entgehen.

Anreise

Die US 93 führt südwärts nach Boulder City (11 km vor dem Staudamm). Zum historischen Stadtkern geleitet der Business Loop, der später wieder zur US 93 zurückführt.

BAEDEKER TIPP

- **Lake Mead Cruises** (Tel. 702 2 93 61 80; www.lakemeadcruises.com) mit Büros in Boulder City und beim Lake Mead Cruises Landing direkt am See veranstaltet Tages- und Abendkreuzfahrten. Sonntags gibt es außerdem eine »Champagne Brunch Cruise« auf einem Raddampfer.
- Im **Visitor Center am Hoover Dam** (tägl. 9–18 Uhr; letzter Einlass 17.15 Uhr; Tel. 702 4 94 25 17) erfahren Sie die interessantesten Fakten über den Staudamm. Vom Overlook aus bietet sich ein prachtvoller **Panoramablick** über den Staudamm und den Colorado River. Parkgebühr 10 $, geführte Tour (»Hoover Dam Tour«) zu Kraftwerk und Turbinen 30 $.

Ausflüge

Valley of Fire

Der rund 141 km² große Valley of Fire State Park, das älteste und größte Schutzgebiet Nevadas, verdankt seinen Namen seiner beeindruckenden, regelrecht außerirdisch wirkenden Gesteinsfärbung und bietet sich zum Wandern, Klettern, Campen oder für ein Picknick an.

Die roten **Sandsteinformationen** im »Tal des Feuers« entstanden im Jura aus großen Sanddünen. Komplexe Auffaltungen und Verwerfungen in der Region, gefolgt von jahrmillionenlanger Erosion, haben dieses 10 km lange und 6 km breite Tal erschaffen, das besonders bei tief stehender Sonne in einem **Feuerwerk von Rottönen** erstrahlt.

Das Valley of Fire (http://parks.nv.gov/parks/valley-of-fire-state-park/) ist auch für seine **Petroglyphen** bekannt, Felsbilder der prähistorischen Basketmaker und Anasazi, die zwischen 300 v. Chr. und 1150 n. Chr. entlang des Muddy River lebten. Im **Petroglyph Canyon** und am **Atlatl Rock** können Sie die Felszeichnungen aus der Nähe betrachten.

Im Visitor Center an der SR 169 in Overton (tägl. 8.30–16.30 Uhr; Tel. 702 3 97 20 88) gibt es Karten, Wanderführer und Bücher und man kann sich Schautafeln und Filme über Ökologie, Geologie und Kulturgeschichte ansehen.

Viele Wüstentiere sind nachtaktiv, doch tagsüber zeigen sich vielleicht Eidechsen, Kojoten oder Wüstenschildkröten.

Anreise
Das Tal liegt 88 km nordöstlich von Las Vegas (I-15). Man fährt die Northshore Road am Lake Mead (1 Std) entlang.

Wunderschöne Sandsteinformationen im Valley of Fire

BAEDEKER TIPP

Wer keine Hitze verträgt, sollte das Tal nicht im Sommer besuchen, sondern besser **zwischen September und Juni** kommen. Während des Sonnenauf- und -untergangs sind die Lichtverhältnisse am besten.

Mount Charleston

Während am Fuße dieser wunderschönen alpinen Wildnis die Wüste in der Hitze schmort, ist es hier gewöhnlich bis zu 22°C kühler als in Las Vegas. Nur 30 Autominuten nördlich von Las Vegas gelegen, sind Mount Charleston und der umliegende Toiyabe Forest ein beliebtes Ausflugsgebiet zum Wandern, Campen und Picknicken, und der nicht weit entfernte Lee Canyon lädt zum Skifahren ein.

Der Toiyabe Forest schmiegt sich an den Mount Charleston

Mächtige **Grannenkiefern** an den bis zu 3000 m hohen Kalksteinfelsen bilden eine eindrucksvolle Kulisse.

Der US Forest Service unterhält am Charleston Peak mehr als 80 km ausgeschilderter **Wanderwege** aller Schwierigkeitsgrade. Das Spektrum reicht von 400 m langen Spaziergängen (**Robber's Roost** und **Bristlecone Loop**) bis hin zum anspruchsvollen, 16 km langen **North Loop Trail**, der zum 3633 m hohen Gipfel führt (über 1050 Höhenmeter!).

Wer auf Zivilisation nicht verzichten will, findet im **Mount Charleston Resort** (Tel. 702 8 72 55 00; www.mtcharlestonresort.com) am Kyle Canyon Gästezimmer, Souvenirshops, eine Cocktaillounge und Glücksspielautomaten.

Die **Mount Charleston Lodge** (Tel. 702 8 72 54 08; www.mtcharlestonlodge.com) oben am Kyle Canyon bietet Frühstück, Mittag- und Abendessen (8–21 Uhr) sowie einen gigantischen offenen Kamin, Liveunterhaltung, eine Veranda und einen schlichtweg atemberaubenden Ausblick. Nicht weit entfernt werden auch *cabins* (Hütten) vermietet. Wenn genug Schnee liegt, werden im Winter auch **Pferdeschlittenfahrten** angeboten.

Anreise
Vom Las-Vegas-Strip geht es auf der I-15 westwärts zur US 95. Dieser folgen Sie nach Norden bis zur Kyle Canyon Road; von dort an ist der Mount Charleston ausgeschildert.

BAEDEKER TIPP

- Im Winter sind **Winterreifen und Schneeketten** erforderlich. Über die Straßenlage informiert das Nevada Department of Transportation (Tel. 775 8 88 70 00).
- Der US Forest Service unterhält mehrere **Campingplätze** für Zelte und Wohnmobile: Dolomite Campgrounds und Kyle Canyon Campgrounds zählen zu den schönsten. Nähere Auskunft telefonisch (Tel. 775 3 31 64 44) oder auf www.fs.fed.us.

Ausflüge

Grand Canyon

Dieser gewaltige Riss in der Erde ist derart überwältigend, dass er einem den Atem rauben kann. An jedem Ort am Rande der Schlucht spürt man die unglaubliche Weite und die Größe der Felswände, die sich in farbenprächtige Schichten aus Sandstein, Kalkstein und Schiefer gliedern.

Im Laufe von 5 Mio. Jahren ließ der Colorado River den Grand Canyon (www.nsp.gov.grca) entstehen. Die Schlucht ist knapp **450 km lang**, misst an der breitesten Stelle 27 km und an der tiefsten über 1500 m. Ihre verschiedenen Lagen aus Sandstein, Kalkstein und Schiefer gewähren faszinierende Einblicke in die **Geologie unseres Planeten**.

Die zwei Hauptzugangspunkte, der North Rim und der South Rim, liegen mit dem Auto über 320 km weit auseinander. Die Mehrheit der Besucher wählt den **South Rim**, weil dort das **Grand Canyon Village** die meisten Übernachtungsmöglichkeiten, Restaurants, Geschäfte und Museen des Nationalparks bietet, dazu einen Flugplatz, Eisenbahnanschluss und zahlreiche Wanderwege. Der **North Rim** liegt dagegen relativ abgeschieden, ist aber auch in das herrlich bewaldete **Kaibab-Plateau** eingebettet.

Von Las Vegas aus gibt es viele Angebote für Ausflüge zum Grand Canyon (Organisierte Touren ▶ 197f).

Wanderungen und Ausritte
Wer zum Grand Canyon kommt, der sollte unbedingt eine Wanderung machen – und wenn sie noch so kurz ist –, um den Ehrfurcht gebietenden Canyon ganz **aus der Nähe zu erleben**. Egal, welchen Wanderweg Sie einschlagen, es geht sowohl steil bergauf als auch bergab (planen Sie für den Wiederaufstieg die doppelte Zeit ein). Besuchern, die nicht schwindelfrei sind, ist allerdings von einer Wande-

Spektakulärer Blick über den Grand Canyon

Grand Canyon

rung abzuraten. Die oberen Wanderwege sind oft die überfülltesten. Zu den beliebtesten Wegen gehört der **Bright Angel Trail**. Für den 14,5 km langen Trail schluchtabwärts bis zum Indian Gardens Campground benötigt man sechs Stunden. Nach einer Übernachtung am Rand des inneren Canyons erwartet den Wanderer dann ein achtstündiger Wiederaufstieg. Wanderungen, die eine Übernachtung einschließen, sollten weit im Voraus geplant werden (mit **Reservierung!**). *Permits* sind für Tageswanderungen nicht notwendig.

Ein unvergessliches Erlebnis ist ein vom South Rim startender **Maultierritt** inklusive Übernachtung (Tel. 303 2 97 27 57; www.grandcanyonlodges.com; 520 $/Pers.; Reservierung bis zu einem Jahr im Voraus; Mindestalter: 4 Jahre; Mindestgröße 1,40 m; Höchstgewicht: 90 kg; Schwangere ausgeschlossen; gute Englischkenntnisse erforderlich).

Ein Muss ist der außerhalb des Nationalparks liegende **Skywalk** (Tel. 929 7 69 26 36; www.grandcanyonwest.com), eine 20 m weit über die Abbruchkante hinaus gebaute **Plattform aus Glas**. Diese technisch durch und durch gelungene Attraktion eröffnet einen Blick auf den 1200 m tiefer gelegenen Colorado River. Der Skywalk ist Eigentum des Reservats der Hualapi-Indianer. Allerdings stößt die Einrichtung seit ihrer Entstehung auch auf Kritik, weil die

BAEDEKER TIPP

- Im Canyon selbst herrschen **deutlich höhere Temperaturen** als an seinen Kanten. Wer sich also zu Fuß hinab begibt, sollte deshalb soviel **Trinkwasser** mitführen, wie er tragen kann.
- **Am wenigsten überlaufen** ist der Canyon im Frühling oder Herbst, und dann ist es meist insgesamt kühler – auch wenn das Wetter generell unkalkulierbar ist.
- Wenn Sie im Grand Canyon **übernachten** möchten, müssen Sie **reservieren**! Auf der Website des Nationalparks (http://grandcanyon.areaparks.com) erhalten Sie Informationen zu den einzelnen Übernachtungsmöglichkeiten.

Ausflüge

Preise in den dort angesiedelten Restaurants und Geschäften als überzogen gelten.

Anreise
Zum 450 km von Las Vegas entfernten North Rim fahren Sie ostwärts auf der I-15 zur Ausfahrt SR 9 nördlich von St. George, Utah. Der SR 9 folgend, zweigen Sie bei der Mount Carmel Junction auf die SR 89 südwärts ab. Zum South Rim hingegen, etwa 420 km von Las Vegas entfernt, folgen Sie der US 93 südostwärts durch Boulder City nach Kingman, Arizona. Dort fahren Sie ab und auf der SR 40 geht es nun ostwärts nach Williams, dann auf der SR 64 und der SR 180 Richtung Norden bis Grand Canyon Village.

Grand Canyon National Park
928 6 38 78 88; www.nps.gov/grca/index.htm South Rim: tägl. 24 Std.; North Rim: Mai–Okt. tägl. 24 Std.; Okt.–Mai nur für Tagesbesucher und wetterabhängig (Besuchereinrichtungen geschl.)

Skywalk
Parkplatz am Grand Canyon West Airport, 190 km von Las Vegas mit dem Auto, für die letzten 2,4 km mit dem Bus 928 7 69 26 36; www.hualapaitourism.com/skywalk tägl., solange es hell ist Preise variieren

Der South Rim des Grand Canyon

Spaziergänge & Touren

1 Nass und wild   184
2 Las Vegas – beinahe umsonst   188

Spaziergänge & Touren

1 NASS UND WILD
Tour

LÄNGE: ca. 5,5 km **DAUER:** ein Tag
START: Russell Road West ✚ 200 C1
ZIEL: Circus Circus ✚ 202 C3

Diese Tour zeigt Ihnen die nasse und wilde Seite der Stadt. Die Stationen führen Sie von einem Ende des Strip zum anderen – weshalb es durchaus ratsam ist, sich mit dem Auto auf den Weg zu machen. Wenn es nicht allzu heiß und man gut zu Fuß ist, kann man die Tour auch ohne in Angriff nehmen. Außer den Bellagio Fountain Shows, dem Volcano des Mirage, dem Gewitter in der Miracle Mile sowie dem Forum Shops Aquarium kosten alle Attraktionen Eintritt.

❶–❷
Von der Russell Road West geht es als Erstes zu Mandalay Bay's **Shark Reef** (▶ 58f). In den Aquarien können Sie exotische Meerestiere bewundern, darunter zwölf Haiarten, Quallen, Stachelrochen, Meeresschildkröten und Seeschlangen. Das größte Aquarium, Treasure Bay, hat ein Fassungsvermögen von 4,9 Mio. l. Im Bassin schwimmen 40 große Haie, die zwischen 1,5 und 3,5 m lang sind. Das Aquarium zählt mit den Haien und den anderen Raubfischen zu den größten seiner Art in Nordamerika. Wenn Sie im Hotel wohnen, können Sie anschließend zum **Mandalay Bay** Beach gehen, in echtem Sand Burgen bauen oder sich von

Den besten Blick auf die fantastischen Fontänen hat man von der gegenüberliegenden Seeseite

Nass und wild

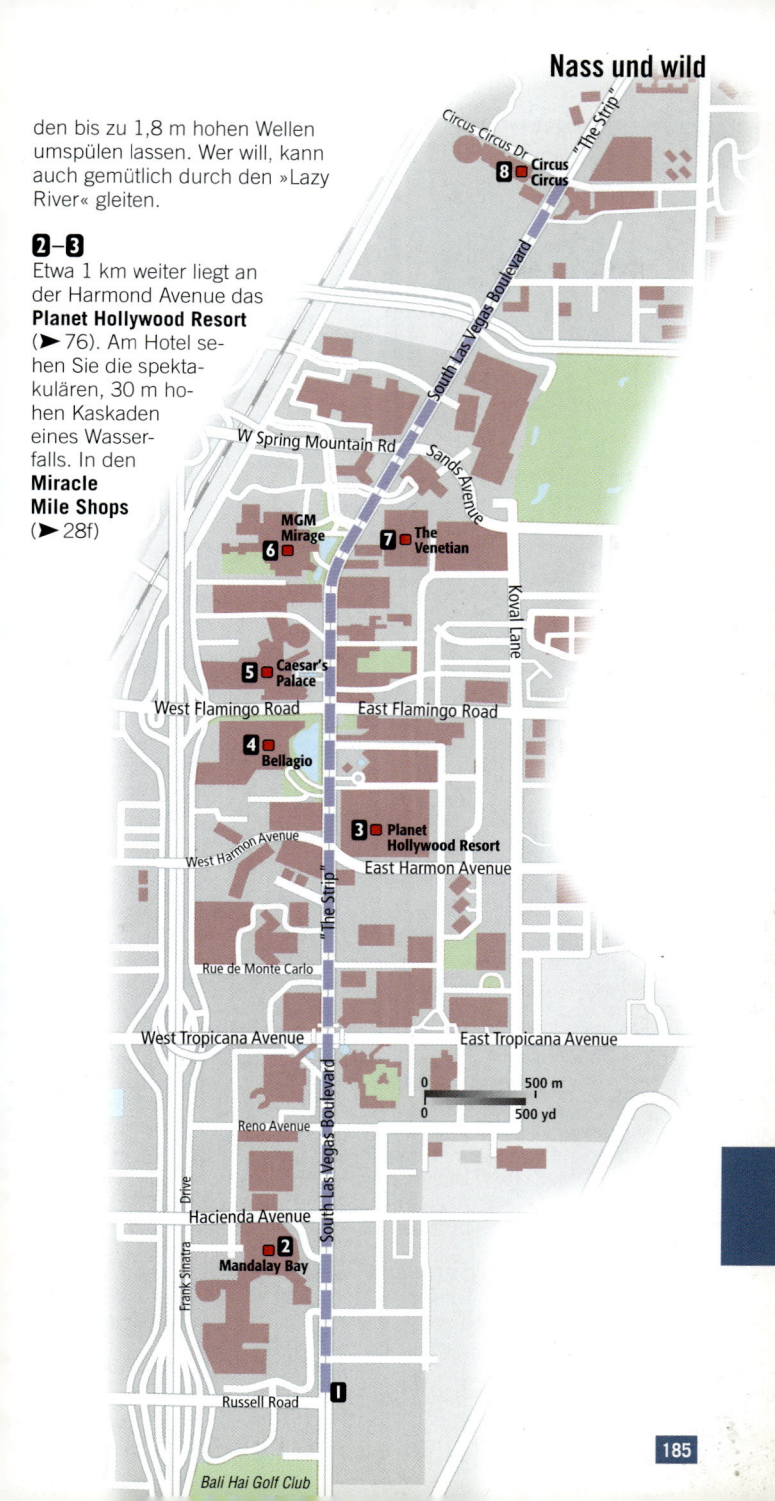

den bis zu 1,8 m hohen Wellen umspülen lassen. Wer will, kann auch gemütlich durch den »Lazy River« gleiten.

2–3
Etwa 1 km weiter liegt an der Harmond Avenue das **Planet Hollywood Resort** (➤ 76). Am Hotel sehen Sie die spektakulären, 30 m hohen Kaskaden eines Wasserfalls. In den **Miracle Mile Shops** (➤ 28f)

Spaziergänge & Touren

Revolution-Lounge (The Mirage)

geraten Sie mitten in ein Gewitter! Jede halbe Stunde blitzt und donnert es und Unmengen von Wasser prasseln vom künstlichen Himmel in den See.

3-4

Gehen Sie nun hinüber zum **Bellagio** (➤ 42). Nirgendwo sonst wird Wasser schöner in Szene gesetzt: Im 3 ha großen See vor dem Hotel kann man die **Bellagio Fountains** (➤ 84f) bestaunen, deren Wasserspiele mit Musik von Pavarotti bis Sinatra untermalt werden. Der schönste Platz zum Genießen des Wasserspektakels ist die Terrasse des Mon Ami Gabi (➤ 99) im Paris Las Vegas. Aber auch von den Restaurants des Bellagio aus hat man eine gute Aussicht. Aus den 1200 Wasserkanonen jagen Fontänen bis zu 75 m hoch in die Luft.

4-5

Auf der anderen Seite der Flamingo Road (eine Fußgängerbrücke führt vom Bellagio auf diese Seite) liegt **Caesars Palace** (➤ 106f). In den Forum Shops sollten Sie sich das Aquarium mit seinen exotischen Fischen, den kleinen Haien und Stachelrochen ansehen. Zweimal am Tag springen Taucher in das Becken und füttern die hungrigen Fische, was jedes Mal Schaulustige anzieht. Wissenswertes über das Aquarium erfährt man bei den Führungen.

5-6

Neben Caesars Palace liegt **The Mirage** mit **Siegfried & Roy's Secret Garden and Dolphin Habitat** (➤ 121) und dem **Mirage Volcano** (➤ 117ff). Der Vulkan steht mitten in einer künstlichen Lagune und bricht zu regelmäßigen Zeiten aus. Dann kommt sogar der Verkehr auf dem Strip zum Stehen, weil sich keiner das fünfminütige Spektakel mit Feuer, schwarzem Rauch und lautem Getöse entgehen lassen will, das zudem von einem tollen Soundtrack untermalt wird. Zum Dolphin Habitat geht man zunächst ins Mirage hinein und durch die Einkaufsmeile hindurch. Eine Tür führt hinaus zum Habitat und zum Secret Garden. Von oben oder durch die Glaswände des Aquariums lassen sich die Großen Tümmler beobachten. Beim Verlassen des Mirage lohnt sich auch ein Blick auf das Aquarium hinter der Rezeption, das mit allerhand Zwerghaien und vielen bunten Fischen bestückt ist.

> **KLEINE PAUSE**
> Ein netter Ort ist **The Cheesecake Factory** in den Caesars Forum Shops (➤ 110, gleich hinter dem Aquarium).

Nass und wild

Das Restaurant Enoteca San Marco auf der Piazza der Grand Canal Shoppes im Venetian

6-7

Die nächste Attraktion ist **The Venetian** am Las Vegas Boulevard. Schon von außen sind die nachgebauten venezianischen Kanäle zu sehen. An den **Grand Canal Shoppes** (▶ 122f) im Hotel können Sie zu einer Gondelfahrt starten. Sie kaufen Ihr Ticket am Markus Square und fahren dann (allerdings ziemlich kurz) in einer Gondel durch ein nachgebautes Venedig. Die hölzernen Gondeln sind alle echt und die Gondolieri singen gut.

7-8

Wieder zurück auf dem Strip folgt man dem South Las Vegas Boulevard weiterhin – schließlich erreicht man das **Circus Circus** mit dem **Adventuredome** (▶ 144f). Der größte überdachte Themenpark des Landes bietet viele atemberaubende Fahrvergnügen. Kinder – vor allem Teenager – lieben deshalb diesen Vergnügungspark.

Mit dem Rim Runner geht es auf Booten 18 m tief eine Wasserrutsche hinunter, wobei alle Mitfahrer ordentlich nass werden und sich anschließend wahrscheinlich nach ihrem Hotel sehnen werden. Wer es aber gern noch nasser mag, kann den Tag auch in einem der luxuriösen Spas der Stadt ausklingen lassen.

Spaziergänge & Touren

2 LAS VEGAS – BEINAHE UMSONST
Tour

Länge: 7 km **Dauer:** ein Tag
START: Tropicana Avenue East ✚ 200 C2
ZIEL: Fremont Street Experience ✚ 205 A3

Wenn Sie Ihr letztes Kleingeld ausgegeben haben oder Ihnen einfach nicht danach zumute ist, die Reisekasse aufs Spiel zu setzen, wählen Sie diese Tour, bei der Sie auch mit wenig Geld und zu jeder Uhrzeit Spaß in der Stadt haben werden. Manche Stationen werden Sie nur mit öffentlichen Verkehrsmitteln erreichen, und auch für das Essen wird ein Obolus fällig. Doch einige der schönsten Attraktionen sind kostenlos.

❶–❷
Am Hotel Tropicana geht es über die Fußgängerbrücke zum **Excalibur** mit seinen vielen Türmchen. In seinem Inneren kann man durch das **Medieval Village** (▶ 67) schlendern und die Gaukler und Jongleure beobachten.

❷–❸
Wieder draußen geht man über die nächsten beiden Brücken Richtung MGM. Die **Showcase Mall** neben dem MGM ist das nächste Ziel. In der über vier Stockwerke angelegten **M&M's World Las Vegas** (▶ 90f) gibt es Süßigkeiten en masse und zahlreiche interessante Geschäfte. Auch das kostenlose 3-D-Kino oder die neuesten Videospiele bei **GameWorks** (▶ 67) bereiten Vergnügen.

❸–❹
Gegenüber der Harmon Avenue lockt das **Planet Hollywood Resort** (▶ 76). In der Nähe des Frachtschiffs tobt ein »Gewitter«. Der künstliche Regen – er wird wohl der einzige Regen sein, den Sie in Las Vegas erleben – ist beeindruckend. Die Einkaufsmeile bietet sich für einen Bummel an, unterwegs unterhalten Straßenkünstler die Passanten.

❹–❺
Dem Paris Las Vegas und dem Bally's gegenüber steht das **Bellagio**. Neben der herrlichen **Bellagio Fountain Show** (▶ 84f), die ab 15 Uhr halbstündlich und ab 20 Uhr viertelstündlich im großen See vor dem Hotel stattfindet, lohnt auch der prächtige Wintergarten, das **Conservatory**, einen Besuch: Die Pflanzen wechseln jahreszeitlich bedingt. Zwischen 16 und 1 Uhr können Sie in der Baccarat Bar der Livemusik lauschen. Und sollten Sie zocken, gibt es die Getränke gratis.

❺–❻
Als nächstes sollte man beim Caesars Palace einen Stopp einlegen. Über das Laufband des Walkway erreicht man **The Forum Shops** (▶ 110f) am nördlichen Ende des Kasinos. Zu jeder vollen Stunde finden hier die beiden kostenlosen Shows mit beweglichen Figuren statt. Dort, wo die Show »Fall of Atlantis« gezeigt wird, steht außerdem ein riesiges Aquarium mit einem Fassungsvermögen von 189 200 l und vielen exotischen Fischen. Um 13.15 und 17.15 Uhr füttern Tau-

188

Las Vegas – beinahe umsonst

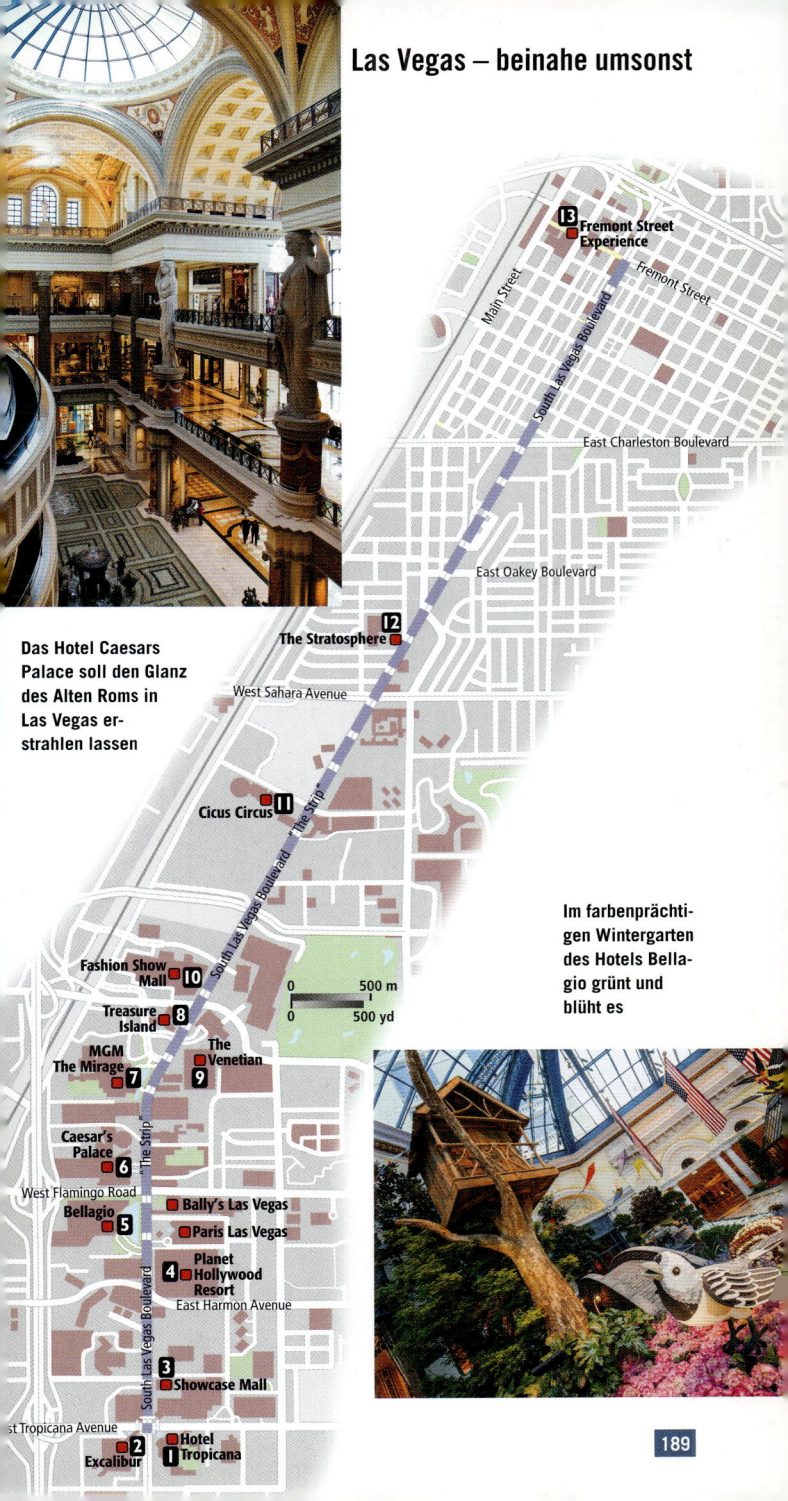

Das Hotel Caesars Palace soll den Glanz des Alten Roms in Las Vegas erstrahlen lassen

Im farbenprächtigen Wintergarten des Hotels Bellagio grünt und blüht es

13 Fremont Street Experience
12 The Stratosphere
11 Cicus Circus
10 Fashion Show Mall
9 The Venetian
8 Treasure Island
7 MGM The Mirage
6 Caesar's Palace
5 Bellagio
4 Planet Hollywood Resort
3 Showcase Mall
2 Excalibur
1 Hotel Tropicana

189

Fremont Street Experience

cher die Haie. Zu späterer Stunde können Sie das Caesars erneut für einen Besuch im **Cleopatra's Barge** (tägl. 20.30–4 Uhr) aufsuchen. Weder Eintritt noch Mindestverzehr wird verlangt.

6–7
Gleich neben dem Caesars liegt das **MGM Mirage**: Ab 20 Uhr explodiert hier jede halbe Stunde der Vulkan (außer um 20.30). Die mit fantastischer Musik untermalte Volcano Show (▶114f) ist ebenfalls gratis. Hinter der Rezeption der Hotellobby befindet sich außerdem noch ein weiteres riesengroßes Aquarium.

7–8
Auf der anderen Seite des Mirage bringt eine Monorail die Besucher innerhalb von vier Minuten kostenlos zum Hotel **Treasure Island**. In der **Breeze Bar** (tägl. 18–3.30 Uhr) gibt es Live-Konzerte (Eintritt frei, kein Mindestverzehr).

8–9
Auf der anderen Seite des Strip liegt das **Hotel Venetian**, das einen Hauch von Venedig verströmt. Auf dem Grand Canal fahren Gondeln, und die Grand Canal Shoppes (▶122f) laden zu einem Bummel ein. Die Gondelfahrten sind nicht umsonst, aber den singenden Gondolieri kann man ja auch vom Ufer aus zuhören. Den nachgebauten Markusplatz sollten Sie sich unbedingt anschauen.

9–10
Kehren Sie nun zurück auf den Strip. Rechts der Spring Mountain Road liegt die **Fashion Show Mall** (▶148f) mit Saks Fifth Avenue, Neiman Marcus und Macy's. Hier finden, auch gratis, Modenschauen und Theateraufführungen statt.

10–11
Nächstes Ziel ist das Hotel **Circus Circus** (am besten mit dem Bus oder dem Taxi vom Neiman Marcus aus). Im zweiten Stock werden kostenlose Zirkusnummern (▶149f) gezeigt.

11–12
Ein ganzes Stück weiter steht das **Stratosphere** (▶139f). Die **Images Lounge** (24 Std.) bietet jede Menge Livemusik.

12–13
Mit dem Auto oder Taxi geht es nun noch zur **Fremont Street Experience** (▶162f) – hier gibt es kostenlose Lichtshows und allerhand andere Vorführungen.

KLEINE PAUSE
Gutes Essen zu vernünftigen Preisen bietet der **Food Court** in den **Miracle Mile Shops** (▶46f).

Praktisches

Reisevorbereitungen	192
Das Wichtigste vor Ort	194
Organisierte Touren	197

Praktisches

REISEVORBEREITUNGEN

WICHTIGE PAPIERE

- ● Erforderlich
- ○ Empfohlen
- ▲ Nicht erforderlich
- ■ Nicht gültig

Reisende aus Deutschland, Österreich und der Schweiz nehmen am *Visa Waiver Program* teil. Auskunft erteilt das Reisebüro oder die zuständige Botschaft.

	Deutschland	Österreich	Schweiz
Reisepass/sowie elektron. Einreiseerlaubnis – Visa-Waiver-Formular	●	●	●
Visum (Bestimmungen können sich ändern – vor Reise prüfen)	▲	▲	▲
Weiter- und Rückflugticket	●	●	●
Impfungen	▲	▲	▲
Krankenversicherung	●	●	●
Reiseversicherung	●	●	●
Führerschein (national)	●	●	●
Kfz-Haftpflichtversicherung	■	■	■
Fahrzeugschein	■	■	■

REISEZEIT

Hauptsaison   Nebensaison

JAN	FEB	MÄRZ	APRIL	MAI	JUNI	JULI	AUG	SEPT	OKT	NOV	DEZ
13°C	17°C	20°C	26°C	31°C	37°C	40°C	39°C	34°C	27°C	19°C	14°C

☀ sonnig   ⛅ wechselhaft

Las Vegas hat ein **trockenes Klima** mit jährlich etwa 105 mm Niederschlag und 85 % Sonnenschein. Die **durchschnittliche Luftfeuchtigkeit** liegt bei 29 %. Stärkere Regenfälle treten meist nur im September auf.

In den **Sommermonaten** bewegen sich die Temperaturen nicht selten in Bereichen bis ungefähr 38°C, aber in Las Vegas wurden auch schon Temperaturen von bis zu 49°C gemessen.

Im Frühling und im Herbst herrschen meist Temperaturen von um die 20°C. **Im Winter** kann es zu Frost kommen, aber im Durchschnitt liegt die Temperatur dann bei etwa 10 bis 16°C.

INFORMATIONEN VORAB
Websites

- www.visitlasvegas.com
  Las Vegas Convention and Visitors Authority

- www.cheapovegas.com
  Gute, übersichtliche Quelle mit nützlichen Tipps – nicht nur für Schnäppchenjäger

- www.vegaschatter.com
  Immer das neueste aus der Fremdenverkehrsindustrie vor Ort

Praktisches

ANREISE

Mit dem Flugzeug: Die meisten internationalen und nationalen Fluggesellschaften fliegen den McCarran International Airport (▶ 38) an. Direktflüge aus Deutschland bietet derzeit nur die Fluggesellschaft Condor von Frankfurt am Main aus an. Flüge von anderen großen deutschen Städten (Düsseldorf, München, Köln/Bonn usw.) sowie von Zürich und Wien legen mitunter einen Zwischenstopp in Denver oder Chicago (Lufthansa) bzw. in London-Heathrow (British Airways), New York (American Airlines), Los Angeles (Swiss International Air Lines) oder Philadelphia (US Airways) ein.

Reisebüros sind gute Ansprechpartner, sie kennen die günstigsten Fluglinien und können sogenannte *packages* (Flug, Hotel und evtl. einen Leihwagen) buchen. Im Reisebüro erhalten Sie möglicherweise auch Vergünstigungen, Essensgutscheine oder ermäßigte Eintrittskarten für die Shows. So gibt es z. B. den »Zwei-für-Einen-Preis« für Produktionen im Hotel.

Alternative Anreise: Wer aus den Vereinigten Staaten anreist, erreicht Las Vegas entweder über den Highway I-15, der Las Vegas direkt mit Südkalifornien und Utah verbindet, oder, von Reno oder Phoenix kommend, über die US 95. Ferner können Sie die Fahrdienste der Greyhound Lines oder der Eisenbahngesellschaft Amtrak nutzen.

ZEIT

In Las Vegas gilt die Pazifikzeit. Es ist dort also 9 Stunden früher als nach Mitteleuropäischer Zeit. Anfang April wird die Uhr für die Sommerzeit um 1 Stunde vor- und Ende Oktober wieder um 1 Stunde zurückgestellt.

GELD

Währung: Währungseinheit ist der US-Dollar ($). Ein Dollar hat 100 Cents. Es gibt Geldscheine zu 1 $, 5 $, 10 $, 20 $, 50 $ und 100 $. Im Umlauf sind auch größere Scheine, die aber nicht überall akzeptiert werden. Es gibt fünf verschiedene Münzen: Den *penny* (1 Cent), den *nickel* (5 Cents), den *dime* (10 Cents), den *quarter* (25 Cents) und den *halben Dollar* (50 Cents). Viele Hotels wechseln Geld. Direkt am Strip gibt es viele Wechselstuben. Auch größere Banken wechseln, liegen aber meist abseits vom Strip.

Kreditkarten werden fast überall angenommen – aber den Ausweis mitführen (das gilt auch für Reisechecks)! Gängige Karten sind AMEX, Visa, MasterCard, Diners Club und Carte Blanche. Viele Hotels haben Geldautomaten (ATM). Unter Tel. 0049 11 61 16 kann man deutsche Kreditkarten, Online-Banking-Zugänge, Handykarten und die elektronische Identitätsfunktion des neuen Personalausweises bei Verlust sperren lassen. Für Österreich gilt die Tel. Nr. 0043 1 71 71 01 45 00. Die Schweiz hat keine einheitliche Notfallnummer. Die wichtigsten sind: 0041 04 46 59 69 00 (Swisscard); 0041 04 48 28 35 01 (UBS Card Center); 0041 04 42 00 83 83 (VISECA); 0041 04 48 28 32 81 (Postfinance).

In Las Vegas
Visitor Information Center:
3150 Paradise Road
Las Vegas, NV 89109
☎ 702 8 92 75 75
🕐 Mo–Fr 8–17.30 Uhr

Las Vegas Chamber of
Commerce Info Center
Town Square, 6671 Las Vegas
Blvd South, Suite 300 NV 89119
☎ 702 7 35 16 16
(24 Std. geöffnet)

Travel Nevada
401 North Carson Street,
Carson City NV 89701
☎ 775 6 87 43 22;
http://travelnevada.com

Praktisches

DAS WICHTIGSTE VOR ORT

FEIERTAGE

1. Jan.	Neujahr
3. Mo im Jan.	Martin Luther King Day
3. Mo im Feb.	Presidents' Day
März/April	Ostern (Karfreitag halbtags)
Letzter Mo im Mai	Memorial Day
4. Juli	Independence Day
1. Mo im Sept.	Labor Day
2. Mo im Okt.	Columbus Day
11. Nov.	Veterans' Day
4. Do im Nov.	Thanksgiving
25. Dez.	Weihnachten

ELEKTRIZITÄT

Die Stromspannung beträgt 110/120 Volt (60 Hz). Meist braucht man einen Adapter, da Steckdosen nur zwei eckige Eingänge haben. Wegen der niedrigeren Spannung benötigt man auch einen Transformator, wenn das Gerät nicht umstellbar ist.

ÖFFNUNGSZEITEN

- ○ Geschäfte
- ● Büros
- ● Banken
- ● Postämter
- ● Museen/Denkmäler
- ● Apotheken

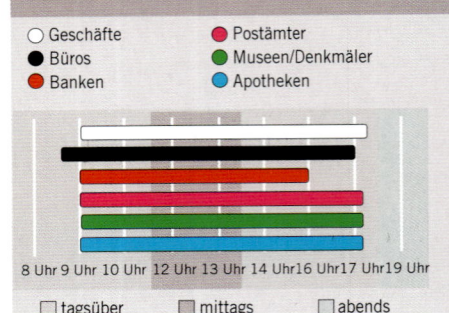

8 Uhr 9 Uhr 10 Uhr 12 Uhr 13 Uhr 14 Uhr 16 Uhr 17 Uhr 19 Uhr

☐ tagsüber   ☐ mittags   ☐ abends

Las Vegas ist eine Stadt, die niemals schläft. Nur Banken oder Geschäfte abseits des Strip sind an einigen Feiertagen geschlossen. Allerdings pausieren von Anfang Dezember bis Weihnachten einige der wichtigsten Shows von Las Vegas. Sie laufen dann erst wieder in der Woche zwischen Weihnachten und Neujahr an.

TRINKGELD

Als Richtlinie gilt:

Hotelpagen	2–5 $ pro Gepäckstück
VIP-Service	10 $ oder mehr
Parken durch Hotelangestellte	2–5 $
Zimmermädchen	2 $ pro Tag
Taxis	2–5 $
Barkeeper	1 $ pro Runde
Bedienstete	▶ 48

ÖFFNUNGSZEITEN HOTELS

Die Kasinos sind immer geöffnet, ebenso die Cafés der Hotels. 24 Std. besetzt sind auch Rezeption und Service.
Viele hoteleigene Geschäfte, Spas und Schönheitssalons öffnen erst ab 10 oder 11 Uhr, Restaurants abends zwischen 17 und 18 Uhr.

ZEITUNTERSCHIED

Las Vegas	MEZ (Berlin)	London (GMT)	New York (EST)	Sydney (AEST)
12 Uhr	→ 21 Uhr	→ 20 Uhr	→ 15 Uhr	→ 5 Uhr

Praktisches

IN KONTAKT BLEIBEN

Post In allen größeren Hotels können Sie Post aufgeben. Die Adressen der zahlreichen Postämter findet man über die Yellow Pages. Die Öffnungszeiten der Postfilialen variieren.

Telefonieren Von öffentlichen Telefonen müssen Sie für ein Überseegespräch zunächst eine »0« wählen, um zur Vermittlung (*operator*) zu kommen. Dem *operator* geben Sie das Land, die Stadt und die gewünschte Telefonnummer durch. Einige Münzfernsprecher funktionieren mit Telefonkarten, die in Drogerien und an Zeitungsständen verkauft werden und mit denen das Telefonieren ins Ausland am günstigsten ist. Andere Apparate akzeptieren Kreditkarten.

Internationale Vorwahlen:
Wählen Sie die 011, dann für
Deutschland: 49
Österreich: 43
Schweiz: 41

Mobilfunkanbieter
Die Netzabdeckung in Las Vegas ist vom Netzbetreiber abhängig. Am betriebssichersten ist allerdings Verizon. Verizon bietet zudem eine schnelle Datenübertragung und breite Dualbandabdeckung (2G und 3G), was ein stabiles Netz selbst in abgelegensten Stadtteilen garantiert. T-Mobile ist ein ebenso zuverlässiger Anbieter, der für einen guten Empfang in beliebten Stadtgebieten sorgt und ein schnelles 4-G-Netz anbietet. Andere Mobilfunkanbieter sind AT&T, Sprint und Nextel.

WLAN & Internet
Viele Internetcafés sind immer geöffnet. Eine Stunde kostet etwa 3 $. Kostenloses WLAN gibt's am Flughafen und in den meisten Cafés am Strip, Hotels erheben fürs Surfen meist eine kleine Gebühr.

SICHERHEIT

- Nehmen Sie lieber immer nur soviel Geld mit, wie Sie gerade benötigen. Deponieren Sie Ihr übriges Geld sowie Wertsachen am besten im Hotelsafe.
- Bewahren Sie sowohl Ihre Kreditkartennummer als auch die Notfallnummer bei Verlust der Karte unbedingt an einem gesonderten, sicheren Ort auf.
- Tragen Sie Ihre Handtasche und den Geldbeutel immer möglichst nah am Körper.
- Nachts sollten Sie (besonders als Frau) die Parkplätze der Hotels meiden und das Hotel immer nur durch den Haupteingang betreten. Wer mit dem Mietwagen unterwegs ist, sollte das Auto parken lassen (valet parking).
- Diebstähle oder Bedrohungen sollten umgehend der Polizei gemeldet werden.
- Achten Sie unbedingt darauf, Ihr Zimmer immer sorgfältig abzuschließen. In einigen Hotels werden die Schlösser und Schlüssel aus Sicherheitsgründen jeden Tag ausgewechselt.

Polizei:
☎ **911 von jedem Telefon**

POLIZEI 911
FEUERWEHR 911
NOTARZT 91

Praktisches

GESUNDHEIT

Krankenversicherung: Die Auslandskrankenversicherung sollte einen Deckungsbeitrag von mindestens 1 Mio. $ haben.

Zahnarzt: Die Versicherung sollte Zahnarztkosten decken. Es gibt zwar viele Zahnärzte, aber sie sind teuer. Manche nehmen Kreditkarten, viele ziehen Bares oder Reiseschecks vor.

Wetter: In Las Vegas ist es sehr heiß und die Luftfeuchtigkeit vor allem im Sommer sehr niedrig. Sonnenbrillen, angemessene Kleidung und eine Kopfbedeckung gehören ins Reisegepäck. Nehmen Sie ausreichend zu Trinken mit.

Medikamente: Adressen von Apotheken (pharmacies) oder Drogerien (drug-stores) findet man in den Yellow Pages. Viele Apotheken liefern ins Hotel. Für Arznei aus Deutschland ein Rezept für den Zoll bereithalten.

Trinkwasser: Das Wasser im Hotel wird gereinigt und kann getrunken werden.

ZOLL

Die Einfuhr seltener oder geschützter Tierarten ist verboten oder bedarf einer Sondererlaubnis. Bevor Sie etwas kaufen, sollten Sie sich über die Einreisebestimmungen Ihres Heimatlandes informieren.

ERMÄSSIGUNGEN

Studenten erhalten mit dem Internationalen Studentenausweis oft Ermäßigungen. In vielen Shows und in den Vergnügungsparks von Las Vegas ist der Eintritt für Senioren ermäßigt (Ausweis mitbringen!).

TOILETTEN

Saubere WCs gibt's in der ganzen Stadt.

REISEN MIT BEHINDERUNG

Wenn Sie spezielle Einrichtungen im Zimmer brauchen, sollten Sie dies bei der Buchung äußern. Das Reisebüro oder der Behindertenbeauftragte des Hotels hilft Ihnen gerne, das Passende zu finden. In jedem Kasino gibt es Spielautomaten, die für Rollstuhlfahrer zugänglich sind. Viele Hotels haben Spieltische, die mit dem Rollstuhl erreichbar sind. Wenn Sie ein Auto mieten wollen und einen Behinderten-Parkausweis benötigen, können Sie beim Nevada Department of Motor Vehicles (Tel. 775 6 84 47 50; www.dmvnv.com) eine solche *parking permit* beantragen. Transportmittel mit Hebebühnen stehen auch am Flughafen und an den Zubringerstationen. Weitere Infos über die Las Vegas Convention and Visitor's Authority: www.lasvegas.com

KINDER

Besucher unter 21 Jahren dürfen kein Kasino betreten. Einige Hotels bieten ein Kinderprogramm an, wenn ihre Eltern im Kasino spielen, andere vermitteln Babysitter. Besondere Attraktionen für Kinder sind durch oben stehendes Logo gekennzeichnet.

BOTSCHAFTEN UND KONSULATE

Deutschland
☎ 202 2 98 40 00

Österreich
☎ 202 8 95 67 00

Schweiz
☎ 202 7 45 79 00

Organisierte Touren

Wer die wichtigsten Sehenswürdigkeiten von Las Vegas und der Umgebung sehen will, aber selbst nicht die Organisation übernehmen möchte, kann aus einer Reihe von Tourveranstaltern wählen, die zu Land, zu Wasser und in der Luft unterwegs sind.

Awesome Adventures
Über 100 verschiedene Ausflüge werden angeboten – mit ATVs (all terrain vehicles), Hubschraubern, Heißluftballons, Kajaks oder mit dem Mountainbike. Zu den Zielen gehören der Colorado River, der Grand Canyon, der Hoover Dam, der Red Rock Canyon, der Valley of Fire State Park und viele weitere sehenswerte Orte.
✉ 4676 South Valley View, Las Vegas, NV 89103
☎ 702 2 57 73 38, 180 05 19 22 43; www.awesomeadventures.com

Adventure Photo Tours
Elf Foto- und Sightseeingtouren stehen hier auf dem Programm, darunter ist auch ein (14-stündiger) Ausflug im Minibus zum sagenhaften Grand Canyon und dem Hoover Dam.
✉ 3111 South Valley View Boulevard, Las Vegas, NV 89102 ☎ 702 2 89 86 87, 888 3 63 86 87; www.adventurephototours.com

Annie Bananie's Las Vegas Tours
Lust, das »andere« Las Vegas zu erleben? Geführte Touren zu den alten indianischen Petroglyphen (► 178) im Valley of Fire oder »Wild-West«-Touren.
✉ 2961 Industrial Rd., Las Vegas, NV 89109-1134 ☎ 702 8 04 97 55; www.anniebananie.com

ATV Action Tours, Inc.
Im Angebot sind unterschiedliche Touren zu Land und in der Luft – in Helikoptern, in Wildwasser-Raftingbooten, mit ATVs und mit normalen Booten. Pferdereiten und Helikopterflüge am Grand Canyon sind ebenfalls möglich.
✉ 180 Cassia Way, Suite 510, Henderson, Nevada 89014 ☎ 702 5 66 74 00, 888 2 88 52 00
www.actiontours.com

Casino Travel & Tours
Hier werden Busfahrten, Limousinenfahrten, Fahrten nach individuellem Kundenwunsch sowie exklusive Abendarrangements angeboten.
✉ 6185 Valley View Drive, Suite R, Las Vegas, NV 89118 ☎ 702 9 46 50 75, 888 4 44 99 28;
www.casinotravel.com

Grand Canyon Tour Company
Angeboten werden u. a. Flüge mit dem Flugzeug oder dem Helikopter, Bustouren, Ausflüge mit dem Zug, Mehrtagesausflüge mit Übernachtungen, Rafting auf dem Colorado River, Fahrten zum Hoover Dam und zum Lake Mead sowie diverse Besichtigungen innerhalb von Las Vegas.
✉ 3014 S Rancho Drive, Suite 230, Las Vegas, NV 89192 ☎ 702 6 55 60 60, 800 2 22 69 66;
www.grandcanyontourcompany.com

Gray Line Tours
Gray Line organisiert Gruppentouren und Einzelführungen durch Las Vegas, aber auch Ausflüge zum Hoover Dam, zum Grand Canyon und Red Rock Canyon, in das Death Valley sowie in den Bryce Canyon National Park.
✉ 795 East Tropicana, Las Vegas, NV 89119
☎ 702/384-1234, 800/634-6579;
http://graylinelasvegas.com

Look Tours
Mit Look Tours kann man an vergünstigten Touren im Luxusbus teilnehmen und sich ganz bequem mit dem Flugzeug oder dem Hub-

Organisierte Touren

schrauber zum Grand Canyon bringen lassen.
✉ 2634 Airport Drive, Suite 103, Las Vegas, NV 89032 ☎ 702 7 49 57 25, 1888 7 96 43 45; www.looktours.com

Lost Wages Tours
Angeboten werden unterschiedliche Touren in den Grand Canyon, zum Hoover Dam und zum Valley of Fire. Außerdem sind Wanderungen, Kajak- und Fahrradtouren sowie diverse Bootstouren und grandiose Showbesuche im breit gefächerten Angebot.
☎ 702 9 51 76 18, 888 8 88 75 01; www.lostwagestours.com

Maverick Helicopter Tours
Viele verschiedene Helikoptertouren stehen hier zur Auswahl. Am beliebtesten ist die Tour »Wind Dancer« – hier landen Sie direkt am Grand Canyon. Nachtflüge über den Strip sind auch ziemlich interessant.

✉ 6075 Las Vegas Boulevard South, Las Vegas, NV 89119 ☎ 702 2 61 00 07, 888 2 61 44 14; www.maverickhelicopter.com

Sundance Helicopters Inc.
Sundance organisiert Flüge zum Grand Canyon, Red Rock Canyon, zum Pahrump Valley Vinyard und über Las Vegas.
✉ 5596 Haven Street, Las Vegas, NV 89119
☎ 702 7 36 06 06, 800 6 53 18 81;
www.sundancehelicopters.com

SweeTours
Die geführte Tour geleitet Sie in einem Reisebus bequem von einer Attraktion zur nächsten: Grand Canyon South Rim, Grand Canyon West Rim, Hoover Dam, Bryce Canyon und Zion National Park. Manche Angebote enthalten Frühstück und Mittagessen. Klimaanlage, DVD-Player und verstellbare Sitze gehören zum Service dazu.
✉ 6363 South Pecos, Suite 106, Las Vegas, NV 89120 ☎ 702 4 56 92 00; www.sweetours.com

Cityplan

Kapiteleinteilung: siehe vordere Umschlaginnenseite

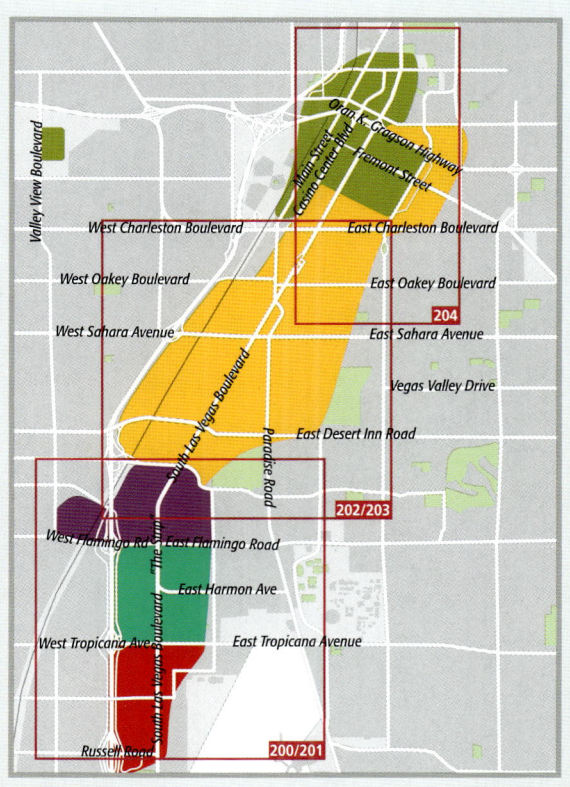

Legende

- ℹ Information
- Ⓜ Museum
- 🎭 Theater, Oper
- ★ Sehenswürdigkeit
- ✚ Krankenhaus
- ✉ Post
- 🚌 Busbahnhof
- ⛳ Golfplatz
- Ⓒ Campingplatz
- ✈ Flughafen
- — Monorail/Tram mit Station
- Fußgängerzone
- Öffentliches Gebäude/ Bemerkenswertes Gebäude
- ★ TOP 10
- 26 Nicht verpassen!
- 22 Nach Lust und Laune!

1 : 21 000

0   500   1000 m
0   500   1000 yd

Las Vegas Strip Map

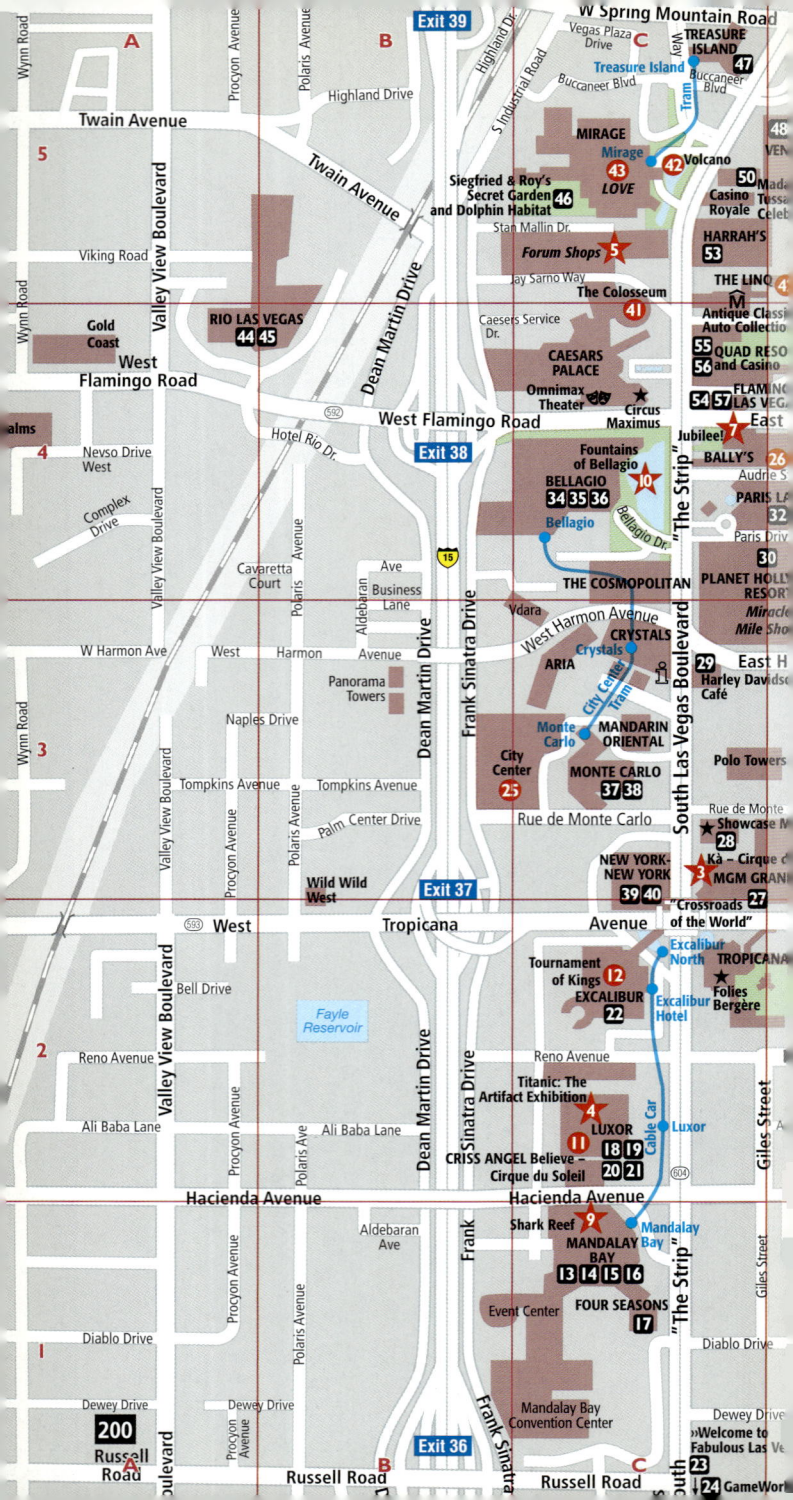

Grid References
- **A** (columns/rows 1-5)
- **B**
- **C**

Streets and Roads
- W Spring Mountain Road
- Twain Avenue
- Highland Drive
- Vegas Plaza Drive
- Buccaneer Blvd
- Viking Road
- Stan Mallin Dr.
- Jay Sarno Way
- Wynn Road
- Valley View Boulevard
- Dean Martin Drive
- S Industrial Road
- Caesers Service Dr.
- West Flamingo Road
- Nevso Drive West
- Hotel Rio Dr.
- Complex Drive
- Polaris Avenue
- Cavaretta Court
- Aldebaran Ave
- Business Lane
- Bellagio Dr.
- Audrie Dr.
- Paris Drive
- W Harmon Ave
- West Harmon Avenue
- Frank Sinatra Drive
- Naples Drive
- Tompkins Avenue
- Palm Center Drive
- Rue de Monte Carlo
- Rue de Monte
- Wild Wild West
- Exit 37
- West Tropicana Avenue
- Bell Drive
- Reno Avenue
- Ali Baba Lane
- Hacienda Avenue
- Aldebaran Ave
- Giles Street
- Event Center
- Diablo Drive
- Dewey Drive
- Russell Road
- Exit 36
- Exit 38
- Exit 39

Exits
- Exit 39
- Exit 38
- Exit 37
- Exit 36

Landmarks and Attractions

C / Top area:
- TREASURE ISLAND 47
- Treasure Island Tram
- 48
- MIRAGE
- Mirage 43
- LOVE
- Volcano 42
- Siegfried & Roy's Secret Garden and Dolphin Habitat 46
- Casino Royale 50
- Mad Tuss Celeb
- HARRAH'S 53
- Forum Shops 5
- THE LIN(C)
- Antique Classi Auto Collectio
- The Colosseum 41
- QUAD RESO 55 56
- Gold Coast
- RIO LAS VEGAS 44 45
- CAESARS PALACE
- FLAM LAS VEG 54 57
- East
- Palms
- Omnimax Theater
- Circus Maximus
- Jubilee! 7
- BALLY'S
- 26
- PARIS 32
- Fountains of Bellagio
- BELLAGIO 34 35 36
- 10
- 30
- Bellagio
- PLANET HOLLY RESOR(T)
- THE COSMOPOLITAN
- Miracle Mile Sho
- Vdara
- CRYSTALS
- ARIA
- Crystals
- East H
- 29
- Harley Davidso Café
- Panorama Towers
- City Center Tram
- Monte Carlo
- MANDARIN ORIENTAL
- Polo Towers
- City Center 25
- MONTE CARLO 37 38
- Showcase M 28
- Ka – Cirque d
- NEW YORK-NEW YORK 39 40
- MGM GRAN 27
- "Crossroads of the World"
- Excalibur North
- TROPICANA
- Tournament of Kings 12
- EXCALIBUR 22
- Excalibur Hotel
- Folies Bergère
- Fayle Reservoir
- Titanic: The Artifact Exhibition 4
- LUXOR 18 19
- Cable Car
- Luxor
- CRISS ANGEL Believe – Cirque du Soleil 11
- 20 21
- Shark Reef 9
- MANDALAY BAY 13 14 15 16
- Mandalay Bay
- FOUR SEASONS 17
- "The Strip"
- South Las Vegas Boulevard
- 200 Russell Road
- »Welcome to Fabulous Las Ve 23
- 24 GameWor(ld)

Numbered Markers (visible)
3, 4, 5, 7, 9, 10, 11, 12, 13, 14, 15, 16, 17, 18, 19, 20, 21, 22, 23, 24, 25, 26, 27, 28, 29, 30, 32, 34, 35, 36, 37, 38, 39, 40, 41, 42, 43, 44, 45, 46, 47, 48, 50, 53, 54, 55, 56, 57, 200

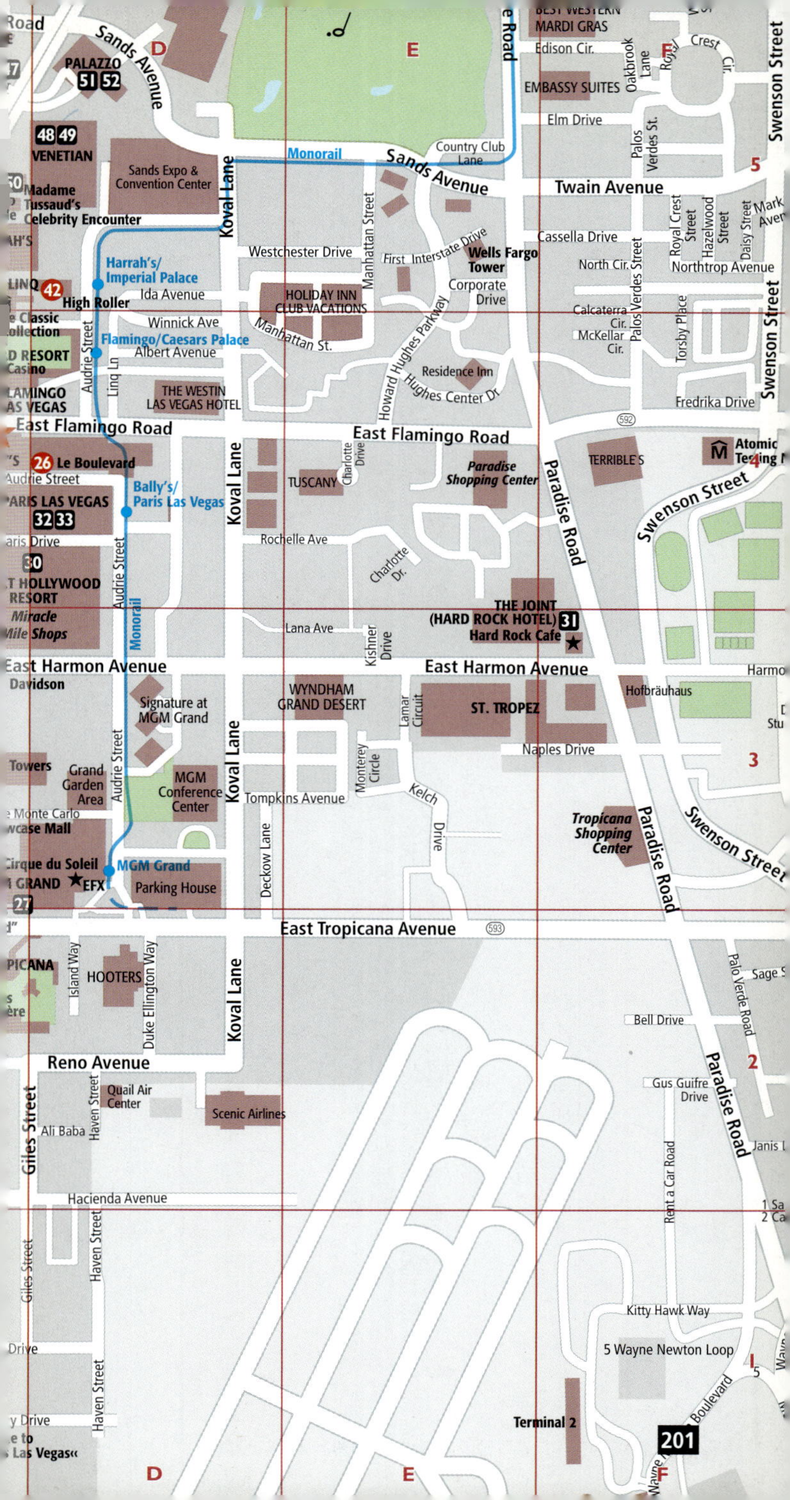

Sands Avenue
PALAZZO
51 52
48 49
VENETIAN
Sands Expo & Convention Center
Madame Tussaud's Celebrity Encounter
Monorail
Koval Lane
Harrah's/ Imperial Palace
High Roller
42
Ida Avenue
Winnick Ave
Flamingo/Caesars Palace
Albert Avenue
Audrie Street
Ling Ln
THE WESTIN LAS VEGAS HOTEL
East Flamingo Road
26
Le Boulevard
Audrie Street
Bally's/ Paris Las Vegas
32 33
30
Miracle Mile Shops
East Harmon Avenue
Davidson
Signature at MGM Grand
Towers
Grand Garden Area
MGM Conference Center
MGM Grand
EFX
Parking House
27
East Tropicana Avenue
593
HOOTERS
Island Way
Duke Ellington Way
Reno Avenue
Quail Air Center
Scenic Airlines
Giles Street
Haven Street
Ali Baba
Hacienda Avenue
Westchester Drive
Manhattan Street
HOLIDAY INN CLUB VACATIONS
Manhattan St.
Country Club Lane
Sands Avenue
First Interstate Drive
Wells Fargo Tower
Corporate Drive
Howard Hughes Parkway
Residence Inn
Hughes Center Dr
East Flamingo Road
TUSCANY
Charlotte Drive
Paradise Shopping Center
Rochelle Ave
Charlotte Dr.
THE JOINT (HARD ROCK HOTEL)
31
Hard Rock Cafe
Lana Ave
Kishner Drive
East Harmon Avenue
WYNDHAM GRAND DESERT
Lamar Circuit
ST. TROPEZ
Naples Drive
Monterey Circle
Kelch Drive
Tompkins Avenue
Deckow Lane
Terminal 2
BEST WESTERN MARDI GRAS
Edison Cir.
EMBASSY SUITES
Elm Drive
Oakbrook Lane
Royal
Crest Cir.
Palos Verdes St.
Swenson Street
Twain Avenue
Cassella Drive
North Cir.
Royal Crest Street
Hazelwood Street
Daisy Street
Northrop Avenue
Calcaterra Cir.
McKellar Cir.
Palos Verdes Street
Torsby Place
Fredrika Drive
592
TERRIBLE'S
Atomic Testing
Paradise Road
Swenson Street
Hofbräuhaus
Tropicana Shopping Center
Paradise Road
Swenson Street
Palo Verde Road
Sage
Bell Drive
Gus Guifre Drive
Rent a Car Road
Kitty Hawk Way
5 Wayne Newton Loop
Boulevard
D
E
F
5
4
3
2

of Southern Nevada
West Charleston
A
B
C
Exit 41
1 Jaylai Cir.
2 Mercedes Cir.
3 Richard Court
4 Ormsby Street
Ellis Street
Desert
Western Street
Sherman Pl.
Ashby Avenue
Drive
Buehler Dr.
Westlund Drive
Rancho Drive
Pahor Drive
Westwood Drive
Park Cir.
Edgewood Avenue
Park Cir.
Chamast Ln.
Martin Luther King Blvd.
Mason Avenue
5
Burton Avenue
Bryant Avenue
Colanthe Avenue
Gilmary Avenue
Waldman Avenue
Llewellyn Drive
Laurie Drive
Karli Drive
Strong
Crescent Drive
Street
Bannie Avenue
Silver Avenue
Pine
Birch
Westwood Drive
Western Street
West Oakey Blvd
Serafina St.
Valmora Street
Bob Baskin Park
La Solana Way
Mora Court
Rambla Court
Zafra Court
Bryn Mawr Ave.
Bonnie Brae Avenue
Ivanhoe Way
Loch Lomond Way
Highland Avenue
Western Street
New York
Chicago
Philadelphia
St. Louis Avenue
Plaza de Monte
Calle de Laredo
Fulano Way
Realeza Ct.
Calanda Court
Callita Court
El Cortez Avenue
De Osma St.
Westlund Dr.
Bryn Mawr Avenue
Kirkland Avenue
Glen Heather Way
Boston Avenue
Drive
Baltimore
Cleveland
Tam
Cincinnati
Industrial Road
Western Street
Highland Drive
4
Tarraso Way
Mira Flores Avenue
Sidonia Avenue
Paseo del Prado
Lourdes Avenue
El Camino Avenue
15
Exit 40
Boulevard
West Sahara Avenue
West Sahara Avenue
Kaiser Way
Alcoa Avenue
Teddy Drive
Palace Station
Las Vegas Inn
South Bridge Street
Merrit Avenue
Kings Way
Kings Way
Rancho Drive
Westwood Drive
Highland Drive
Sutter Avenue
Western Street
Presidio Avenue
Industrial Road
Bell School
Street
Richfield
Red Oak Avenue
Hilton Grand Vacation Club
"The Strip"
Trona St.
Palm Springs Way
Palm Springs Way
Molokai Ln.
Circus Circus Drive
58
Adventuredome
63
CIRCUS CIRCUS
FONTAINEBLEAU
3
Sultana Street
Jamestown Way
Wyandotte
Milo Way
Edna Avenue
Joe
59
RIVIERA
Riviera Comedy Club
Meade Avenue
Rigel Avenue
Westwood Drive
Highland Drive
Kishner Drive
Avenue
Rancho Drive
Vegas Indoor Skydiving
66
South Las Vegas Boulevard
Echeolon Resort Dr.
Wilbur Clark D.I. Road
ROYAL Candlelight Wedding Chapel
Channel 8 Drive
Bank of America
Sadie Street
Road
2
Highland Dr
W Desert Inn Rd
TRUMP INTERNATIONAL
Wilbur Clark D.I. Rd
East Desert
Aldebaran Avenue
15
Western Avenue
S Industrial Road
Pawn Ave.
London Dr
Fashion Show Drive
ENCORE
Gallery of History
The Fashion Show Mall
60
61
WYNN
62
Wynn Golf Country
E Lexington St
Mel Tormé
604
W Spring Mountain Road
Exit 39
Highland Dr.
Vegas Plaza Drive
Way
TREASURE ISLAND
47
Sands Avenue
PALAZZO
51 52
S Industrial Road
Treasure Island
Buccaneer Blvd
Buccaneer Blvd
Tram
48 49
VENETIAN
Monorail
MIRAGE
Mirage
43
LOVE
42
Volcano
Sands Expo & Convention Center
Koval Lane
Siegfried & Roy's Secret Garden and Dolphin Habitat
46
50
Casino Royale
Madame Tussaud's Celebrity Encounter
Manhattan Street
202
Stan Mallin Dr.
Westchester Drive
Forum Shops
5
HARRAH'S
53
Harrah's/ Imperial Palace
Jay Sarno Way
THE LINQ

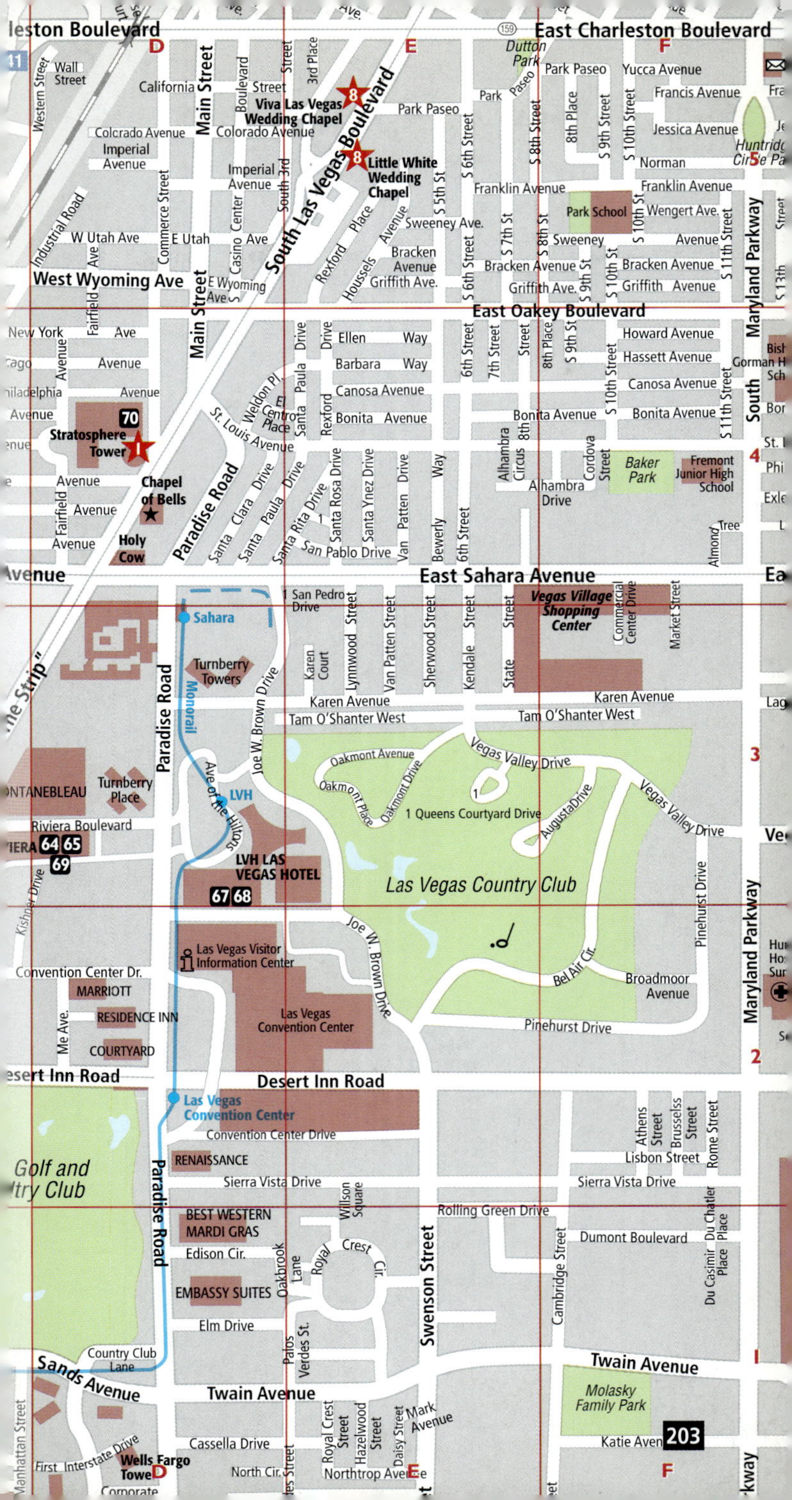

East Charleston Boulevard
Wall Street
Western Street
California Street
Main Street
Viva Las Vegas Wedding Chapel
Little White Wedding Chapel
South Las Vegas Boulevard
Dutton Park
Park Paseo
Yucca Avenue
Francis Avenue
Jessica Avenue
Huntridge Circle Park
Colorado Avenue
Imperial Avenue
Norman
Franklin Avenue
Park School
Wengert Ave.
Industrial Road
W Utah Ave
E Utah
Casino Center
Sweeney Ave.
Bracken Avenue
Griffith Ave.
West Wyoming Ave
E Wyoming Ave
East Oakey Boulevard
Maryland Parkway
New York Ave
Ellen Way
Barbara Way
Canosa Avenue
Bonita Avenue
Howard Avenue
Hassett Avenue
Stratosphere Tower
Chapel of Bells
Holy Cow
Paradise Road
St. Louis Avenue
El Centro Place
Alhambra Circus
Alhambra Drive
Cordova Street
Baker Park
Fremont Junior High School
Santa Clara Drive
Santa Paula Drive
Santa Rita Drive
Santa Rosa Drive
Santa Ynez Drive
Van Patten Drive
San Pablo Drive
East Sahara Avenue
Sahara
Turnberry Towers
Vegas Village Shopping Center
Commercial Center Drive
Market Street
Karen Court
Lynnwood Street
Van Patten Street
Sherwood Street
Kendale Street
State Street
Karen Avenue
Tam O'Shanter West
Monorail
Joe W. Brown Drive
Oakmont Avenue
Oakmont Place
Oakmont Drive
Vegas Valley Drive
1 Queens Courtyard Drive
Augusta Drive
Ave. of the Hilton
LVH
Turnberry Place
Riviera Boulevard
Kishner Drive
LVH LAS VEGAS HOTEL
Las Vegas Country Club
Pinehurst Drive
Las Vegas Visitor Information Center
Convention Center Dr.
MARRIOTT
RESIDENCE INN
COURTYARD
Las Vegas Convention Center
Bel Air Cir.
Broadmoor Avenue
Desert Inn Road
Athens Street
Brusselss Street
Rome Street
Lisbon Street
Convention Center Drive
RENAISSANCE
Golf and Country Club
Sierra Vista Drive
Rolling Green Drive
Willson Square
BEST WESTERN MARDI GRAS
Edison Cir.
Oakbrook Lane
Royal Crest Cir.
Swenson Street
Cambridge Street
Dumont Boulevard
Du Chatler Place
Du Casimir Place
EMBASSY SUITES
Elm Drive
Palos Verdes St.
Country Club Lane
Sands Avenue
Twain Avenue
Molasky Family Park
Royal Crest Street
Hazelwood Street
Daisy Street
Mark Avenue
Cassella Drive
Katie Avenue
Manhattan Street
First Interstate Drive
Wells Fargo Tower
North Cir.
Northtrop Avenue

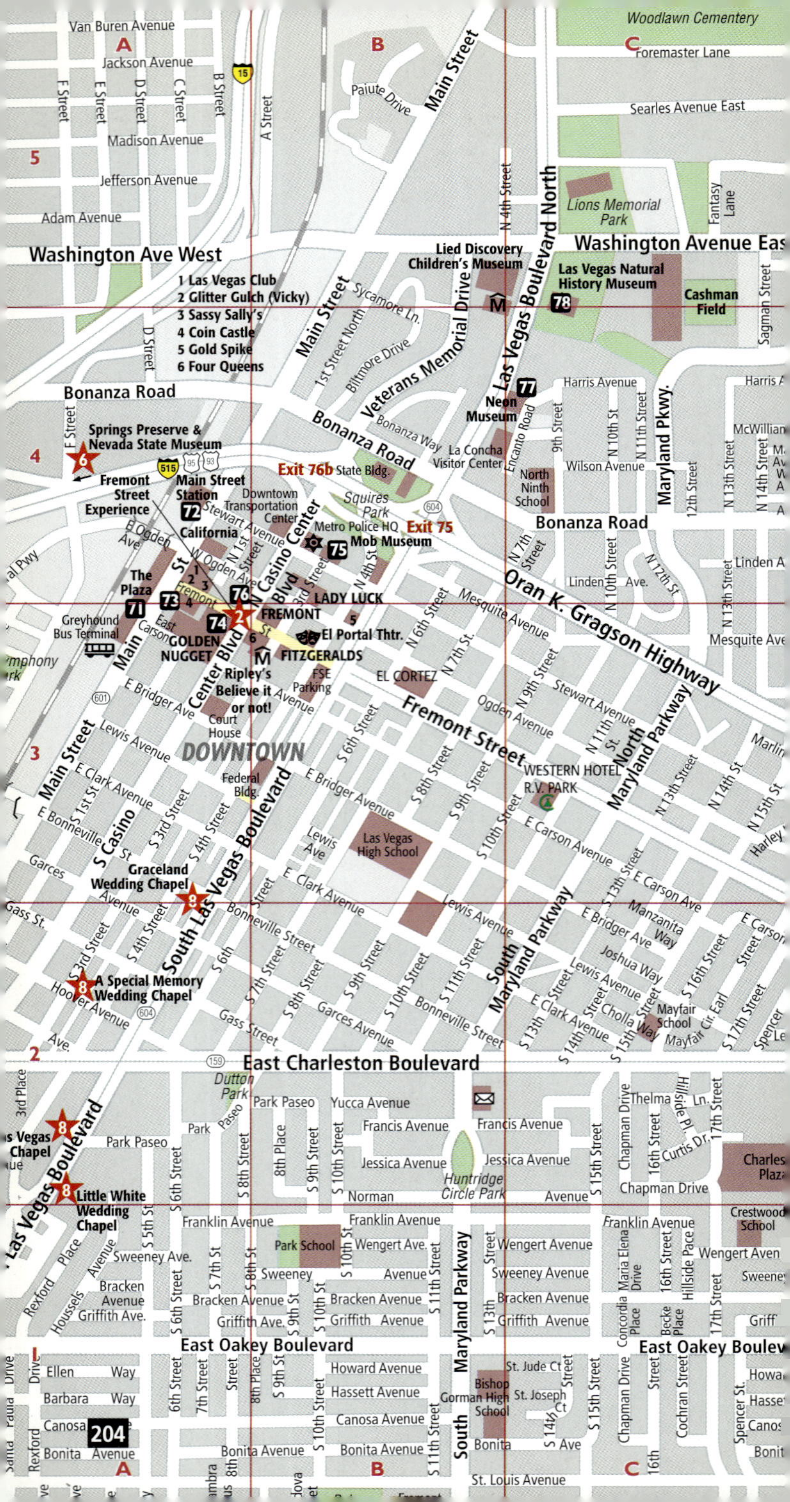
Van Buren Avenue
Jackson Avenue
Madison Avenue
Jefferson Avenue
Adam Avenue
Washington Ave West
F Street
E Street
D Street
C Street
B Street
A Street
15
Paiute Drive
Main Street
Woodlawn Cementery
Foremaster Lane
Searles Avenue East
N 4th Street
Las Vegas Boulevard North
Lions Memorial Park
Fantasy Lane
Washington Avenue East
Lied Discovery Children's Museum
Las Vegas Natural History Museum
78
Cashman Field
Sagman Street
1 Las Vegas Club
2 Glitter Gulch (Vicky)
3 Sassy Sally's
4 Coin Castle
5 Gold Spike
6 Four Queens
D Street
Sycamore Ln.
1st Street North
Biltmore Drive
Veterans Memorial Drive
77
Neon Museum
Harris Avenue
Maryland Pkwy.
Bonanza Road
Springs Preserve & Nevada State Museum
6
515
95
93
Fremont Street Experience
Main Street Station
72
Exit 76b
State Bldg.
Bonanza Way
La Concha Visitor Center
Encanto Road
9th Street
N 10th St
N 11th Street
North Ninth School
Wilson Avenue
12th Street
N 13th Street
N 14th Street
McWilliams
Downtown Transportation Center
Squires Park
604
Metro Police HQ
Exit 75
Mob Museum
75
Bonanza Road
Stewart Avenue
California
Ogden Ave
N 1st Street
N Casino Center Blvd
3rd Street
N 4th St
N 7th Street
Linden Ave.
N 10th Street
N 12th St
Linden Ave
N 13th Street
Oran K. Gragson Highway
Mesquite Avenue
Mesquite Ave
The Plaza
71
73
76
Fremont
W Ogden Ave
LADY LUCK
FREMONT
N 6th Street
N 7th St.
Greyhound Bus Terminal
Main St
East Carson
74
GOLDEN NUGGET
El Portal Thtr.
FITZGERALDS
EL CORTEZ
N 9th Street
Stewart Avenue
Ripley's Believe it or not!
FSE Parking
Carson Avenue
601
E Bridger Ave
Court House
DOWNTOWN
S 6th Street
Ogden Avenue
N 11th St.
North Maryland Parkway
Fremont Street
Main Street
Lewis Avenue
E Clark Avenue
S 1st St
S Casino Center Blvd
S 3rd Street
S 4th Street
Federal Bldg.
South Las Vegas Boulevard
E Bridger Avenue
S 8th Street
S 9th Street
S 10th Street
WESTERN HOTEL R.V. PARK
E Carson Avenue
N 13th Street
N 14th St
N 15th St
Marlin
Harley
E Bonneville St
Garces Avenue
Gass St.
Graceland Wedding Chapel
8
Lewis Ave
Las Vegas High School
E Clark Avenue
Lewis Avenue
S 13th Street
E Carson Ave
Manzanita Way
E Bridger Ave
Joshua Way
Lewis Avenue
Bonneville Street
S 7th Street
S 8th Street
S 9th Street
S 10th Street
S 11th Street
South Maryland Parkway
S 3rd Street
S 4th Street
A Special Memory Wedding Chapel
Hoover Avenue
604
S 6th
Gass Street
Garces Avenue
Bonneville Street
S 13th
E Clark Avenue
S 14th Street
S 15th Street
Cholla Way
Mayfair School
Mayfair Cir.
Earl
S 16th Street
S 17th Street
Spencer
E Carson Street
Ave.
159
East Charleston Boulevard
Dutton Park
Park Paseo
Yucca Avenue
Francis Avenue
Francis Avenue
Jessica Avenue
Jessica Avenue
Huntridge Circle Park
Norman
Avenue
3rd Place
Las Vegas Chapel
Park Paseo
S 6th Street
S 8th Street
8th Place
S 9th Street
S 10th Street
S 15th Street
Chapman Drive
16th Street
Thelma Ln.
Hillside Pl.
Curtis Dr.
17th Street
Charleston Plaza
Chapman Drive
Las Vegas Boulevard
Little White Wedding Chapel
S 5th St
Franklin Avenue
Franklin Avenue
Franklin Avenue
Crestwood School
Park School
Wengert Ave.
Wengert Avenue
Wengert Avenue
Rexford Place
Avenue
Houssels
Sweeney Ave.
S 7th St
S 8th St
Sweeney Avenue
Sweeney Avenue
Sweeney
Bracken Avenue
Bracken Avenue
Bracken Avenue
Bracken Avenue
Griffith Ave.
S 6th Street
Griffith Ave.
S 9th St
S 10th St
Griffith Avenue
S 11th Street
Maryland Parkway
S 13th Street
Griffith Avenue
Concordia Place
Maria Elena Drive
16th Street
Becke Place
Hillside Pace
17th Street
Griffith
East Oakey Boulevard
East Oakey Boulevard
Ellen Way
Barbara Way
Canosa
Bonita Avenue
6th Street
7th Street
Street
8th Place
S 9th St
Howard Avenue
Hassett Avenue
Canosa Avenue
Bonita Avenue
Bonita Avenue
S 10th Street
S 11th Street
South Maryland Parkway
St. Jude Ct
St. Joseph Ct
Bishop Gorman High School
S 14th
Bonita
Ave
S 15th Street
Chapman Drive
Street
Cochran Street
Spencer St.
Howard
Hassett
Canosa
Bonita
St. Louis Avenue
Rexford
Drive
16th
A
B
C
1
2
3
4
5

Straßenregister

Street	Ref
10th Street North	204 C4
10th Street South	203 F4
11th Street North	204 C4
11th Street South	203 F4
12th Street North	204 C4
13th Street North	204 C3
13th Street South	204 C2
14th Street North	204 C3
14th Street South	204 C1
15th Street North	204 C3
15th Street South	204 C1
16th Street North	204 D3
16th Street South	204 C2
16th Street	204 C1
17th Street	204 C1
1st Street North	204 A4
1st Street South	204 A3
3rd Street South	203 E5
4th Street North	204 B4
4th Street South	204 A2
6th Street North	204 B3
6th Street	203 E4
7th Street North	204 B3
7th Street	203 E4
8th Place	203 F4
9th Street North	204 C3
9th Street South	203 F4

A
Street	Ref
A Street	204 B5
Albert Avenue	201 D4
Alcoa Avenue	202 A4
Aldebaran Avenue	200 B1
Alhambra Circus	203 E4
Alhambra Drive	203 F4
Ali Baba Lane	200 B2
Almond Tree Lane	203 F4
Athens Street	203 F2
Audrie Street	201 D3
Augusta Drive	203 F3
Avenue of the Hiltons	203 D3

B
Street	Ref
B Street	204 A5
Baltimore Avenue	202 C4
Bannie Avenue	202 B5
Barbara Way	203 E4
Becke Place	204 C1
Bel Air Circle	203 F2
Bell Drive	201 F2
Bewerly Way	203 E4
Biltmore Drive	204 B4
Birch Street	202 B5
Bonanza Road	204 A4
Bonanza Way	204 B4
Bonita Avenue	203 E4
Bonneville Street East	204 A3
Bonneville Street	204 B2
Bonnie Brae Avenue	202 B4
Boston Avenue	202 C4
Bracken Avenue	203 E5
Bridge Street South	202 C4
Bridger Avenue East	204 A3
Broadmoor Avenue	203 F2
Bruce Street	204 C4
Brusselss Street	203 F2
Bryant Avenue	202 A5
Bryn Mawr Avenue	202 B4
Buccaneer Boulevard	200 C5
Buehler Drive	202 B5
Burton Avenue	202 A5
Business Lane	200 B4

C
Street	Ref
C Street	204 A5
Caesers Service Drive	200 C4
Calanda Court	202 A4
California Street	203 D5
Calle de Laredo	202 A4
Callita Court	202 B4
Cambridge Street	203 F1
Canosa Avenue	203 E4
Carson Avenue East	204 C3
Casino Center Boulevard North	204 B4
Casino Center Boulevard South	203 D5
Cassella Drive	201 F5
Cavaretta Court	200 B4
Channel 8 Drive	202 C2
Chapman Drive	204 C1
Charleston Boulevard East	203 F5
Charlotte Drive	201 E4
Charmast Lane	202 C5
Chicago Avenue	203 D4
Cholla Way	204 C2
Circle Drive	204 D2
Circus Circus Drive	202 C3
Clark Avenue East	204 A3
Cleveland Avenue	202 C4
Cochran Street	204 C1
Colanthe Avenue	202 A5
Colorado Avenue	203 D5
Commerce Street	203 D5
Complex Drive	200 A4
Concordia Place	204 C1
Convention Center Drive	203 D2
Cordova Street	203 F4
Corporate Drive	201 E5
Country Club Lane	201 E5
Crescent Drive	202 B5
Curtis Drive	204 D2

D
Street	Ref
D Street	204 A5
Daisy Street	201 F5
De Osma Street	202 B4
Dean Martin Drive	200 B2
Deckow Lane	201 D3
Desert Inn Road East	202 C2
Desert Inn Road West	202 A2
Desert Inn Road	203 E2
Dewey Drive	200 A1
Diablo Drive	200 A1
Du Casimir Place	203 F1
Du Chatler Place	203 F1
Duke Ellington Way	201 D2
Dumont Boulevard	203 F1

E
Street	Ref
E Street	204 A5
Earl Street	204 C2
Echeolon Resort Drive	202 B2
Edgewood Avenue	202 B5
Edison Circle	201 F5
Edna Avenue	202 B3
El Camino Avenue	202 A2
El Centro Place	203 D4
El Cortez Avenue	202 B4
Ellen Way	203 E4
Ellis Street	202 C5
Elm Drive	201 F5
Encanto Road	204 C4

F
Street	Ref
F Street	204 A5
Fairfield Avenue	203 D4
Fantasy Lane	204 C5
Fashion Show Drive	202 B2
First Interstate Drive	201 E5
Flamingo Road East	201 E4
Flamingo Road West	200 B4
Foremaster Lane	204 C5
Francis Avenue	203 F5
Frank Sinatra Drive	200 B2
Franklin Avenue	203 E5
Fredrika Drive	201 F4
Fremont Street	204 B3
Fulano Way	202 A4

G
Street	Ref
Garces Avenue	204 B2
Gass Street	204 A2
Giles Street	200 C2
Gilmary Avenue	202 A5
Glen Heather Way	202 B4
Griffith Avenue	203 E5
Gus Guifre Drive	201 F2

H
Street	Ref
Hacienda Avenue	200 C2
Harley Way	204 C3
Harmon Avenue East	201 E3
Harmon Avenue West	200 B3
Harris Avenue	204 C4
Hassett Avenue	203 F4
Haven Street	201 D1
Hazelwood Street	201 F5
Held Road	204 C4
Highland Drive	200 B5
Hillside Pace	204 C1
Hoover Avenue	204 A2
Hotel Rio Drive	200 B4
Houssels Avenue	203 E5
Howard Avenue	203 F4
Howard Hughes Parkway	201 E4
Hughes Center Drive	201 E4

Straßenregister

I
Ida Avenue	201 D5
Imperial Avenue	203 D5
Industrial Road South	200 C5
Island Way	201 D2
Ivanhoe Way	202 B4

J
Jackson Avenue	204 A5
Jamestown Way	202 A3
Jay Sarno Way	200 C5
Jefferson Avenue	204 A5
Jessica Avenue	203 F5
Joe W. Brown Drive	203 E2
Joshua Way	204 C2

K
Kaiser Way	202 A4
Karen Avenue	203 E3
Karen Court	203 E3
Karli Drive	202 B5
Katie Avenue	203 F1
Kelch Drive	201 E3
Kendale Street	203 E3
Kings Way	202 A3
Kirkland Avenue	202 B4
Kishner Drive	201 E3
Kitty Hawk Way	201 F1
Koval Lane	201 D2

L
La Solana Way	202 A4
Lamar Circuit	201 E3
Lana Avenue	201 E3
Las Vegas Boulevard »The Strip« South	200 C3
Laurie Drive	202 B5
Lewis Avenue	204 A3
Lexington Street East	202 B2
Linden Avenue	204 C4
Lisbon Street	203 F2
Llewellyn Drive	202 B5
Loch Lomond Way	202 C4
London Drive	202 B2
Lourdes Avenue	202 A4
Lynnwood Street	203 E3

M
Madison Avenue	204 A5
Main Street	203 D4
Manhattan Street	201 E4
Manzanita Way	204 C2
Maria Elena Drive	204 C1
Mark Avenue	203 E1
Market Street	203 F3
Marlin Avenue	204 C3
Martin Luther King Boulevard	202 C5
Maryland Parkway North	204 C3
Maryland Parkway South	203 F4
Maryland Parkway	203 F2
Mason Avenue	202 A5
Mayfair Circle	204 C2
Mc Kellar Circle	201 F4
Mc Williams Avenue	204 D4
Me Avenue	203 D2
Meade Avenue	202 A3
Mel Tormé Way	202 B2
Merrit Avenue	202 A3
Mesquite Avenue	204 C3
Milo Way	202 A3
Mira Flores Avenue	202 A4
Molokai Lane	202 B3
Monterey Circle	201 E3
Mora Court	202 A4

N
Naples Drive	200 B3
Nevso Drive West	200 A4
New York Avenue	203 D4
Norman Avenue	203 F5
North Circle	201 F5
Northtrop Avenue	201 F5

O
Oakbrook Lane	201 F5
Oakey Boulevard East	204 C1
Oakmont Avenue	203 E3
Ogden Avenue East	204 A4
Ogden Avenue	204 B3
Oran K. Gragson Highway	204 C3

P
Pahor Drive	202 B5
Paiute Drive	204 B5
Palm Center Drive	200 B3
Palo Verde Road	201 F2
Palos Verdes Street	201 F5
Pans Avenue	202 B2
Paradise Road	201 F2
Paris Drive	201 D4
Park Circle	202 B5
Park Paseo	203 E5
Paseo del Prado	202 A4
Philadelphia Avenue	203 D4
Pine Street	202 B5
Pinehurst Drive	203 F2
Plaza de Monte	202 A4
Polaris Avenue	200 B1
Presidio Avenue	202 B3
Procyon Avenue	200 A1

R
Rambla Court	202 A4
Rancho Drive	202 A2
Realeza Court	202 A4
Red Oak Avenue	202 B3
Reno Avenue	200 A2
Rent a Car Road	201 F2
Rexford Place	203 E5
Richfield Boulevard	202 A3
Rigel Avenue	202 A3
Riviera Boulevard	203 D3
Rochelle Avenue	201 E4
Rolling Green Drive	203 E1
Rome Street	203 F2
Royal Crest Circle	203 E1
Royal Crest Street	201 F5
Rue de Monte Carlo	200 C3

S
Sadie Street	202 C2
Sagman Street	204 C4
Sahara Avenue East	203 E4
Sahara Avenue West	202 A4
Saint Joseph Court	204 C1
Saint Jude Court	204 C1
Saint Louis Avenue	202 C4
San Pablo Drive	203 E4
Sands Avenue	201 E5
Santa Clara Drive	203 D4
Santa Paula Drive	203 D4
Santa Rita Drive	203 E4
Santa Rosa Drive	203 E4
Santa Ynez Drive	203 E4
Searles Avenue East	204 C5
Sherman Place	202 B5
Sherwood Street	203 E3
Sidonia Avenue	202 A4
Sierra Vista Drive	203 D2
Silver Avenue	202 B5
Spencer Street	204 C1
Spring Mountain Road West	202 B1
Stan Mallin Drive	200 C5
State Street	203 E3
Stewart Avenue	204 A4
Strong Drive	202 B5
Sutter Avenue	202 B3
Sweeney Avenue	203 F5
Swenson Street	201 F3
Sycamore Lane	204 B5

T
Tam Drive	202 C4
Tam O'Shanter West	203 E3
Tarraso Way	202 A4
Teddy Drive	202 A3
Thelma Lane	204 D2
Tompkins Avenue	200 B3
Torsby Place	201 F4
Trona Street	202 A3
Tropicana Avenue East	201 E2
Tropicana Avenue West	200 B2
Twain Avenue	200 A5

U
Utah Avenue East	203 D5
Utah Avenue West	203 D5

V
Valley View Boulevard	200 A2
Valmora Street	202 A4
Van Buren Avenue	204 A5
Van Patten Drive	203 E4
Van Patten Street	203 E3
Vegas Plaza Drive	202 A1

Straßenregister

Vegas Valley Drive	**203 E3**	Wengert Avenue	**203 F5**	Winnick Avenue	**201 D4**
Veterans Memorial Drive	**204 B4**	Westchester Drive	**201 E5**	Wyandotte Street	**202 A3**
Viking Road	**200 A5**	Western Avenue	**202 A2**	Wyoming Avenue East	**203 D5**
		Western Street	**202 B3**	Wyoming Avenue West	**203 D5**
W		Westlund Drive	**202 B4**		
Waldman Avenue	**202 B5**	Westwood Drive	**202 A3**	**Y**	
Wall Street	**203 D5**	Wilbur Clark D.I.		Yucca Avenue	**203 F5**
Washington Avenue		Road	**202 B2**		
East	**204 C5**	Willson Square	**203 E2**	**Z**	
Weldon Place	**203 D4**	Wilson Avenue	**204 C4**	Zafra Court	**202 B4**

Register

A
Adventuredome 144
Afternoon Tea 65
Ankunft 38
Anreise 38, 193
Ausflüge 173, 197
Ausgehen 47, 71, 101, 129, 156, 172
Auto, Anreise mit dem 38
Autofahren 40
Autovermietung 38

B
Bally's Las Vegas 77
Bars 47
Behinderung, Reisen mit 196
Bellagio 77
Bellagio Gallery of Fine Art 93
Bellagio Shops 93
Bier 8
Binion's 169
Black Jack 24
Blue Man Group 95
Bodies ... The Exhibition 65
Botschaften 196
Büfett-Lokale 45
Bus, Anreise mit dem 38

C
Caesars Palace 106
Carrot Top 66
Circus Acts 149
Circus Circus 134
CityCenter 86
Clubbing 8
Cool by the Pool 151
Craps 26
Crazy Girls 150
Criss Angel Believe – Cirque du Soleil 60

D
Da Vinci – The Exhibition 122
Downtown 157

E
Eiffel Tower Visit & Restaurant 92
Einkaufen 28, 46, 70, 100, 129, 155, 171
Einkaufszentren 46
Elektrizität 194
Ermäßigungen 196
Essen und Trinken 32, 45, 68, 98, 126, 153, 170
Excalibur 53

F
Fantasy 66
Fashion Show Mall 148
Feiertage 194
Filme 30
Flamingo 73, 103
Flamingo Wildlife Habitat 125
Flughafen 38
Fountains of Bellagio 84
Four Seasons Hotel 52
Frank Marino's Divas Las Vegas 124
Fremont 131
Fremont Street Experience 162

G
GameWorks 67
Geld 193
Geschichte 11, 17
Gesundheit 196
Glücksspiel 18, 24
Glücksspielglossar 27
Golden Gate 166
Golden Nugget 167
Golf 20
Gourmetküche 32
Gourmetlokale 45
Grand Canyon 180

H
Hakkasan 90
Harley-Davidson Café 91
Heiraten in Vegas 34, 140
High Roller 116
Hochzeiten 34, 140
Homosexuellenszene 48
Hoover Dam 176
Hotels 41
House of Blues 64

I
Illusions 152
Informationen vorab 192
Internet 195

J
Jubilee! 82

K
Kà – Cirque du Soleil 80
Kasinos 41
Keno 27
Kinder 196
Kino 30
Klima 192
Konsulate 196
Krankenversicherung 196
Kreditkarten 193
Kulinarisches 32

L
Lake Mead 176
Lake of Dreams 149
Las Vegas Natural History Museum 169
Le Boulevard 88
Legends In Concert 124
Le Rêve 149
Limousinen-Dienst 40
Lobbies 6
Lounges 47
Love 118
Luxor Las Vegas 52
Luxus 13
LVH Las Vegas Hotel & Casino 135
LVH Theater 151

M
Mac King Comedy Show The Improv at Harrah's 123
Madam Tussauds Celebrity Encounter 123
Main Street Station 166
Malls 28, 46
Mandalay Beach & Casino 64
Masquerade Village 120
Medieval Village 67
Medikamente 196
Menopause – the Musical 66
Men – The Experience 150
MGM Grand 74
Michael Jackson One 64
Mietwagen 40
Minus5 Ice Lounge 65
M&M's World Las Vegas 90
Mobilfunk 195
Monorails 39
Monte Carlo Pub 95
Motels 44
Mount Charleston 179
Mystère 121

N
Nachtclubs 48
Napoleon's Lounge 93
Neon Museum 169
Nevada State Museum 164
Notfall 195

O
O 94
Öffnungszeiten 194
Organisierte Touren 197
Origen Experience 164
Outdoor 22
Outlets 47

P
Pai Gow 26
Pai Gow Poker 27
Panda! 123
Papiere 192
Paris Las Vegas 76
Pin Up! 152
Polizei 195
Post 195
Praktisches 191
Presley, Elvis 16
Purple Reign, The Prince Tribute Show 91

Register

R
Red Rock Canyon 175
Reisevorbereitungen 192
Reisezeit 192
Riviera Comedy Club 146
Rock of Ages 123
Roulette 26
Russell Road 49

S
Shark Reef 58
Shoppen 28, 46, 70, 100, 129, 155, 171
Shows 48
Shuttlebusse 38
Sicherheit 195
Siegfried & Roy's Secret Garden and Dolphin Habitat 121
Skywalk, Grand Canyon 182
Souvenirs 6
Spas 72
Spaziergänge & Touren 183
Spring Mountain 103, 131
Springs Preserve 164
Stratosphere 138

T
Taxis 39
Telefonieren 195
Temperaturen 192

Texas Hold 'Em (Poker) 27
The Colosseum 112
The Forum Shops 110
The Grand Canal Shoppes 122
The Joint 92
The Mirage 106
The Mob Museum 168
The Plaza 166
The Quad Resort and Casino – The Auto Collections 125
The Roller Coaster of the New York-New York 96
The Venetian 107
Titanic: The Artifact Exhibition 56
Toiletten 196
Toiyabe Forest 179
Touristeninformation 38
Tournament of Kings 62
Trams 40
Treasure Island 106
Trinkgeld 42, 48, 194
Trinkwasser 196
Tropicana 49, 53, 73

U
Übernachten 41, 52
Unterhaltung 14
Unterkünfte 41

Unterwegs in Las Vegas 39

V
Valley of Fire 178
Valley of Fire State Park 178
Vegas Indoor Skydiving 150
Visitor Information Center 38
Volcano 114
Volcano & High Roller 114
VooDoo Beach & The Voo 120
Vorwahlen 195

W
Währung 193
Wedding Chapels 140
»Welcome to Fabulous Las Vegas«-Schild 67
Wetter 196
Whisky 8
WLAN 195
Wüste 22

Z
Zahnarzt 196
Zeit 193
Zoll 196
Zu Fuß unterwegs 40
Zumanity – The Sensual Side to Cirque du Soleil 96

Abbildungsverzeichnis

AA/L. Dunmire: 10/11, 12 (links), 13 (rechts), 132, 136

AA/C. Sawyer: 12 (rechts), 13 (links), 17 (oben), 23, 24/25, 26, 28, 28/29, 29, 34, 35, 50, 51, 53, 58, 64, 74, 77, 79, 88/89, 92, 93, 94, 97, 104, 105, 106, 107, 109 (oben), 110, 111, 122, 125, 134, 138–145, 148, 158–163, 166–187, 190, 195

AA/J. Tims: 65

akg-images album 31 (links), Universal Images 57)

Corbis: Reuters/Las Vegas Sun/Ethan Miller 81, LA Daily News/Gene Blevins 87, Retna/Scott Harrison 95, Retna 96, Reuters/Steve Marcus 114, Retna/Kabik/Â RD 152

Getty Images: digital vision 8, Ethan Miller 14, Hulton Archive/Stringer 15 (links), Time Life Pictures/Ralph Crane 15 (rechts), Time Life Pictures/Peter Stackpole 17 (unten), Hulton Archive 18, Time Life Pictures/Peter Stackpole 19, Dennis K. Johnson 20/21, Hulton Archive 36, Ethan Miller 54, 56, 59 und 60/61, Denise Truscello 63 und 66, Bryan Mullennix 67, Isaac Brekken 78, Ethan Miller 86, Wire Image 113, R. Fox Photography 115, Joe Klamar 116, Denise Truscello 121, FilmMagic/Marcel Thomas 150, Richard I'Anson 189 (oben)

GlowImages: 147

Huber Images: Susanne Kremer 4

laif: Redux/The New York Times/Stephanie Diani 33 (oben), Polaris/David Rose 33 (unten), Redux/The New York Times/Isaac Brekken 80, Polaris/Tom Donoghue 82 und 116/117, Stefan Falke 118, Polaris/Andrew McKoy 119, Christian Heeb 120, Redux/The New York Times/Monica Almeida 135, Aurora/Jen Judge 137, Redux/The New York Times/Isaac Brekken 149, Aurora/Olivier Renck 151, Noor/Nina Berman 165, Polaris/Tom Donoghue 189 (unten)

LOOK-foto: Franz Marc Frei 7, Cedric Angeles 32, Franz Marc Frei 55, H. & D. Zielske 62, Elan Fleisher 84, age fotostock 91, H. & D. Zielske 108 und 109 (unten)

mauritius images: World Pictures 52, Photononstop 76, Raimund Linke 83, United Archives 90, World Pictures 112

picture-alliance/Keystone: 16

picture-alliance: 30/31 (rechts)

Titelbild: Getty Images/Lee Pettet

Impressum

© MAIRDUMONT GmbH & Co. KG
VERLAG KARL BAEDEKER

1. Aufl. 2015

Text: Bobbie Katz, Kristin Tilford, Amanda Statham,
Ole Helmhausen
Übersetzung: Rosemarie Altmann, Dr. Eva Dempewolf
Redaktion: Annegret Gellweiler, Olaf Rappold, Anja Schlatterer,
Anette Vogt (red.sign, Stuttgart)
Programmleitung: Birgit Borowski
Chefredaktion: Rainer Eisenschmid

Kartografie: © MAIRDUMONT GmbH & Co. KG, Ostfildern
3D-Illustrationen: jangled nerves, Stuttgart

Anzeigenvermarktung:
MAIRDUMONT MEDIA
Tel. 0711/4502 333
media@mairdumont.com
media.mairdumont.com

Der Name Baedeker ist als Warenzeichen geschützt.
Alle Rechte im In- und Ausland sind vorbehalten.
Jegliche – auch auszugsweise – Verwertung, Wiedergabe,
Vervielfältigung, Übersetzung, Adaption, Mikroverfilmung,
Einspeicherung oder Verarbeitung in EDV-Systemen
ausnahmslos aller Teile des Werkes bedarf der ausdrücklichen
Genehmigung durch den Verlag.

Printed in China

Trotz aller Sorgfalt von Autoren und Redaktion sind Fehler und
Änderungen nach Drucklegung leider nicht auszuschließen.
Dafür kann der Verlag keine Haftung übernehmen.
Berichtigungen, Kritik und Verbesserungsvorschläge sind uns
jederzeit willkommen, bitte informieren Sie uns unter:

Verlag Karl Baedeker / Redaktion
Postfach 3162
D-73751 Ostfildern
Tel. 0711 4502 262
smart@baedeker.com
www.baedeker.com

10 GRÜNDE WIEDERZUKOMMEN

1. **Glanz und Glitter**, Maßlosigkeit und Exzess: Keine Stadt ist verrückter, keine faszinierender.

2. **Hoover Dam** und **Grand Canyon** garantieren unvergessliche Tagesausflüge.

3. In Las Vegas gibt es einfach **die besten Shows der Welt!**

4. Nirgends sonst kann man so gut fünfe gerade sein lassen.

5. Paris, Bellagio & Co.: Auf dem Strip kann man **in einer Nacht eine ganze Weltreise** machen.

6. Keine andere Stadt in den USA ist so unverblümt maßlos.

7. Wie alles Verrückte erschließt sich Las Vegas einem nicht gleich beim ersten Besuch.

8. In keiner anderen Stadt lässt sich der **Traum vom Reichwerden** so schön träumen wie hier.

9. Nirgends sonst gibt es so viele **Edel-Boutiquen** auf engstem Raum wie in Las Vegas.

10. Vegas, Baby!